(사) 한국어문회 주관
한국한자능력검정회 시행

합격, 실력UP

한자漢字
능력검정시험

〈최신 개정판〉

조규남 엮음

- 핵심정리장
  (자원풀이 포함)
- 쓰기장
- 예상문제

4급 II

태평양저널

조 규 남 (曺 圭 南)

성균관대학교 문과대학 한문학과 졸업
성균관대학교 대학원 졸업(한문교육전공)
민족문화추진회 국역연수부 졸업
대한민국 미술대전 서예부문 입선(미협)
추사김정희선생추모 전국휘호대회 초대작가
소사벌서예대전 초대작가
도원서예 원장
성균관대학교 강사(「금석서예」지도)
원광대학교 초빙교수

합격보장 자원풀이 한자능력 검정시험 4급Ⅱ

2012년 11월 30일   2쇄 인쇄
2025년 1월 20일   15쇄 발행
엮은이 : 조 규 남
펴낸이 : 박 종 수
펴낸곳 : 태평양저널.(서울특별시 영등포구 신길5동 339)
전 화 : (02)834-1806
팩 스 : (02)834-1802
등 록 : 1991. 5. 3.(제03-00468)
ⓒ 조규남2007

정가 12,000원

이 책의 무단 복제, 복사, 전재는 저작권법에 저촉됩니다.
잘못 만들어진 책은 바꾸어 드립니다.

ISBN 89-90642-92-9 13710

감 수 문 (監 修 文)

우리나라는 한자문화권에 속해 있다.
우리는 수천 년 동안 한자(漢字)와 더불어 생활해왔기 때문에 한자는 알게 모르게 우리의 생활 깊숙이 들어와 있다. 한자가 비록 외국의 문자이긴 하지만 우리 민족은 한자를 맹목적으로 받아들인 것이 아니고 한자를 이용하여 우리의 문화를 풍부하게 하는 슬기를 발휘하였다. 지금 우리들에게 남겨진 찬란한 민족문화의 유산이 바로 그것이다. 그러므로 우리는 좋든 싫든 한자를 떠날 수 없게 되어 있다.

그동안 파행적인 어문정책으로 인하여 학생들의 한자학습에 커다란 어려움을 겪기도 하였으나, 근년에 한자학습의 필요성이 새롭게 인식되어 그 열기가 전국적으로 확산되고 있는 것은 늦은 감이 있으나마 지극히 다행스러운 일이다. 특히 초등학교 학생들의 학습 전반에 걸쳐 한자가 차지하는 비중은 거의 절대적이라 할 수 있다. 각 교과목에 나오는 학습용어(學習用語)들이 대부분 한자어로 되어 있어 한자를 익히면 내용의 절반 이상을 저절로 이해할 수 있기 때문이다. 더구나 표의문자(表意文字)인 한자의 특성상 한자학습은 학생들의 사고력을 증진시키고 조어력(造語力)을 향상시킨다. 또한 이 어지러운 시대에 한자학습은 학생들의 인성교육(人性敎育)에도 커다란 공헌을 하고 있다.

이러한 시대적 요구에 부응하여 조규남군이 이 책을 편찬한 것은 참으로 훌륭한 일이라 하겠다. 조규남군은 성균관대학교 한문학과에서 내가 직접 가르친 제자이다. 조군은 성균관대학교 한문학과를 졸업하고 교육대학원에서 한자교육 연구로 석사학위를 취득했으며, 재능교육에서 다년간 한자 학습지 편찬을 주관하다가 뜻한 바 있어 지금은 아담한 교실을 마련하여 학생들에게 한자와 서예를 지도하고 있다. 항상 단정한 몸가짐으로 선비의 품성을 갖춘 조규남군이, 한문학과에서 공부한 한문학 지식과 대학원에서 연구한 학습이론을 바탕으로 펴낸 이 책이 한자를 공부하려는 학생들에게 등대와 같은 길잡이가 되리라는 것은 믿어 의심치 않는다.

성균관대학교 한문학과 교수 문학박사 송 재 소

■ 미리 읽어보는 시험대비 기본지침자료

◆ (사)한국어문회 전국한자능력검정시험

◆ **응시자격**
　모든 급수에 누구나 응시가능.

◆ **시험일정**
　1년에 4회 실시(인터넷 www.hangum.re.kr 및 주요 일간지 광고면 참조).

◆ **원서접수**
　1. 방문접수 : 각 고사장 접수처.
　2. 인터넷접수 : www.hangum.re.kr 이용.

◆ **합격자 발표**
　시험일 한 달 뒤, 인터넷(www.hangum.re.kr)과 ARS(060-800-1100)로 발표함.

◆ **공인급수**는 1급·2급·3급·3급Ⅱ이며, **교육급수**는 4급·4급Ⅱ·5급·5급Ⅱ·6급·6급Ⅱ·7급·7급Ⅱ·8급입니다.

❖ (사)한국어문회 **전국한자능력검정시험 급수구분 및 문제유형에 따른 급수별 출제기준**

문제유형 \ 급수구분	8급	7급Ⅱ	7급	6급Ⅱ	6급	5급Ⅱ	5급	4급Ⅱ	4급	3급Ⅱ	3급	2급	1급
독음(讀音)	24	22	32	32	33	35	35	35	32	45	45	45	50
한자(漢字) 쓰기	0	0	0	10	20	20	20	20	20	30	30	30	40
훈음(訓音)	24	30	30	29	22	23	23	22	22	27	27	27	32
완성형(完成型)	0	2	2	2	3	4	4	5	5	10	10	10	15
반의어(反義語)	0	2	2	2	3	3	3	3	3	10	10	10	10
뜻풀이	0	2	2	2	2	3	3	3	3	5	5	5	10
동음이의어(同音異義語)	0	0	0	0	2	3	3	3	3	5	5	5	10
부수(部首)	0	0	0	0	0	0	0	3	3	5	5	5	10
동의어(同義語)	0	0	0	0	2	3	3	3	3	5	5	5	10
장단음(長短音)	0	0	0	0	0	0	0	3	5	5	5	5	10
약자(略字)·속자(俗字)	0	0	0	0	0	3	3	3	3	3	3	3	3
필순(筆順)	2	2	2	3	3	3	3	0	0	0	0	0	0
읽기 배정한자	50	100	150	225	300	400	500	750	1,000	1,500	1,817	2,355	3,500
쓰기 배정한자	-	-	-	50	150	225	300	400	500	750	1,000	1,817	2,005
출제문항(개)	50	60	70	80	90	100	100	100	100	150	150	150	200
합격문항(개)	35	42	49	56	63	70	70	70	70	105	105	105	160
시험시간(분)	50	50	50	50	50	50	50	50	50	60	60	60	90

★ 위 출제기준표는 기본지침자료이며, 출제자의 의도에 따라 차이가 있을 수 있습니다.

*상위급수 한자는 모두 하위급수 한자를 포함하며, 쓰기 배정한자는 바로 아래 급수의 읽기 배정한자이거나 그 범위 내에 있습니다.

차례

3 감수문

4 미리 읽어보는 시험대비 기본지침자료

6 이 책의 활용법

7 기초(基礎) 학습
    육서 (六書)   8
    한자의 필순 (筆順)   9
    부수
        1. 부수자(部首字)의 이름과 위치   11
        2. 부수자의 변형   13
    자전(字典)에서 한자찾기   14

15 한자(漢字) 학습
    4급Ⅱ 배정한자(配定漢字)   16
    신습한자표(新習漢字表)   20
    신습한자 익히기   32
    약자(略字)·속자(俗字) 익히기   157

163 한자어(漢字語) 학습
    한자어 독음(讀音) 쓰기(장단음 포함)   164
    한자어 쓰기   177
    반의어(反義語)   244
    동의어(同義語)   249
    동음이의어(同音異義語)   256
    한자성어(漢字成語)   259

277 활용(活用) 학습
    4급Ⅱ 예상문제(15회분)   278

317 부록(附錄)
    한자의 한글맞춤법   318
    읽기장   321
    부수자 일람표

이 책의 활용법

- 이 책은 **전국한자능력검정시험**을 위한 수험서입니다.
- 다년간 현장 학습지도(學習指導)로 경험이 많으신 여러 선생님들의 의견을 반영하여 제작하였습니다.

│학│습│방│법│

① **한자의 모양**(형)·**뜻**(훈)·**소리**(음)를 잘 살펴본다.
　핵심정리를 통해 글자의 생성과정(字源 풀이)과 중요점을 확인한다.

② **본보기 한자**(漢字)를 쓰는 순서대로 3~5회, 글자 위에 그대로 따라 써 본다.
　다음에 부수(部首)·획수(畫數)·총획(總畫)·훈음(訓音)의 변화 등을 익힌 후,
　빈칸을 채워나간다.

③ 신습한자 칸의 **한자어 독음**(讀音)을 미리 써 본다.
　모두 **해당 급수 범위 내의 출제 가능한 한자어만** 선정했으므로, 아는 한자어의 독음(讀音)을 써 보고 해답은 뒷면의 복습·쓰기장에서 확인한다.

④ 한자어의 첫글자 다음에 **장음**(長音=긴소리. :표시)이 온 경우는, 첫글자의 음(音)을
　여러 번 길게 소리내어 읽어본다.

⑤ **한자어**(漢字語)는 정확한 뜻풀이를 중심으로 익힌다.
　한자는 의미(意味)를 위주로 하는 표의문자(表意文字)이므로, 그 특성을 충분히 살려
　성어(成語)나 한문 문구(文句)를 이해하도록 한다.

⑥ **약자**(略字)·**반의어**(反義語)·**유의어**(類義語)·**동음이의어**(同音異義語) 등도 출제빈도가
　높으므로 잘 익혀둔다.

⑦ **두음법칙**(頭音法則)·**속음**(俗音)·**사이시옷** 등, 정확한 한글 맞춤법을 알아 둔다.

⑧ **예상문제**를 풀어가며 최종 정리한다.

⑨ **읽기장**은 공부할 때마다 훈음(訓音)을 가리고 입과 눈으로 익힌다.

　이 학습서가 한자학습(漢字學習)의 좋은 길잡이가 되어 공부에 자신감이 생기기를
진심으로 바라는 바입니다.

엮은이　**조 규 남** 드림

기초(基礎)학습

- 육서(六書)
- 한자의 필순(筆順)
- 부수자(部首字)의 이름과 위치
- 부수자의 변형
- 자전(字典)에서 한자찾기

육서(六書)

육서(六書)는 상형문자/지사문자/회의문자/형성문자/전주문자/가차문자를 말하며, 각각 일정한 규칙에 의해 그 구성과 응용 방법에 따라 나누어진 것이다.

문자(文字)라는 말은 육서(六書) 중에서 문(文) 부분은 단독의 뜻을 가지고 있는 상형과 지사를 말하며, 자(字) 부분은 이미 만들어진 문(文)의 의미를 조합하여 기본 글자를 불려나갔으니 회의와 형성이 여기에 해당된다. 따라서 문(文)과 자(字)는 한자를 만드는 원리를 대표하는 말인 셈이다. 그 외에 전주와 가차는 이미 만들어진 문자(文字)를 활용하는 편에 속한다고 할 수 있다.

1. 상형문자(象形文字): 구체적임

구체적인 사물의 모양을 본떠서 만든 글자.
  예) 日(해 일), 月(달 월), 馬(말 마), 山(메 산) 등.

2. 지사문자(指事文字): 추상적임

추상적인 생각이나 뜻을 점이나 선, 또는 부호로 나타낸 글자.
  예) 一(한 일), 上(위 상), 下(아래 하), 本(근본 본), 末(끝 말) 등.

3. 회의문자(會意文字): 뜻부분(意) + 뜻부분(意)

이미 만들어진 둘 이상의 글자들을 결합하여 그것들로부터 연관되는 새로운 뜻을 가지도록 만들어진 글자.
  예) 男[사내 남 → 田:밭 전 + 力:힘 력] ⇒ 논밭(田)의 일터에서 힘써(力) 일하는 '사내'
      休[쉴 휴 → 亻:사람 인 + 木:나무 목] ⇒ 사람(亻)이 나무(木) 그늘 밑에서 '쉼'

4. 형성문자(形聲文字): 뜻을 포함한 부분(形) + 음부분(聲)

이미 만들어진 글자를 결합하여 새로운 뜻을 나타내되, 일부는 뜻(形)을 나타내고 일부는 음(聲)을 나타내는 글자.
  예) 頭[머리 두 ⇒ 頁:머리 혈 + 豆:콩 두], 空[빌 공 ⇒ 穴:구멍 혈 + 工:장인 공] 등.

5. 전주문자(轉注文字): 뜻부분 위주

이미 만들어진 글자를 가지고 그 뜻을 유추(類推)하여 다른 뜻으로 굴리고(轉) 끌어대어(注) 활용하는 글자.
  예) 樂(풍류 악/즐길 락/좋아할 요), 老(늙은이 로/익숙할 로) 등.

6. 가차문자(假借文字): 음부분 위주

이미 만들어진 글자를 본래의 뜻에 관계 없이 음만 빌려다가 쓰는 글자.
  예) 亞細亞(아세아 : Asia), 佛陀(불타 : Buddha), 丁丁(정정 : 도끼로 나무를 찍는 소리),
      可口可樂(코카콜라 : Coca cola) 등.

한자의 필순(筆順)

 한자의 필순(筆順)은 절대적인 규칙이 있는 것은 아니지만, 오랜 세월동안 여러 사람의 체험을 통해서 붓글씨의 획(劃)을 쓰기위한 일반적인 순서가 갖추어졌다고 할 수 있다. 글자의 모양이 아름다우면서 빠르고 정확하게 쓸 수 있는 방법이 필요했던 것이다. 붓글씨의 획(劃)은 점(點)과 선(線)으로 이루어져있는데, 필순은 이 점과 선으로 구성된 획을 쓰는 순서를 말한다. 특히, 행서(行書)와 초서(草書)의 경우에는 쓰는 순서에 따라 그 한자의 모양새가 달라진다.

 필순(筆順)의 기본원칙(基本原則)은 다음과 같다. 예외적인 경우도 잘 알아두어야 한다.

1. 위에서 아래로 긋는다.

   三 ⇨ 一 二 三

2. 왼쪽에서 오른쪽으로 긋는다.

   川 ⇨ 丿 丿| 川

3. 가로획을 먼저 쓰고 세로획은 나중에 긋는다.

   十 ⇨ 一 十   田 ⇨ 丨 冂 日 田 田
   主 ⇨ 丶 一 二 キ 主   佳 ⇨ 丿 亻 亻' 亻' 亻' 佳 佳
   馬 ⇨ 丨 厂 F F 馬 馬 馬 馬 馬

4. 삐침(丿)을 파임(乀)보다 먼저 긋는다.

   入 ⇨ 丿 入   及 ⇨ 丿 ア 乃 及

· **삐침(丿)을 나중에 긋는 경우도 있다.**

   力 ⇨ 丁 力   方 ⇨ 丶 一 亠 方

5. 좌우(左右)로 대칭일 때는 가운데 획을 먼저 긋는다.

   小 ⇨ 丨 小 小   水 ⇨ 丨 才 才 水
   山 ⇨ 丨 山 山   出 ⇨ 丨 屮 屮 出 出
   雨 ⇨ 一 厂 冂 冂 雨 雨 雨
   [예외] 火 ⇨ 丶 丶' 火 火   來 ⇨ 一 厂 厂 厂 厂 厂 來 來

6. 글자 전체를 꿰뚫는 획은 나중에 긋는다.

中 ⇨ 丶 冂 口 中   車 ⇨ 一 厂 丏 币 盲 車 車

事 ⇨ 一 厂 丏 可 亘 写 写 事

手 ⇨ ノ 二 三 手

子 ⇨ 一 了 子   女 ⇨ く ঠ 女

母 ⇨ 乚 દ 요 母 母

[예외] 世 ⇨ 一 十 卅 世 世

7. (오른쪽 위의) 점은 맨 나중에 찍는다.

太 ⇨ 一 ナ 大 太   寸 ⇨ 一 寸 寸

代 ⇨ ノ イ 仁 代 代

求 ⇨ 一 十 寸 寸 求 求 求

8. 안을 둘러싸고 있는 한자는 바깥부분을 먼저 쓰고, 밑부분은 맨 나중에 긋는다.

四 ⇨ 丨 冂 冂 四 四

國 ⇨ 丨 冂 冂 冃 冋 同 同 国 國 國 國

門 ⇨ 丨 厂 厂 厂 門 門 門 門

9. 받침(廴, 辶)은 맨 나중에 긋는다.

建 ⇨ フ ㅋ ㅋ 글 글 聿 津 建 建

近 ⇨ ´ 厂 F 斤 斤 沂 沂 近

[예외] 起 ⇨ 一 十 土 キ キ 丰 走 走 起 起

題 ⇨ 丨 冂 日 日 旦 무 早 昇 是 是 是 題 題 題 題 題

부수(部首)

1. 부수자(部首字)의 위치에 따른 이름

이 름	위 치	해 당 한 자
제부수	■	手(손 수) 日(해 **일**) 月(달 **월**) 人(사람 **인**) 馬(말 마) 등.
몸	ㅁㅁㅁㅁㅁㅁ	멀경**몸** – 冊(책 **책**) 再(두 **재**) 등. 큰입구**몸** – 國(나라 국) 因(인할 인) 등. 에운담**몸** – 問(물을 문) 街(거리 가) 등. 위튼입구**몸** – 出(날 **출**) 凶(흉할 **흉**) 등. 튼입구**몸** – 匠(장인 **장**) 匣(갑 **갑**) 등. 감출혜**몸** – 區(구역 **구**) 匹(짝 **필**) 등. 쌀포**몸** – 包(쌀 **포**) 勿(ㄴ하지말 **물**) 등.
머리	⊓	돼지머리해 – 亡(망할 **망**) 交(사귈 **교**) 등. 민갓**머리** – 冠(갓 관) 冥(어두울 **명**) 등. 갓**머리** – 家(집 **가**) 安(편안할 **안**) 등. 대죽**머리** – 第(차례 **제**) 笑(웃을 소) 등. 필발**머리** – 發(필 **발**) 登(오를 **등**) 등. 초두**머리** – 花(꽃 **화**) 草(풀 **초**) 등.
발	⊔	어진사람인**발** – 兄(형 **형**) 兒(아이 **아**) 등. 천천히걸을쇠**발** – 夏(여름 하) 등. 스물입**발** – 弄(희롱할 **롱**) 등. 연화**발** – 然(그럴 **연**) 등.

이 름	위 치	해 당 한 자
좌부변		이수변 – 冷(찰 랭) 涼(서늘할 량) 등. 두인변 – 德(덕 덕) 後(뒤 후) 등. 심방변 – 性(성품 성) 悟(깨달을 오) 등. 재방변 – 投(던질 투) 打(칠 타) 등. 장수장변 – 牀(평상 상) 등. 개사슴록변 – 犯(범할 범) 狗(개 구) 등. 구슬옥변 – 理(다스릴 리) 球(공 구) 등. 죽을사변 – 死(죽을 사) 殃(재앙 앙) 등. 삼수변 – 江(강 강) 海(바다 해) 등. 보일시변 – 神(귀신 신) 社(단체 사) 등. 육달월변 – 肝(간 간) 能(능할 능) 등. 좌부방변 – 防(막을 방) 陵(언덕 릉) 등.
우부방		병부절방 – 印(도장 인) 卵(알 란) 등. 우부방 – 郡(고을 군) 鄕(시골 향) 등.
엄		민엄호 – 原(근원 원) 厄(재앙 액) 등. 주검시엄 – 尾(꼬리 미) 尺(자 척) 등. 엄호 – 庭(뜰 정) 度(법도 도) 등. 기운기엄 – 氣(기운 기) 등. 병질엄 – 病(병들 병) 疾(병 질) 등. 늙을로엄 – 老(늙을 로) 者(놈 자) 등. 범호엄 – 虎(범 호) 號(부르짖을 호) 등.
책받침		민책받침 – 廷(조정 정) 建(세울 건) 등. 책받침 – 近(가까울 근) 道(길 도) 등.

2. 부수자(部首字)의 변형

부수자	변형 부수자	해당 한자
人(사람 인)	亻(사람인변)	仁(어질 인) 등.
刀(칼 도)	刂(선칼도방)	利(이로울 리) 등.
川(내 천)	巛(개미허리)	巡(순행할 순) 등.
彐(돼지머리 계)	彐 彑(튼가로왈)	彗(비 혜) 彘(돼지 체) 등.
攴(칠 복)	攵(등글월문)	敎(가르칠 교) 등.
心(마음 심)	忄(심방변)	情(뜻 정) 등.
手(손 수)	扌(재방변)	指(손가락 지) 등.
水(물 수)	氵(물수변)	法(법 법) 등.
火(불 화)	灬(연화발)	熱(더울 열) 등.
玉(구슬 옥)	王(구슬옥변)	珍(보배 진) 등.
示(보일 시)	礻(보일시변)	礼(예도 례) 등.
絲(실 사)	糸(실사변)	結(맺을 결) 등.
老(늙을 로)	耂(늙을로엄)	考(상고할 고) 등.
肉(고기 육)	月(육달월변)	肥(살찔 비) 등.
艸(풀 초)	⺿ ⺾(초두머리)	茶(차 다) 등.
衣(옷 의)	衤(옷의변)	複(겹칠 복) 등.
辵(쉬엄쉬엄갈 착)	辶(책받침)	通(통할 통) 등.
邑(고을 읍)	阝(우부방)-오른쪽에 위치	都(도읍 도) 등.
阜(언덕 부)	阝(좌부방변)-왼쪽에 위치	限(한정 한) 등.

자전(字典)에서 한자찾기

'자전(字典)'을 따로 '옥편(玉篇)'이라고도 한다.
한자의 부수(部首) 214자에 따라 분류한 한자를 획수의 차례로 배열하여 글자마다 우리말로 훈(뜻)과 음을 써 놓은 책이다.
자전(字典)에서 한자를 찾는 방법은 크게 아래의 세 가지 방법이 있다.

1. 「부수 색인(部首索引)」 이용법

부수한자 214자를 1획부터 17획까지의 획수에 따라 분류해서 만들어 놓은 「부수 색인(部首索引)」을 이용한다.

> <보기> '地' 자를 찾는 경우
> ① '地'의 부수인 '土'가 3획이므로 「부수 색인」 3획에서 '土'를 찾는다.
> ② '土' 자 옆에 적힌 쪽수에 따라 '土(흙 토)' 부를 찾아 펼친다.
> ③ '地' 자에서 부수를 뺀 나머지 부분(也)의 획이 3획이므로, 다시 3획 난의 한자를 차례로 살펴 '地' 자를 찾는다.
> ④ '地(땅 지)' 자의 훈과 음을 확인한다.

2. 「총획 색인(總畫索引)」 이용법

「부수 색인(部首索引)」으로 한자를 찾지 못한 경우는 글자의 총획을 세어서 획수별로 구분하여 놓은 「총획 색인(總畫索引)」을 이용한다.

> <보기> '乾' 자를 찾는 경우
> ① '乾' 자의 총획(11획)을 센다.
> ② 총획 색인 11획 난에서 '乾' 자를 찾는다.
> ③ '乾' 자 옆에 적힌 쪽수를 펼쳐서 '乾' 자를 찾는다.
> ④ '乾(하늘 건)' 자의 훈과 음을 확인한다.

3. 「자음 색인(字音索引)」 이용법

한자음을 알고 있을 때는 가나다 순으로 배열된 「자음 색인(字音索引)」을 이용한다.

> <보기> '南' 자를 찾는 경우
> ① '南' 자의 음이 '남'이므로 「자음 색인(字音索引)」에서 '남' 난을 찾는다.
> ② '남' 난에 배열된 한자들 중에서 '南' 자를 찾는다.
> ③ '南' 자 아래에 적힌 쪽수를 찾아 펼친다.
> ④ '南(남녘 남)' 자의 훈과 음을 확인한다.

한자(漢字)학습

- 4급Ⅱ 배정한자표(配定漢字表)
- 신습한자표(新習漢字表)
- 신습한자 익히기
- 약자(略字)·속자(俗字) 익히기

4級 II 배정한자(750字)

4급II 배정한자 750字 = 5급 배정한자 500字 + 추가 250字
* 표시는 쓰기 배정한자 400字임.
:, (:) 표시는 장음(長音)을 나타냄.

可	옳을	가:	慶	경사	경:	*區	구분할	구	*念	생각	념:	*冬	겨울	동(:)
加	더할	가	警	깨우칠	경:		지경	구	努	힘쓸	노	*同	한가지	동
*家	집	가	競	다툴	경:	*球	공	구	怒	성낼	노:	*東	동녘	동
假	거짓	가:	*界	지경	계:	救	구원할	구:	*農	농사	농	*洞	골	동:
街	거리	가(:)	係	맬	계:	舊	예	구:	*能	능할	능		밝을	통:
*歌	노래	가	*計	셀	계:	*局	판	국	*多	많을	다	*動	움직일	동:
*價	값	가	*古	예	고:	*國	나라	국	單	홑	단	*童	아이	동(:)
*各	각각	각	考	생각할	고(:)	*軍	군사	군		흉노임금	선	銅	구리	동
*角	뿔	각	*告	고할	고:	*郡	고을	군:	短	짧을	단(:)	斗	말	두
*間	사이	간(:)	固	굳을	고(:)	宮	집	궁	團	둥글	단	豆	콩	두
減	덜	감:	苦	쓸	고	權	권세	권	端	끝	단	頭	머리	두
*感	느낄	감:	故	연고	고(:)	貴	귀할	귀:	壇	단	단	得	얻을	득
監	볼	감	*高	높을	고	規	법	규	檀	박달나무	단	*登	오를	등
江	강	강	曲	굽을	곡	極	극진할	극	斷	끊을	단:	*等	무리	등:
康	편안	강	*工	장인	공		다할	극	達	통달할	달	燈	등	등
*強	강할	강(:)	*公	공평할	공	*近	가까울	근:	談	말씀	담	羅	벌릴	라
講	욀	강:		공변될	공	*根	뿌리	근	擔	멜	담		벌	라
改	고칠	개(:)	功	공	공	*今	이제	금	*答	대답	답	落	떨어질	락
個	낱	개(:)	*共	한가지	공	*金	쇠	금	*堂	집	당	*樂	즐길	락
*開	열	개	攻	칠	공		성	김	*當	마땅	당		노래	악
*客	손	객	*空	빌	공	禁	금할	금:	黨	무리	당		좋아할	요
去	갈	거:	*果	실과	과:	*急	급할	급	*大	큰	대(:)	*朗	밝을	랑:
*車	수레	거/차	*科	과목	과	*級	등급	급	*代	대신	대:	*來	올	래(:)
擧	들	거:	過	지날	과:	給	줄	급	待	기다릴	대:	*冷	찰	랭:
件	물건	건	*課	공부할	과	己	몸	기	帶	띠	대(:)	*良	어질	량
建	세울	건		과정	과	技	재주	기	隊	무리	대	兩	두	량:
健	굳셀	건:	官	벼슬	관	汽	물끓는김	기	*對	대할	대:	量	헤아릴	량
檢	검사할	검:	*關	관계할	관	*氣	기운	기	*德	큰	덕	*旅	나그네	려
*格	격식	격	*觀	볼	관	起	일어날	기	*到	이를	도:	麗	고울	려
*見	볼	견:	*光	빛	광	記	기록할	기	度	법도	도(:)	*力	힘	력
	뵈올	현:	*廣	넓을	광:	基	터	기		헤아릴	탁	*歷	지날	력
*決	결단할	결	*交	사귈	교	期	기약할	기	島	섬	도	連	이을	련
缺	이지러질	결	*校	학교	교:	*旗	기	기	道	길	도:	*練	익힐	련:
*結	맺을	결	*敎	가르칠	교:	器	그릇	기		말할	도:	列	벌	렬
潔	깨끗할	결	橋	다리	교	吉	길할	길	都	도읍	도		벌일	렬
*京	서울	경	*九	아홉	구	暖	따뜻할	난:	*圖	그림	도	令	하여금	령(:)
景	볕	경(:)	*口	입	구(:)	難	어려울	난(:)	導	인도할	도:	領	거느릴	령
敬	공경	경:	句	글귀	구	*男	사내	남	毒	독	독	*例	법식	례:
經	지날	경	求	구할	구	*南	남녘	남	督	감독할	독	*禮	예도	례:
	글	경	究	연구할	구	*內	안	내:	*獨	홀로	독	*老	늙을	로:
境	지경	경		궁구할	구	*女	계집	녀	*讀	읽을	독	勞	일할	로
輕	가벼울	경	*具	갖출	구(:)	*年	해	년		구절	두	*綠	푸를	록

16

錄	기록할	록	*物	물건	물	*服	옷	복	寫	베낄	사:	城	재	성
論	논할	론	未	아닐	미(:)	復	회복할	복	謝	사례할	사:	盛	성할	성:
料	헤아릴	료(:)	*米	쌀	미		다시	부:	*山	메	산	聖	성인	성:
留	머무를	류	味	맛	미	*福	복	복	*産	낳을	산:	誠	정성	성
*流	흐를	류	*美	아름다울	미(:)	*本	근본	본	算	셈	산:	聲	소리	성
*類	무리	류:	*民	백성	민	*奉	받들	봉:	殺	죽일	살	*世	인간	세:
*六	여섯	륙	密	빽빽할	밀	*夫	지아비	부		감할	쇄:	*洗	씻을	세:
*陸	뭍	륙	*朴	성	박	*父	아비	부	*三	석	삼	細	가늘	세:
律	법칙	률	博	넓을	박	府	마을	부(:)	*上	윗	상:	稅	세금	세:
*里	마을	리:	*反	돌아올	반:		관청	부(:)	床	상	상	*歲	해	세:
*理	다스릴	리:		돌이킬	반:	婦	며느리	부	狀	형상	상	勢	형세	세:
*利	이할	리:	*半	반	반:	*部	떼	부		문서	장:	*小	작을	소:
*李	오얏	리:	*班	나눌	반	副	버금	부:	*相	서로	상	*少	적을	소:
	성	리:	*發	필	발	富	부자	부:	*商	장사	상	*所	바	소:
*林	수풀	림	*方	모	방	*北	북녘	북	常	떳떳할	상	素	본디	소(:)
*立	설	립	防	막을	방		달아날	배	想	생각	상:		흴	소(:)
馬	말	마:	房	방	방	*分	나눌	분(:)	賞	상줄	상	笑	웃음	소:
*萬	일만	만:	*放	놓을	방(:)	*不	아닐	불/부	*色	빛	색	*消	사라질	소
滿	찰	만(:)	訪	찾을	방:	佛	부처	불	*生	날	생	掃	쓸	소(:)
末	끝	말	拜	절	배:	比	견줄	비:	*西	서녘	서	*束	묶을	속
亡	망할	망	背	등	배:	非	아닐	비	序	차례	서:	俗	풍속	속
*望	바랄	망:	倍	곱	배:	飛	날	비	*書	글	서	*速	빠를	속
*每	매양	매(:)	配	나눌	배:	悲	슬플	비:	夕	저녁	석	續	이을	속
買	살	매:		짝	배:	費	쓸	비:	*石	돌	석	*孫	손자	손(:)
賣	팔	매(:)	*白	흰	백	備	갖출	비:	*席	자리	석	送	보낼	송:
脈	줄기	맥	*百	일백	백	鼻	코	비:	*仙	신선	선	*水	물	수
*面	낯	면:	*番	차례	번	貧	가난할	빈	*先	먼저	선	*手	손	수(:)
*名	이름	명	伐	칠	벌	氷	얼음	빙	船	배	선	守	지킬	수
*命	목숨	명	罰	벌할	벌	*士	선비	사:	善	착할	선:	收	거둘	수
*明	밝을	명	*法	법	법	*四	넉	사:	選	가릴	선:	受	받을	수(:)
毛	터럭	모	壁	벽	벽	*史	사기	사:	*線	줄	선	*首	머리	수
*母	어미	모:	邊	가	변	*仕	섬길	사(:)	鮮	고울	선	修	닦을	수
*木	나무	목	*變	변할	변:	寺	절	사	*雪	눈	설	授	줄	수
*目	눈	목	*別	다를	별	*死	죽을	사:	設	베풀	설	數	셈	수:
牧	칠	목		나눌	별	舍	집	사	*說	말씀	설	*樹	나무	수
武	호반	무:	*兵	병사	병	事	일	사:		달랠	세:	*宿	잘	숙
務	힘쓸	무:	*病	병	병:	使	하여금	사:	*成	이룰	성		별자리	수:
無	없을	무	步	걸음	보:		부릴	사:	*性	성품	성:	純	순수할	순
*文	글월	문	保	지킬	보(:)	*社	모일	사	姓	성	성:	*順	순할	순:
*門	문	문	報	갚을	보:	査	조사할	사	*省	살필	성	*術	재주	술
問	물을	문:		알릴	보:	思	생각	사(:)		덜	생	*習	익힐	습
*聞	들을	문(:)	寶	보배	보:	師	스승	사	星	별	성	承	이을	승

*勝	이길	승	*約	맺을	약	*勇	날랠	용:	耳	귀	이	*切	끊을 절 온통 체
*市	저자	시:	*弱	약할	약	*容	얼굴	용	移	옮길	이	絶	끊을 절
示	보일	시:	*藥	약	약	*友	벗	우:	益	더할	익	*節	마디 절
*始	비로소	시:	羊	양	양	牛	소	우	*人	사람	인	*店	가게 점
是	이	시:	*洋	큰바다	양	*右	오른	우:	引	끌	인	接	이을 접
施	베풀	시:	*陽	볕	양	*雨	비	우:	因	인할	인	*正	바를 정(:)
*時	때	시	*養	기를	양:	郵	우편	우	印	도장	인	*定	정할 정:
視	볼	시:	魚	고기	어	*雲	구름	운	認	알	인	*政	정사 정
詩	시	시		물고기		*運	옮길	운:	*一	한	일	庭	뜰 정
試	시험	시(:)	漁	고기잡을	어	雄	수컷	웅	*日	날	일	停	머무를 정
*式	법	식	*語	말씀	어:	*元	으뜸	원	*任	맡길	임(:)	*情	뜻 정
*食	밥	식	億	억	억	原	언덕	원	*入	들	입	程	길 정
	먹을	식	*言	말씀	언	員	인원	원	*子	아들	자	精	정할 정
息	쉴	식	*業	업	업	院	집	원	*字	글자	자	*弟	아우 제:
*植	심을	식	如	같을	여	圓	둥글	원	*自	스스로	자	制	절제할 제:
*識	알	식	餘	남을	여	*園	동산	원	*者	놈	자	除	덜 제
	기록할	지	逆	거스릴	역	遠	멀	원:	*作	지을	작	*第	차례 제:
申	납(猿)	신	研	갈	연	願	원할	원:	*昨	어제	작	祭	제사 제:
*臣	신하	신	*然	그럴	연	*月	달	월	*長	긴	장(:)	提	끌 제
*身	몸	신	煙	연기	연	位	자리	위	*章	글	장	製	지을 제:
*信	믿을	신:	演	펼	연:	*偉	클	위	將	장수	장(:)	際	즈음 제:
*神	귀신	신	熱	더울	열	爲	할	위	*場	마당	장		가	제:
*新	새	신	葉	잎	엽	衛	지킬	위	障	막을	장	濟	건널 제:
*失	잃을	실	*永	길	영:	由	말미암을	유	*才	재주	재	*題	제목 제
*室	집	실	*英	꽃부리	영	*有	있을	유:	*在	있을	재:	早	이를 조:
*實	열매	실	榮	영화	영	*油	기름	유	再	두	재:	助	도울 조:
*心	마음	심	藝	재주	예:	肉	고기	육	*災	재앙	재	造	지을 조:
深	깊을	심	*午	낮	오:	*育	기를	육	*材	재목	재	*祖	할아비 조
*十	열	십	*五	다섯	오:	恩	은혜	은	*財	재물	재	鳥	새 조
*兒	아이	아	誤	그르칠	오:	*銀	은	은	爭	다툴	쟁	*朝	아침 조
*惡	악할	악	玉	구슬	옥	*音	소리	음	低	낮을	저:	*調	고를 조
	미워할	오	屋	집	옥	陰	그늘	음	貯	쌓을	저:	操	잡을 조(:)
*安	편안	안	*溫	따뜻할	온	*飮	마실	음:	敵	대적할	적	足	발 족
案	책상	안:	完	완전할	완	邑	고을	읍	赤	붉을	적	*族	겨레 족
眼	눈	안:	王	임금	왕	應	응할	응:	*的	과녁	적	尊	높을 존
暗	어두울	암:	往	갈	왕:	*衣	옷	의	田	밭	전	卒	마칠 졸
壓	누를	압	*外	바깥	외:	*意	뜻	의:	*全	온전	전	宗	마루 종
	억누를	압	*要	요긴할	요(:)	*義	옳을	의:	*典	법	전:	終	마칠 종
*愛	사랑	애:	謠	노래	요	醫	의원	의	*前	앞	전	*種	씨 종(:)
液	진	액	曜	빛날	요:	議	의논할	의	*展	펼	전:	左	왼 좌:
*夜	밤	야:	浴	목욕할	욕	二	두	이:	*電	번개	전:	罪	허물 죄:
*野	들	야:	*用	쓸	용:	以	써	이:	*傳	전할	전			
									*戰	싸움	전:			

*主	임금	주	鐵	쇠	철	*通	통할	통	*行	다닐	행(:)	黑	검을	흑
	주인	주	*靑	푸를	청	統	거느릴	통:		항렬	항(:)	吸	마실	흡
*州	고을	주	*淸	맑을	청	退	물러날	퇴:	*幸	다행	행	興	일	흥(:)
走	달릴	주	請	청할	청	*特	특별할	특	*向	향할	향:	希	바랄	희
*住	살	주:	*體	몸	체	波	물결	파	香	향기	향			
*注	부을	주:	初	처음	초	破	깨뜨릴	파:	鄕	시골	향			
*晝	낮	주	*草	풀	초	板	널	판	許	허락	허			
*週	주일	주	*寸	마디	촌:	*八	여덟	팔	虛	빌	허			
竹	대	죽	*村	마을	촌:	敗	패할	패:	驗	시험할	험:			
準	준할	준:	銃	총	총	*便	편할	편(:)	*現	나타날	현:			
*中	가운데	중	總	다	총:		똥오줌	변(:)	賢	어질	현			
*重	무거울	중:	最	가장	최:	*平	평평할	평	血	피	혈			
衆	무리	중:	*秋	가을	추	布	베	포(:)	協	화할	협			
增	더할	증	祝	빌	축		보시	보:	*兄	형	형			
止	그칠	지	蓄	모을	축	包	쌀	포(:)	*形	모양	형			
支	지탱할	지	築	쌓을	축	砲	대포	포:	惠	은혜	혜:			
至	이를	지	*春	봄	춘	暴	사나울	폭	戶	집	호:			
*地	따	지	*出	날	출		모질	포:	呼	부를	호			
志	뜻	지	*充	채울	충	*表	겉	표	湖	호수	호			
*知	알	지	忠	충성	충	票	표	표	號	이름	호(:)			
指	가리킬	지	蟲	벌레	충	*品	물건	품:	護	도울	호:			
*紙	종이	지	取	가질	취:	*風	바람	풍	好	좋을	호:			
*直	곧을	직	測	헤아릴	측	豊	풍년	풍	*火	불	화(:)			
職	직분	직	治	다스릴	치	*必	반드시	필	*化	될	화(:)			
眞	참	진	致	이를	치:	*筆	붓	필	*花	꽃	화			
進	나아갈	진:	置	둘	치:	*下	아래	하:	和	화할	화			
*質	바탕	질	齒	이	치	河	물	하	貨	재물	화:			
*集	모을	집	則	법칙	칙	*夏	여름	하:	*畵	그림	화:			
次	버금	차		곧	즉	*學	배울	학		그을	획			
着	붙을	착	*親	친할	친	限	한할	한:	*話	말씀	화			
察	살필	찰	*七	일곱	칠	寒	찰	한	確	굳을	확			
*參	참여할	참	侵	침노할	침	*漢	한수	한:	患	근심	환:			
	석	삼	快	쾌할	쾌		한나라	한:	活	살	활			
*窓	창	창	他	다를	타	*韓	한국	한(:)	*黃	누를	황			
唱	부를	창:	打	칠	타:		나라	한(:)	回	돌아올	회			
創	비롯할	창:	卓	높을	탁	*合	합할	합	*會	모일	회:			
*責	꾸짖을	책	炭	숯	탄:	航	배	항:	*孝	효도	효:			
處	곳	처:	*太	클	태	港	항구	항:	*效	본받을	효:			
*千	일천	천	態	모습	태:	*害	해할	해:	*後	뒤	후:			
*川	내	천	*宅	집	택/댁	*海	바다	해:	*訓	가르칠	훈:			
*天	하늘	천	*土	흙	토	解	풀	해:	*休	쉴	휴			
									*凶	흉할	흉			

4급 II 신습한자 ①

*신습한자 : 250자, 총 학습자 : 750자(5급 500자 포함), 쓰기배정한자 : 400자.

형(形)	훈(訓)	음(音)	형(形)	훈(訓)	음(音)	형(形)	훈(訓)	음(音)	형(形)	훈(訓)	음(音)
假	거짓	가	宮	집	궁	毒	독	독	武	호반	무
街	거리	가	權	권세	권	督	감독할	독	務	힘쓸	무
減	덜	감	極	극진할 다할	극 극	銅	구리	동	未	아닐	미
監	볼	감	禁	금할	금	斗	말	두	味	맛	미
康	편안	강	起	일어날	기	豆	콩	두	密	빽빽할	밀
講	욀	강	器	그릇	기	得	얻을	득	博	넓을	박
個	낱	개	暖	따뜻할	난	燈	등	등	防	막을	방
檢	검사할	검	難	어려울	난	羅	벌릴 벌	라 라	房	방	방
缺	이지러질	결	努	힘쓸	노	兩	두	량	訪	찾을	방
潔	깨끗할	결	怒	성낼	노	麗	고울	려	背	등	배
經	지날 글	경 경	單	홑	단	連	이을	련	拜	절	배
警	깨우칠	경	端	끝	단	列	벌릴	렬	配	나눌	배
境	지경	경	檀	박달나무	단	錄	기록할	록	伐	칠	벌
慶	경사	경	斷	끊을	단	論	논할	론	罰	벌할	벌
係	맬	계	達	통달할	달	留	머무를	류	壁	벽	벽
故	연고	고	擔	멜	담	律	법칙	률	邊	가	변
官	벼슬	관	黨	무리	당	滿	찰	만	步	걸음	보
究	연구할	구	帶	띠	대	脈	줄기	맥	保	지킬	보
句	글귀	구	隊	무리	대	毛	터럭	모	報	갚을 알릴	보 보
求	구할	구	導	인도할	도	牧	칠	목	寶	보배	보

4급 II 신습한자 ②

형(形)	훈(訓) 음(音)	형(形)	훈(訓) 음(音)	형(形)	훈(訓) 음(音)	형(形)	훈(訓) 음(音)
復	회복할 복 / 다시 부	設	베풀 설	修	닦을 수	煙	연기 연
府	마을 부 / 관청 부	城	재 성	純	순수할 순	演	펼 연
婦	며느리 부	盛	성할 성	承	이을 승	榮	영화 영
副	버금 부	誠	정성 성	視	볼 시	藝	재주 예
富	부자 부	星	별 성	是	이 시 / 옳을 시	誤	그르칠 오
佛	부처 불	聖	성인 성	施	베풀 시	玉	구슬 옥
非	아닐 비	聲	소리 성	詩	시 시	往	갈 왕
悲	슬플 비	細	가늘 세	試	시험할 시	謠	노래 요
飛	날 비	稅	세금 세	息	쉴 식	容	얼굴 용
備	갖출 비	勢	형세 세	申	납 신	員	인원 원
貧	가난할 빈	素	본디 소	深	깊을 심	圓	둥글 원
寺	절 사	笑	웃음 소	眼	눈 안	衛	지킬 위
舍	집 사	掃	쓸 소	暗	어두울 암	爲	할 위
師	스승 사	俗	풍속 속	壓	누를 압	肉	고기 육
謝	사례할 사	續	이을 속	液	액체 액	恩	은혜 은
殺	죽일 살 / 감할 쇄	送	보낼 송	羊	양 양	陰	그늘 음
床	상 상	守	지킬 수	如	같을 여	應	응할 응
狀	형상 상 / 문서 장	收	거둘 수	餘	남을 여	義	옳을 의
想	생각 상	受	받을 수	逆	거스를 역	議	의논할 의
常	떳떳할 상	授	줄 수	硏	갈 연	移	옮길 이

4급 II 신습한자 ③

형(形)	훈(訓) 음(音)	형(形)	훈(訓) 음(音)	형(形)	훈(訓) 음(音)	형(形)	훈(訓) 음(音)
益	더할 익	濟	건널 제	察	살필 찰	波	물결 파
引	끌 인	早	이를 조	創	비롯할 창	破	깨뜨릴 파
印	도장 인	助	도울 조	處	곳 처	布	베풀 포
認	알 인	造	지을 조	請	청할 청	包	쌀 포
障	막을 장	鳥	새 조	銃	총 총	砲	대포 포
將	장수 장	尊	높을 존	總	다 총	暴	사나울 폭 모질 포
低	낮을 저	宗	마루 종	蓄	모을 축	票	표 표
敵	대적할 적	走	달릴 주	築	쌓을 축	豊	풍년 풍
田	밭 전	竹	대 죽	忠	충성 충	限	한할 한
絶	끊을 절	準	준할 준	蟲	벌레 충	航	배 항
接	이을 접	衆	무리 중	取	가질 취	港	항구 항
政	정사 정	增	더할 증	測	헤아릴 측	解	풀 해
程	한도 정 길 정	支	지탱할 지	治	다스릴 치	香	향기 향
精	정할 정	至	이를 지	置	둘 치	鄕	시골 향
制	절제할 제	志	뜻 지	齒	이 치	虛	빌 허
製	지을 제	指	가리킬 지	侵	침노할 침	驗	시험할 험
除	덜 제	職	직분 직	快	쾌할 쾌	賢	어질 현
祭	제사 제	眞	참 진	態	모습 태	血	피 혈
際	즈음 제 가 제	進	나아갈 진	統	거느릴 통	協	화할 협
提	끌 제	次	버금 차	退	물러날 퇴	惠	은혜 혜

4급Ⅱ 신습한자 ④

형(形)	훈(訓) 음(音)	형(形)	훈(訓) 음(音)	형(形)	훈(訓) 음(音)	형(形)	훈(訓) 음(音)
戶	집 호	好	좋을 호	回	돌아올 회	希	바랄 희
呼	부를 호	貨	재물 화	吸	마실 흡		
護	도울 호	確	굳을 확	興	일 흥		

4급 II 신습한자 ①

형(形)	훈(訓) 음(音)	형(形)	훈(訓) 음(音)	형(形)	훈(訓) 음(音)	형(形)	훈(訓) 음(音)
假		宮		毒		武	
街		權		督		務	
減		極		銅		未	
監		禁		斗		味	
康		起		豆		密	
講		器		得		博	
個		暖		燈		防	
檢		難		羅		房	
缺		努		兩		訪	
潔		怒		麗		背	
經		單		連		拜	
警		端		列		配	
境		檀		錄		伐	
慶		斷		論		罰	
係		達		留		壁	
故		擔		律		邊	
官		黨		滿		步	
究		帶		脈		保	
句		隊		毛		報	
求		導		牧		寶	

4급 II 신습한자 ②

형(形)	훈(訓) 음(音)	형(形)	훈(訓) 음(音)	형(形)	훈(訓) 음(音)	형(形)	훈(訓) 음(音)
復		設		修		煙	
府		城		純		演	
婦		盛		承		榮	
副		誠		視		藝	
富		星		是		誤	
佛		聖		施		玉	
非		聲		詩		往	
悲		細		試		謠	
飛		稅		息		容	
備		勢		申		員	
貧		素		深		圓	
寺		笑		眼		衛	
舍		掃		暗		爲	
師		俗		壓		肉	
謝		續		液		恩	
殺		送		羊		陰	
床		守		如		應	
狀		收		餘		義	
想		受		逆		議	
常		授		硏		移	

4급Ⅱ 신습한자 ③

형(形)	훈(訓) 음(音)	형(形)	훈(訓) 음(音)	형(形)	훈(訓) 음(音)	형(形)	훈(訓) 음(音)
益		濟		察		波	
引		早		創		破	
印		助		處		布	
認		造		請		包	
障		鳥		銃		砲	
將		尊		總		暴	
低		宗		蓄		票	
敵		走		築		豊	
田		竹		忠		限	
絶		準		蟲		航	
接		衆		取		港	
政		增		測		解	
程		支		治		香	
精		至		置		鄕	
制		志		齒		虛	
製		指		侵		驗	
除		職		快		賢	
祭		眞		態		血	
際		進		統		協	
提		次		退		惠	

4급 II 신습한자 ④

형(形)	훈(訓) 음(音)	형(形)	훈(訓) 음(音)	형(形)	훈(訓) 음(音)	형(形)	훈(訓) 음(音)
戶		好		回		希	
呼		貨		吸			
護		確		興			

4급 II   신습한자 ①

형(形)	훈(訓) 음(音)	형(形)	훈(訓) 음(音)	형(形)	훈(訓) 음(音)	형(形)	훈(訓) 음(音)
	거짓 **가**		집 **궁**		독 **독**		호반 **무**
	거리 **가**		권세 **권**		감독할 **독**		힘쓸 **무**
	덜 **감**		극진할 **극** 다할 **극**		구리 **동**		아닐 **미**
	볼 **감**		금할 **금**		말 **두**		맛 **미**
	편안 **강**		일어날 **기**		콩 **두**		빽빽할 **밀**
	욀 **강**		그릇 **기**		얻을 **득**		넓을 **박**
	낱 **개**		따뜻할 **난**		등 **등**		막을 **방**
	검사할 **검**		어려울 **난**		벌릴 **라** 벌 **라**		방 **방**
	이지러질 **결**		힘쓸 **노**		두 **량**		찾을 **방**
	깨끗할 **결**		성낼 **노**		고울 **려**		등 **배**
	지날 **경** 글 **경**		홑 **단**		이을 **련**		절 **배**
	깨우칠 **경**		끝 **단**		벌릴 **렬**		나눌 **배**
	지경 **경**		박달나무 **단**		기록할 **록**		칠 **벌**
	경사 **경**		끊을 **단**		논할 **론**		벌할 **벌**
	맬 **계**		통달할 **달**		머무를 **류**		벽 **벽**
	연고 **고**		멜 **담**		법칙 **률**		가 **변**
	벼슬 **관**		무리 **당**		찰 **만**		걸음 **보**
	연구할 **구**		띠 **대**		줄기 **맥**		지킬 **보**
	글귀 **구**		무리 **대**		터럭 **모**		갚을 **보** 알릴 **보**
	구할 **구**		인도할 **도**		칠 **목**		보배 **보**

4급 II 신습한자 ②

형(形)	훈(訓) 음(音)	형(形)	훈(訓) 음(音)	형(形)	훈(訓) 음(音)	형(形)	훈(訓) 음(音)
	회복할 복 다시 부		베풀 설		닦을 수		연기 연
	마을 부 관청 부		재 성		순수할 순		펼 연
	며느리 부		성할 성		이을 승		영화 영
	버금 부		정성 성		볼 시		재주 예
	부자 부		별 성		이 시 옳을 시		그르칠 오
	부처 불		성인 성		베풀 시		구슬 옥
	아닐 비		소리 성		시 시		갈 왕
	슬플 비		가늘 세		시험할 시		노래 요
	날 비		세금 세		쉴 식		얼굴 용
	갖출 비		형세 세		납 신		인원 원
	가난할 빈		본디 소		깊을 심		둥글 원
	절 사		웃음 소		눈 안		지킬 위
	집 사		쓸 소		어두울 암		할 위
	스승 사		풍속 속		누를 압		고기 육
	사례할 사		이을 속		액체 액		은혜 은
	죽일 살 감할 쇄		보낼 송		양 양		그늘 음
	상 상		지킬 수		같을 여		응할 응
	형상 상 문서 장		거둘 수		남을 여		옳을 의
	생각 상		받을 수		거스를 역		의논할 의
	떳떳할 상		줄 수		갈 연		옮길 이

29

4급Ⅱ 신습한자 ③

형(形)	훈(訓) 음(音)	형(形)	훈(訓) 음(音)	형(形)	훈(訓) 음(音)	형(形)	훈(訓) 음(音)
	더할 **익**		건널 **제**		살필 **찰**		물결 **파**
	끌 **인**		이를 **조**		비롯할 **창**		깨뜨릴 **파**
	도장 **인**		도울 **조**		곳 **처**		베 **포** / 펼 **포**
	알 **인**		지을 **조**		청할 **청**		쌀 **포**
	막을 **장**		새 **조**		총 **총**		대포 **포**
	장수 **장**		높을 **존**		다 **총**		사나울 **폭** / 모질 **포**
	낮을 **저**		마루 **종**		모을 **축**		표 **표**
	대적할 **적**		달릴 **주**		쌓을 **축**		풍년 **풍**
	밭 **전**		대 **죽**		충성 **충**		한할 **한**
	끊을 **절**		준할 **준**		벌레 **충**		배 **항**
	이을 **접**		무리 **중**		가질 **취**		항구 **항**
	정사 **정**		더할 **증**		헤아릴 **측**		풀 **해**
	한도 **정** / 길 **정**		지탱할 **지**		다스릴 **치**		향기 **향**
	정할 **정**		이를 **지**		둘 **치**		시골 **향**
	절제할 **제**		뜻 **지**		이 **치**		빌 **허**
	지을 **제**		가리킬 **지**		침노할 **침**		시험할 **험**
	덜 **제**		직분 **직**		쾌할 **쾌**		어질 **현**
	제사 **제**		참 **진**		모습 **태**		피 **혈**
	즈음 **제** / 가 **제**		나아갈 **진**		거느릴 **통**		화할 **협**
	끌 **제**		버금 **차**		물러날 **퇴**		은혜 **혜**

4급 II 신습한자 ④

형(形)	훈(訓)	음(音)	형(形)	훈(訓)	음(音)	형(形)	훈(訓)	음(音)	형(形)	훈(訓)	음(音)
	집	호		좋을	호		돌아올	회		바랄	희
	부를	호		재물	화		마실	흡			
	도울	호		굳을	확		일	흥			

◦ 핵심정리장 1　　　　　　　　　　　　　⬇ 자세히 읽어 보세요.

모양(형 形)	뜻(훈 訓)　소리(음 音)	핵　심　정　리
假:	거짓　　　가	허물이 있고 바르지 못한 사람은 일을 꾸며 '**거짓**' 되게 한다는 뜻의 자입니다. • 眞 ⇔ 假(진가).　　• 긴소리로 읽음.
街(:)	거리　　　가	여러 갈림길이 교차된 나다니는 '**거리**' 라는 뜻의 자입니다. • 부수는 行(다닐 행)임.　• 긴소리 또는 짧은소리로도 읽음.
減:	덜　　　감	물이 증발되어 다 수증기가 된만큼 양이 줄어 '**덜**' 게 된다는 뜻의 자입니다. • 加 ⇔ 減(가감), 　增 ⇔ 減(증감).　• 긴소리로 읽음.
監	볼　　　감	누운 듯이 보이는 그릇 속에 물을 붓고 살펴 '**본다**' 는 뜻의 자입니다. • 監 ≒ 視(감시).
康	편안　　　강	절구에 곡식을 찧어 먹을 만큼 풍년들어 '**편안**' 하다는 뜻의 자입니다. • 健 ≒ 康(건강).
講:	욀 강론할　　강　강	목재를 얼기설기 쌓아올리듯이 여러 학설들을 '**강론하고**' '**외우**' 게 한다는 뜻의 자입니다. • 긴소리로 읽음.
個:	낱　　　개	사람이 죽어 대나무처럼 굳어진 모양으로, 대나무나 주검을 '**낱**' 낱이 센다는 뜻의 자입니다. • 긴소리로 읽음.
檢:	검사할 조사할　　검　검	여러 사람이 보는데서 나무 상자를 봉하고 그 봉인을 '**조사한다**' 는 뜻의 자입니다. • 긴소리로 읽음.
缺	이지러질 빠질　　결　결	큰그릇이 깨지거나 갈라져 '**이지러졌다**' 는 뜻의 자입니다. • 出 ⇔ 缺(출결).
潔	깨끗할　　　결	물에 하얗게 빤 삼실이 '**깨끗하다**' 는 뜻의 자입니다. • 純 ≒ 潔(순결).

○ 핵심정리장 2　　　　　　　　　　　　　　　🔽 자세히 읽어 보세요.

모양(형 形)	뜻(훈 訓) 소리(음 音)	핵 심 정 리
經	지날　　경 글　　　경	지하로 스며드는 물처럼 베틀에 세로로 세워져 묶인 날실이 사침이를 거쳐 '**지나간다**' 는 뜻의 자입니다.
警:	깨우칠　경 경계할　경	언행을 주의하여 삼가도록 타일러 '**깨우친다**' 는 뜻의 자입니다. •긴소리로 읽음.
境	지경　　경	국토나 영역의 가장자리로 '**지경**' 을 뜻하는 자입니다. • 境 ≒ 界(경계).
慶:	경사　　경	남의 좋은 일에 귀한 사슴가죽 등을 들고가서 '**경사**' 를 축하한다는 뜻의 자입니다. •긴소리로 읽음.　　•부수는 心(마음 심)임.
係:	맬　　　계	사람이 어떤 일을 표시하기위해 실 등으로 '**매어**' 놓는다는 뜻의 자입니다. •긴소리로 읽음.
故(:)	연고　　고 예　　　고	옛일을 들추어내 까닭 등의 '**연고**' 를 알아본다는 뜻의 자입니다. •긴소리 또는 짧은소리로도 읽음.
官	벼슬　　관	백성을 다스리기위해 세운 집에 여러 계층의 '**벼슬**' 아치들이 있다는 뜻의 자입니다. • 官 ⇔ 民(관민).　　• 宮(집 궁), 官(벼슬 관)
究	연구할　구 궁구할　구	구불구불한 굴 속에 깊숙히 들어가 여러 곳을 샅샅이 살피듯이 '**연구한다**' 는 뜻의 자입니다. • 硏 ≒ 究(연구).　　•부수는 穴(구멍 혈)임.
句	글귀　　구	말할 때 입김이 얽히듯이 말들이 엮어진 짧은 '**글귀**' 라는 뜻의 자입니다. • 可(옳을 가), 句(글귀 구).　　•부수는 口(입 구)임.
求	구할　　구	가죽으로 만든 덧옷의 모양을 본뜬 자로, 누구나 '**구하**' 여 입고 싶어한다는 뜻을 나타냅니다. • 水(물 수), 氷(얼음 빙), 永(길 영), 求(구할 구)

◦ 핵심정리장 3　　　　　　　　　　　　⬇ 자세히 읽어 보세요.

모양(형 形)	뜻(훈 訓) 소리(음 音)	핵 심 정 리
宮	집　　궁	여러 개의 건물이 법칙에 따라 연이어 있는 궁전 등의 '집'을 뜻한 자입니다. • 官(벼슬 관), 宮(집 궁)
權	권세　　권	좌우로 먹이나 적을 살피는 황새처럼 무게를 저울질하듯이 '권세'를 휘두른다는 뜻의 자입니다. • 觀(볼 관), 權(권세 권)
極	극진할 다할　　극	대마루를 올리는 작업은 빨리 정성들여 '극진히' 한다는 뜻의 자입니다. • 極 ≒ 端(극단). 至 ≒ 極(지극).
禁	금할　　금	숲을 가꾸어 신을 모시는 신성한 곳은 함부로 들어가는 것을 '금한다'는 뜻의 자입니다. • 긴소리로 읽음.
起:	일어날　　기	달리기 위한 동작으로 몸을 구부렸다가 '일어난다'는 뜻의 자입니다.
器	그릇　　기	뭇 입들이 개고기를 먹으려고 '그릇' 주위에 모여 있다는 뜻의 자입니다. • 부수는 口(입 구)임.
暖:	따뜻할　　난 (란)	햇빛이 내리쬐어 몸이 느스러질 정도로 '따뜻하다'는 뜻의 자입니다. • 溫 ⇔ 暖(온난). 寒 ⇔ 暖(한란).　• 긴소리로 읽음.
難(:)	어려울　　난	새가 진흙에 빠져 헤어나오기 '어렵다'는 뜻의 자입니다. • 긴소리 또는 짧은소리로도 읽음.
努	힘쓸　　노	종은 대체로 체력을 바탕으로 '힘쓰'며 일한다는 뜻의 자입니다. • 怒(성낼 노), 努(힘쓸 노).
怒:	성낼　　노	천대받고 무시당하면 종의 마음이라도 '성낸다'는 뜻의 자입니다. • 努(힘쓸 노), 怒(성낼 노).　• 긴소리로 읽음.

4급Ⅱ-1

假 거짓 가	亻 人 부수 9획, 총 11획. ( )부수 ( )획, 총 ( )획.
	假:令　　假:定　　假:面　　假:登記

街 거리 가	行 부수 6획, 총 12획. ( )부수 ( )획, 총 ( )획.
	街:道　　街路燈　　街路樹　　街頭行進

減 덜 감	氵 水 부수 9획, 총 12획. ( )부수 ( )획, 총 ( )획.
	減:算　　減:産　　減:量　　減:員　　減:少

監 볼 감	皿 부수 9획, 총 14획. ( )부수 ( )획, 총 ( )획.
	監視　　監房

康 편안 강	广 부수 8획, 총 11획. ( )부수 ( )획, 총 ( )획.
	康福　　健:康　　萬康

4급Ⅱ-1-복습·쓰기장

♣ **아래의 빈칸을 채우시오.**

【금일학습】

假 거짓 가							
街 거리 가							
減 덜 감							
監 볼 감							
康 편안 강							

가령 가정 가면 가등기
가도 가로등 가로수 가두행진
감산 감산 감량 감원 감소
감시 감방
강복 건강 만강

4급Ⅱ-2

講 월 강론할 강	言 부수 10획, 총 17획. ( )부수 ( )획, 총 ( )획.
	講·堂　講·士　講·論　講·義　講·演會

個 낱 개	亻 人 부수 8획, 총 10획. ( )부수 ( )획, 총 ( )획.
	個·人　個·別　個·體　個·性　個·人技

檢 검사할 검 조사할 검	木 부수 13획, 총 17획. ( )부수 ( )획, 총 ( )획.
	檢·查　檢·算　檢·問　檢·事　檢·察

缺 이지러질 결 빠질 결	缶 부수 4획, 총 10획. ( )부수 ( )획, 총 ( )획.
	缺席　缺食　缺禮　缺航　缺格

潔 깨끗할 결	氵 水 부수 12획, 총 15획. ( )부수 ( )획, 총 ( )획.
	潔白　高潔　不潔　純潔　淸潔

4급Ⅱ-2-복습·쓰기장

♣ **아래의 빈칸을 채우시오.**　　　　　　　　　　　　　　　　　　【지난학습】

거짓	가	거리	가	덜	감	볼	감	편안	강

【금일학습】

講 욀 강					
個 낱 개					
檢 검사할 검					
缺 이지러질 결					
潔 깨끗할 결					

강당　강사　강론　강의　강연회
개인　개별　개체　개성　개인기
검사　검산　검문　검사　검찰
결석　결식　결례　결항　결격
결백　고결　불결　순결　청결

4급Ⅱ-3

經
지날 경
글 경

糸 부수 7획, 총 13획.　(　)부수 (　)획, 총 (　)획.

經過　　經國　　經書　　經路　　經驗

警
깨우칠 경
경계할 경

言 부수 13획, 총 20획.　(　)부수 (　)획, 총 (　)획.

警:告　　警:句　　警:備　　警:報　　警:察

境
지경 경

土 부수 11획, 총 14획.　(　)부수 (　)획, 총 (　)획.

境界　　境內　　國境　　死:境　　心境

慶
경사 경

心 부수 11획, 총 15획.　(　)부수 (　)획, 총 (　)획.

慶:事　　慶:祝　　國慶日

係
맬 계

亻 人 부수 7획, 총 9획.　(　)부수 (　)획, 총 (　)획.

係:員　　係:長　　係:數　　關係

4급Ⅱ-3-복습·쓰기장

♣ 아래의 빈칸을 채우시오.   【지난학습】

욀 **강**		낱 **개**		검사할 **검**		이지러질 **결**		깨끗할 **결**	

【금일학습】

經 지날 경									
警 깨우칠 경									
境 지경 경									
慶 경사 경									
係 맬 계									

경과 경국 경서 경로 경험
경고 경구 경비 경보 경찰
경계 경내 국경 사경 심경
경사 경축 국경일
계원 계장 계수 관계

4급Ⅱ-4

故
연고 고
예 고

攵 攴 부수 5획, 총 9획. ( )부수 ( )획, 총 ( )획.

故鄕　　故:人　　故:國　　故:事　　無故

官
벼슬 관

宀 부수 5획, 총 8획. ( )부수 ( )획, 총 ( )획.

官職　　官民　　高官　　法官　　長:官

究
연구할 구
궁구할 구

穴 부수 2획, 총 7획. ( )부수 ( )획, 총 ( )획.

究明　　硏:究

句
글귀 구

口 부수 2획, 총 5획. ( )부수 ( )획, 총 ( )획.

句節　　文句　　句讀　　句句節節

求
구할 구

水 부수 2획, 총 7획. ( )부수 ( )획, 총 ( )획.

求人　　求職　　求愛　　急求　　要:求

♣ **아래의 빈칸을 채우시오.** 【지난학습】

지날 **경**		깨우칠 **경**		지경 **경**		경사 **경**		맬 **계**	

【금일학습】

故 연고 고									
官 벼슬 관									
究 연구할 구									
句 글귀 구									
求 구할 구									

고향 고인 고국 고사 무고
관직 관민 고관 법관 장관
구명 연구
구절 문구 구두 구구절절
구인 구직 구애 급구 요구

4급Ⅱ-5

宮 집 궁	宀 부수 7획, 총 10획. ( )부수 ( )획, 총 ( )획.
	宮女 宮中 宮合 宮體 王宮

權 권세 권	木 부수 18획, 총 22획. ( )부수 ( )획, 총 ( )획.
	權勢 權力 權利 權益 權門勢家

極 극진할 극 다할 극	木 부수 9획, 총 13획. ( )부수 ( )획, 총 ( )획.
	極東 極小數 太極旗 極樂往生

禁 금할 금	示 부수 8획, 총 13획. ( )부수 ( )획, 총 ( )획.
	禁:軍 禁:物 禁:止 禁:食 通禁

起 일어날 기	走 부수 3획, 총 10획. ( )부수 ( )획, 총 ( )획.
	起立 起動 起工 起案

4급Ⅱ-5-복습·쓰기장

♣ **아래의 빈칸을 채우시오.** 　　　　　　　　　　　　　【지난학습】

연고 **고**	벼슬 **관**	연구할 **구**	글귀 **구**	구할 **구**	

【금일학습】

宮 집 궁					
權 권세 권					
極 극진할 극					
禁 금할 금					
起 일어날 기					

궁녀　궁중　궁합　궁체　왕궁
권세　권력　권리　권익　권문세가
극동　극소수　태극기　극락왕생
금군　금물　금지　금식　통금
기립　기동　기공　기안

4급Ⅱ-6

器 그릇 기
口 부수 13획, 총 16획.　　( )부수 ( )획, 총 ( )획.
器具　　器官

暖 따뜻할 난 (란)
日 부수 9획, 총 13획.　　( )부수 ( )획, 총 ( )획.
暖:房　　暖:流　　寒暖　　暖:帶性　　溫暖化

難 어려울 난
隹 부수 11획, 총 19획.　　( )부수 ( )획, 총 ( )획.
難解　　難攻不落　　難民保護　　難兄難弟

努 힘쓸 노
力 부수 5획, 총 7획.　　( )부수 ( )획, 총 ( )획.
努力

怒 성낼 노
心 부수 5획, 총 9획.　　( )부수 ( )획, 총 ( )획.
怒:氣　　怒:色　　怒:號　　怒:發大發

4급Ⅱ-6-복습·쓰기장

♣ **아래의 빈칸을 채우시오.**　　　　　　　　　　　　　　　　　【지난학습】

집	궁	권세	권	극진할	극	금할	금	일어날	기

【금일학습】

器 그릇 기									
暖 따뜻할 난									
難 어려울 난									
努 힘쓸 노									
怒 성낼 노									

기구　기관
난방　난류　한란　난대성　온난화
난해　난공불락　난민보호　난형난제
노력
노기　노색　노호　노발대발

○ 핵심정리장 4　　　　　　　　　　　⬇ 자세히 읽어 보세요.

모양(형 形)	뜻(훈 訓) 소리(음 音)		핵 심 정 리
單	홑(하나) 흉노임금	단 선	창끝은 두 가닥졌지만 '홑(하나)'으로 묶인 모양을 나타낸 자입니다. • 單 ≒ 獨(단독).　　• 일자다음자임. 단·선
端	끝(실마리) 바를	단 단	실뿌리에서 바로 서 나온 초목의 '끝'이라는 뜻의 자입니다. • 極 ≒ 端(극단).　末 ≒ 端(말단).
檀	박달나무	단	나무가 크고 단단한 재질을 가진 '박달나무'라는 뜻의 자입니다.
斷:	끊을	단	실다발에 도끼질을 하여 '끊는다'는 뜻의 자입니다. • 斷 ⇔ 續(단속).　• 斷 ≒ 絶(단절).　• 긴소리로 읽음.
達	통달할	달	어미와 크게 떨어진 새끼양이 이르러 '통달한다'는 뜻의 자입니다. • 到 ≒ 達(도달).
擔	멜	담	무거운 짐을 손으로 들어 어깨에 짚어 '멘다'는 뜻의 자입니다.
黨	무리	당	어두운 장래를 개척하려고 높은 뜻을 품고 모인 '무리'라는 뜻의 자입니다. • 堂(집 당), 當(마땅 당), 常(떳떳할 상), 黨(무리 당)
帶(:)	띠	대	여러 물건을 꿴 끈에 수건을 매달아 허리에 차는 '띠'라는 뜻의 자입니다. • 부수는 巾(수건 건)임.　• 긴소리 또는 짧은소리로도 읽음.
隊	무리(떼)	대	언덕을 분별없이 쏘다니는 멧돼지의 '무리'라는 뜻의 자입니다.
導:	인도할	도	가야할 길을 손으로 가리켜 '인도해' 준다는 뜻의 자입니다. • 부수는 寸(마디 촌)임.　• 긴소리로 읽음.

◦ 핵심정리장 5　　　　　　　　　　　　　　⬇ 자세히 읽어 보세요.

모양(형 形)	뜻(훈 訓) 소리(음 音)	핵 심 정 리
毒	독　　　독	사람을 음란하게 하여 해치는 풀은 '**독**' 이 있다는 뜻의 자입니다. • 부수는 毋(말 무)임.
督	감독할　　독 살필　　　독	어린아이는 눈을 떼지말고 잘 '**감독해**' 야 한다는 뜻의 자입니다.
銅	구리　　　동	빛깔이 금과 거의 같은 금속인 '**구리**' 를 나타낸 자입니다.
斗	말　　　　두	곡식의 용량을 재는 그릇인 자루 달린 '**말**' 의 모양을 본뜬 자입니다.
豆	콩　　　　두	옛날에 고기를 담던 제기그릇의 모양을 본뜬 자로, 그 그릇의 모양이 콩꼬투리 같이 생겨 '**콩**' 을 나타낸 자입니다.
得	얻을　　　득	돈이 되는 조개를 구하러 다니다가 손에 쥐게 되어 '**얻었다**' 는 뜻의 자입니다. • 得 ⇔ 失(득실).
燈	등　　　　등	심지에 불을 붙이고 높이 올려 '**등**' 을 단다는 뜻의 자입니다.
羅	벌릴　　　라(나) 벌(벌판)　라(나)	새잡이 그물을 치려고 줄을 매 '**벌려**' 놓는다는 뜻의 자입니다. • 두음법칙에 따라 첫글자의 음이 바뀜. 라 → 나
兩:	두　　　　량 　　　　　(양)	칸막이를 한 양쪽 칸에 물건이 하나씩 들어있어 모두 '**두**' 개라는 뜻의 자입니다. • 부수는 入(들 입)임.　　• 긴소리로 읽음. • 두음법칙에 따라 첫글자의 음이 바뀜. 량 → 양
麗	고울　　　려 　　　　　(여)	사슴이 나란히 떼지어 가는 모습이 '**곱다**' 는 뜻의 자입니다. • 두음법칙에 따라 첫글자의 음이 바뀜. 려 → 여

4급Ⅱ-7

單	口 부수 9획, 총 12획. ( )부수 ( )획, 총 ( )획.
홑(하나) 단 흉노임금 선	單獨　　單科　　單語　　單元　　單位

端	立 부수 9획, 총 14획. ( )부수 ( )획, 총 ( )획.
끝(실마리) 단 바를 단	端正　　端末　　端的　　端午

檀	木 부수 13획, 총 17획. ( )부수 ( )획, 총 ( )획.
박달나무 단	檀君

斷	斤 부수 14획, 총 18획. ( )부수 ( )획, 총 ( )획.
끊을 단	斷:念　　斷:續　　斷:食　　斷:絶

達	辶 부수 9획, 총 13획. ( )부수 ( )획, 총 ( )획.
통달할 달	達成　　達觀　　達人　　達筆　　通達

4급Ⅱ-7-복습·쓰기장

♣ **아래의 빈칸을 채우시오.** 【지난학습】

그릇 기		따뜻할 난		어려울 난		힘쓸 노		성낼 노	

【금일학습】

單 홑 단					
端 끝 단					
檀 박달나무 단					
斷 끊을 단					
達 통달할 달					

단독 단과 단어 단원 단위
단정 단말 단적 단오
단군
단념 단속 단식 단절
달성 달관 달인 달필 통달

4급Ⅱ-8

擔 멜 담	扌 手 부수 13획, 총 16획. ( )부수 ( )획, 총 ( )획.
	擔當　　擔保　　擔任敎師

黨 무리 당	黑 부수 8획, 총 20획. ( )부수 ( )획, 총 ( )획.
	黨權　　黨首　　黨員　　黨爭　　野:黨

帶 띠 대	巾 부수 8획, 총 11획. ( )부수 ( )획, 총 ( )획.
	帶:同　　溫帶　　地帶　　火:山帶　　熱帶林

隊 무리(떼) 대	阝 阜 부수 9획, 총 12획. ( )부수 ( )획, 총 ( )획.
	隊商　　隊列　　隊員　　軍隊　　入隊

導 인도할 도	寸 부수 13획, 총 16획. ( )부수 ( )획, 총 ( )획.
	導:入　　導:出　　引導

4급Ⅱ-8-복습·쓰기장

♣ **아래의 빈칸을 채우시오.**   【지난학습】

홑	단	끝	단	박달나무	단	끊을	단	통달할	달

【금일학습】

擔									
멜 담									
黨									
무리 당									
帶									
띠 대									
隊									
무리 대									
導									
인도할 도									

담당 담보 담임교사
당권 당수 당원 당쟁 야당
대동 온대 지대 화산대 열대림
대상 대열 대원 군대 입대
도입 도출 인도

4급Ⅱ-9

毒	毋 부수 4획, 총 8획. ( )부수 ( )획, 총 ( )획.				
독 독	毒藥　　毒素　　毒草　　毒性　　毒殺				

督	目 부수 8획, 총 13획. ( )부수 ( )획, 총 ( )획.				
감독할 독 살필 독	監督　　督戰　　基督敎				

銅	金 부수 6획, 총 14획. ( )부수 ( )획, 총 ( )획.				
구리 동	銅賞　　黃銅　　金銀銅　　靑銅器				

斗	斗 부수 0획, 총 4획. ( )부수 ( )획, 총 ( )획.				
말 두	斗量　　北斗七星				

豆	豆 부수 0획, 총 7획. ( )부수 ( )획, 총 ( )획.				
콩 두	豆油　　豆滿江　　種豆得豆				

4급Ⅱ-9-복습·쓰기장

♣ **아래의 빈칸을 채우시오.**　　　　　　　　　　　　【지난학습】

| 멜 담 | 무리 당 | 띠 대 | 무리 대 | 인도할 도 |

【금일학습】

毒 독 독						
督 감독할 독						
銅 구리 동						
斗 말 두						
豆 콩 두						

독약 독소 독초 독성 독살
감독 독전 기독교
동상 황동 금은동 청동기
두량 북두칠성
두유 두만강 종두득두

4급Ⅱ-10

得 얻을 득	彳 부수 8획, 총 11획. ( )부수 ( )획, 총 ( )획.
	得失　　得票　　得意　　得男　　所:得

燈 등 등	火 부수 12획, 총 16획. ( )부수 ( )획, 총 ( )획.
	電:燈　　燈火可親　　風前燈火　　燈下不明

羅 벌릴 / 벌(벌판) 라/나	罒㓁 부수 14획, 총 19획. ( )부수 ( )획, 총 ( )획.
	羅列　　新羅　　五:百羅漢

兩 두 량/양	入 부수 6획, 총 8획. ( )부수 ( )획, 총 ( )획.
	兩:家　　兩:國　　兩:面　　兩:班　　兩:親

麗 고울 려/여	鹿 부수 8획, 총 19획. ( )부수 ( )획, 총 ( )획.
	高麗　　美:麗　　高句麗

4급Ⅱ-10-복습·쓰기장

♣ **아래의 빈칸을 채우시오.** 【지난학습】

독 **독**		감독할 **독**	구리 **동**	말 **두**	콩 **두**

【금일학습】

得 얻을 득					
燈 등 등					
羅 벌릴 라					
兩 두 량					
麗 고울 려					

독실 독표 독의 독남 소득
전등 등화가친 풍전등화 등하불명
나열 신라 오백나한
양가 양국 양면 양반 양친
고려 미려 고구려

◦ 핵심정리장 6   ⬇ 자세히 읽어 보세요.

모양(형形)	뜻(훈訓) 소리(음音)	핵 심 정 리
連	이을 련 (연)	여러 대의 수레가 앞서거니 뒤서거니 줄을 '잇'는다는 뜻의 자입니다. • 두음법칙에 따라 첫글자의 음이 바뀜. 련 → 연
列	벌릴 렬(열) 벌(벌일) 렬(열)	칼로 뼈의 살을 발라내어 '벌'려 놓는다는 뜻의 자입니다. • 두음법칙에 따라 첫글자의 음이 바뀜. 렬 → 열
錄	기록할 록 (녹)	금속 칼로 나무판을 깎아 글자를 새겨 '기록한다'는 뜻의 자입니다. • 綠(푸를 록), 錄(기록할 록) • 두음법칙에 따라 첫글자의 음이 바뀜. 록 → 녹
論	논할 론 (논)	자기의 생각을 조리있게 말하며 '논한다'는 뜻의 자입니다. • 議 ≒ 論(의논). • 두음법칙에 따라 첫글자의 음이 바뀜. 론 → 논
留	머무를 류 (유)	밭에 난 무성한 풀을 매려고 오랫동안 '머무른다'는 뜻의 자입니다. • 停 ≒ 留(정류). • 두음법칙에 따라 첫글자의 음이 바뀜. 류 → 유
律	법칙 률 (율)	인간 행위의 기준을 적어 놓은 '법칙'이라는 뜻의 자입니다. • 法 ≒ 律(법률). • 두음법칙에 따라 첫글자의 음이 바뀜. 률 → 율
滿(:)	찰 만	그릇에 담긴 물이 반반하여 흘러 넘치도록 '차' 있다는 뜻의 자입니다. • 긴소리 또는 짧은소리로도 읽음.
脈	줄기 맥	몸 속의 피가 순환하도록 갈래진 '줄기'라는 뜻의 자입니다.
毛	터럭 모	사람의 눈썹·머리털, 또는 짐승 등의 '털'을 본뜬 자입니다. • 毛 ⇔ 皮(모피). • 手(손 수), 毛(털 모)
牧	칠 기를 목 목	손에 채찍을 들고 소 등의 짐승을 길러내는 것을 '친다'고 한다는 뜻의 자입니다.

◦ 핵심정리장 7　　　　　　　　　　　　　🔻 *자세히 읽어 보세요.*

모양(형 形)	뜻(훈 訓) 소리(음 音)		핵 심 정 리
武:	호반 무사	무 무	무기를 들고 침략을 미리 방지하는 무사들의 벼슬아치인 '호반'을 뜻하는 자입니다. • 文 ⇔ 武(문무).　　　• 부수는 止(그칠 지)임. • 긴소리로 읽음.
務:	힘쓸	무	힘든 일에 더욱 '힘쓴다'는 뜻의 자입니다. • 부수는 力(힘 력)임. • 긴소리로 읽음.
未(:)	아닐	미	가는 나뭇가지는 아직 다 자란 것이 '아니다'는 뜻의 자입니다. • 末(끝 말), 未(아닐 미)　• 긴소리 또는 짧은소리로도 읽음.
味	맛	미	아직 익지 않은 과일의 '맛'을 본다는 뜻의 자입니다.
密	빽빽할 비밀	밀 밀	산을 뒤덮고 있는 나무들이 '빽빽하다'는 뜻의 자입니다.
博	넓을	박	여러 방면으로 통하는 학식이 '넓다'는 뜻의 자입니다.
防	막을	방	언덕을 만들어 아래 방향으로의 물흐름을 '막는다'는 뜻의 자입니다. • 攻 ⇔ 防(공방).　　攻 ⇔ 守(공수).
房	방	방	문을 열고 안으로 들어가는 방향에 있는 '방'을 나타낸 자입니다.
訪:	찾을	방	좋은 말씀을 듣기위해 여기저기의 방향으로 나아가 '찾는다'는 뜻의 자입니다. • 긴소리로 읽음.
背:	등	배	앞에 있는 배의 반대쪽인 '등'을 나타낸 자입니다. • 背 ⇔ 反(배반). • 긴소리로 읽음.

4급Ⅱ-11

連 이을 련 (연)
辶辵 부수 7획, 총 11획.　(　)부수 (　)획, 총 (　)획.

連結　　連發　　連勝　　連休　　連打

列 벌릴 렬렬(열) 벌(벌일)
刂刀 부수 4획, 총 6획.　(　)부수 (　)획, 총 (　)획.

列擧　　列強　　列車

錄 기록할 록 (녹)
金 부수 8획, 총 16획.　(　)부수 (　)획, 총 (　)획.

錄音　　錄取　　記錄　　錄畫放送

論 논할 론 (논)
言 부수 8획, 총 15획.　(　)부수 (　)획, 총 (　)획.

論說　　論理　　論文　　論壇　　結論

留 머무를 류 (유)
田 부수 5획, 총 10획.　(　)부수 (　)획, 총 (　)획.

留保　　留念　　留意　　留任　　留學

4급Ⅱ-11-복습·쓰기장

♣ **아래의 빈칸을 채우시오.**　　　　　　　　　　　　　【지난학습】

얻을	득	등	등	벌릴	라	두	량	고울	려

【금일학습】

連 이을 련								
列 벌릴 렬								
錄 기록할 록								
論 논할 론								
留 머무를 류								

연결　연발　연승　연휴　연타
열거　열강　열차
녹음　녹취　기록　녹화방송
논설　논리　논문　논단　결론
유보　유념　유의　유임　유학

4급Ⅱ-12

律 법칙 률(율)	彳 부수 6획, 총 9획. ( )부수 ( )획, 총 ( )획.			
	律法	律動	音律	二:律背反

滿 찰 만	氵水 부수 11획, 총 14획. ( )부수 ( )획, 총 ( )획.			
	滿期	滿足	滿:員	滿:月 滿:場一致

脈 줄기 맥	月 肉 부수 6획, 총 10획. ( )부수 ( )획, 총 ( )획.			
	金脈	動:脈	命:脈	一脈相通

毛 터럭 모	毛 부수 0획, 총 4획. ( )부수 ( )획, 총 ( )획.			
	毛根	不毛地	二:毛作	九牛一毛

牧 칠 기를 목	牛 牛 부수 4획, 총 8획. ( )부수 ( )획, 총 ( )획.			
	牧童	牧場	牧師	牧民心書

♣ 아래의 빈칸을 채우시오.

【지난학습】

| 이을 련 | 벌릴 렬 | 기록할 록 | 논할 론 | 머무를 류 |

【금일학습】

律 법칙 률							
滿 찰 만							
脈 줄기 맥							
毛 터럭 모							
牧 칠 목							

율법 율동 음률 이율배반
만기 만족 만원 만월 만장일치
금맥 동맥 명맥 일맥상통
모근 불모지 이모작 구우일모
목동 목장 목사 목민심서

4급Ⅱ-13

武 호반 무 무사 무	止 부수 4획, 총 8획. ( )부수 ( )획, 총 ( )획.
	武:士　　武:器　　武:力　　武:術　　武:勇

務 힘쓸 무	力 부수 9획, 총 11획. ( )부수 ( )획, 총 ( )획.
	業務　　始:務式　　務:實力行

未 아닐 미	木 부수 1획, 총 5획. ( )부수 ( )획, 총 ( )획.
	未:來　　未:定　　未:滿　　未:開　　未安

味 맛 미	口 부수 5획, 총 8획. ( )부수 ( )획, 총 ( )획.
	意:味　　調味料

密 빽빽할 밀 비밀 밀	宀 부수 8획, 총 11획. ( )부수 ( )획, 총 ( )획.
	密林　　密度　　密集　　密談　　密約

4급Ⅱ-13-복습·쓰기장

♣ 아래의 빈칸을 채우시오.

【지난학습】

법칙	률	찰	만	줄기	맥	터럭	모	칠	목

【금일학습】

武 호반 무									
務 힘쓸 무									
未 아닐 미									
味 맛 미									
密 빽빽할 밀									

무사 무기 무력 무술 무용
업무 시무식 무실역행
미래 미정 미만 미개 미안
의미 조미료
밀림 밀도 밀집 밀담 밀약

4급Ⅱ-14

博	十 부수 10획, 총 12획. ( )부수 ( )획, 총 ( )획.
넓을 박	博士　　博愛　　博學多識

防	阝 阜 부수 4획, 총 7획. ( )부수 ( )획, 총 ( )획.
막을 방	防空　　防備　　防蟲　　防火　　防水

房	戶 부수 4획, 총 8획. ( )부수 ( )획, 총 ( )획.
방 방	房門　　各房　　房長　　暖:房　　新房

訪	言 부수 4획, 총 11획. ( )부수 ( )획, 총 ( )획.
찾을 방	訪:問　　訪:美　　訪:中　　訪:韓　　訪:北

背	月 肉 부수 5획, 총 9획. ( )부수 ( )획, 총 ( )획.
등 배	背:景　　背:反　　背:後　　背:信者

♣ **아래의 빈칸을 채우시오.** 【지난학습】

호반 무	힘쓸 무	아닐 미	맛 미	빽빽할 밀

【금일학습】

博 넓을 박					
防 막을 방					
房 방 방					
訪 찾을 방					
背 등 배					

박사 박애 박학다식
방공 방비 방충 방화 방수
방문 각방 방장 난방 신방
방문 방미 방중 방한 방북
배경 배반 배후 배신자

○ 핵심정리장 8　　　　　　　　　　　　　⬇ 자세히 읽어 보세요.

모양(형 形)	뜻(훈 訓) 소리(음 音)		핵 심 정 리
拜:	절	배	두 손을 모아 몸을 아래로 굽히고 '절'을 한다는 뜻의 자입니다. • 긴소리로 읽음.
配:	나눌 짝	배 배	남녀 두 사람이 혼례를 치르며 술을 함께 '나눠' 마신다는 뜻의 자입니다. • 集 ⇔ 配(집배).　　　• 긴소리로 읽음.
伐	칠	벌	창 등의 무기를 가지고 사람들을 '친다'는 뜻의 자입니다.
罰	벌할	벌	잡힌 죄인을 꾸짖거나 칼로 혼내 '벌한다'는 뜻의 자입니다. • 賞 ⇔ 罰(상벌).
壁	벽	벽	바람이나 적을 막기 위해 흙이나 돌로 쌓은 '벽'이라는 뜻의 자입니다.
邊	가	변	아래가 안 보일 정도로 낭떠러지가 연이어 나간 가장자리를 '가'라고 한다는 뜻의 자입니다.
步:	걸음	보	오른쪽 발과 왼쪽 발을 번갈아 떼어놓으며 걷는 '걸음'이라는 뜻의 자입니다. • 긴소리로 읽음.
保(:)	지킬	보	어른이 포대기에 싼 철없는 어린애를 보호하며 '지킨다'는 뜻의 자입니다. • 保 ≒ 守(보수).　　• 긴소리 또는 짧은소리로도 읽음.
報:	갚을 알릴	보 보	놀랄 정도의 죄를 지은 죄인을 벌을 주어 다스려 죄값을 '갚게' 한다는 뜻의 자입니다. • 報 ≒ 告(보고).　• 부수는 土(흙 토)임.　• 긴소리로 읽음. • 新(새 신), 親(친할 친), 報(갚을 보)
寶:	보배	보	집안의 큰 그릇에 담긴 구슬과 재물을 가리켜 '보배'라고 한다는 뜻의 자입니다. • 긴소리로 읽음.

° 핵심정리장 9　　　　　　　　　　　⬇ 자세히 읽어 보세요.

모양(형形)	뜻(훈訓) 소리(음音)	핵 심 정 리
復(:)	회복할　복 다시　　부 돌아올　복	갔던 길을 '**되돌아오**'며 '**다시**' '**회복한다**' 는 뜻의 자입니다. • 일자다음자임. 복·부.　※ 부활절(復活節), 광복절(光復節) • 긴소리 또는 짧은소리로도 읽음.
府:	마을　　부 관청	백성들한테서 거둔 세금과 주고받은 문서를 보관하는 집인 '**마을**' 의 '**관청**' 이라는 뜻의 자입니다. • 긴소리로 읽음.
婦	며느리　부 지어미	앞치마를 두르고 비를 들고 청소하는 여자가 집안의 '**며느리**' 라는 뜻의 자입니다. • 夫 ⇔ 婦(부부).
副:	버금　　부	병에 가득찬 술을 나누어 제사지내는 토지신은 종묘 제사에 '**버금**' 간다는 뜻의 자입니다. • 副 ≒ 次(부차).　　　　　• 긴소리로 읽음.
富:	부자　　부	집안에 재물이 가득차 있는 '**부자**' 를 뜻하는 자입니다. • 貧 ⇔ 富(빈부). • 긴소리로 읽음.
佛	부처　　불	사람이 할 수 없는 일을 도와주는 '**부처**' 를 뜻하는 자입니다. • 佛 ≒ 寺(불사).
非:	아닐　　비	새의 두 날개가 각기 다른 방향으로 퍼져서 움직이지만 나는데 지장을 주는 것은 '**아니다**' 는 뜻의 자이다. • 부수는 非(아닐 비)임.　• 긴소리로 읽음.
悲:	슬플　　비	마음이 조화를 이루지 않으니 '**슬프다**' 는 뜻의 자이다. • 긴소리로 읽음.
飛	날　　　비	새가 목털을 떨치고 두 날개를 펼쳐서 공중을 '**날**' 고 있는 모양을 본뜬 자입니다. • 부수는 飛(날 비)임.
備:	갖출　　비	사람들이 함께 쓸 것을 '**갖춘다**' 는 뜻의 자입니다. • 具 ≒ 備(구비). • 긴소리로 읽음.

월   일 【시간】   ~

4급Ⅱ-15

拜 절 배	手 부수 5획, 총 9획.　　(　　)부수 (　　)획, 총 (　　)획.
	拜:上　　敬:拜　　禮:拜　　歲:拜　　再:拜
配 나눌 배 / 짝 배	酉 부수 3획, 총 10획.　　(　　)부수 (　　)획, 총 (　　)획.
	配:給　　配:達　　配:列　　配:置　　配:合
伐 칠 벌	亻人 부수 4획, 총 6획.　　(　　)부수 (　　)획, 총 (　　)획.
	伐木　　伐草　　伐採　　北伐　　殺伐
罰 벌할 벌	罒网 부수 9획, 총 14획.　　(　　)부수 (　　)획, 총 (　　)획.
	罰金　　罰則　　賞罰　　天罰　　處:罰
壁 벽 벽	土 부수 13획, 총 16획.　　(　　)부수 (　　)획, 총 (　　)획.
	壁紙　　壁報　　壁畫　　防壁　　絶壁

4급Ⅱ-15-복습·쓰기장

♣ **아래의 빈칸을 채우시오.**　　　　　　　　　　　　　　【지난학습】

넓을	박	막을	방	방	방	찾을	방	등	배

【금일학습】

拜									
절 배									
配									
나눌 배									
伐									
칠 벌									
罰									
벌할 벌									
壁									
벽 벽									

배상　경배　예배　세배　재배
배급　배달　배열　배치　배합
벌목　벌초　벌채　북벌　살벌
벌금　벌칙　상벌　천벌　처벌
벽지　벽보　벽화　방벽　절벽

4급Ⅱ-16

邊 가 변	辶 辵 부수 15획, 총 19획. ( )부수 ( )획, 총 ( )획.
	邊境　　江邊　　等:邊　　身邊　　海邊

步 걸음 보	止 부수 3획, 총 7획. ( )부수 ( )획, 총 ( )획.
	步:行　　步:兵　　步:道　　五:十步百步

保 지킬 보	亻人 부수 7획, 총 9획. ( )부수 ( )획, 총 ( )획.
	保:守　　保:安　　保:全　　保:存　　保:護

報 갚을 보 알릴 보	土 부수 9획, 총 12획. ( )부수 ( )획, 총 ( )획.
	報:答　　報:告　　報:道　　結草報恩

寶 보배 보	宀 부수 17획, 총 20획. ( )부수 ( )획, 총 ( )획.
	寶:物　　寶:石　　寶:貨　　家寶　　國寶

♣ 아래의 빈칸을 채우시오.　　　　　　　　　　【지난학습】

절	배	나눌	배	칠	벌	벌할	벌	벽	벽

【금일학습】

邊 가 변					
步 걸음 보					
保 지킬 보					
報 갚을 보					
寶 보배 보					

변경　강변　등변　신변　해변
보행　보병　보도　오십보백보
보수　보안　보전　보존　보호
보답　보고　보도　결초보은
보물　보석　보화　가보　국보

4급Ⅱ-17

復 회복할 다시 돌아올	복 부 복	亻 부수 9획, 총 12획.　　(　　)부수 (　　)획, 총 (　　)획.
		復習　　　復:活　　　復權　　　光復　　　反:復

府 마을 관청	부 부	广 부수 5획, 총 8획.　　(　　)부수 (　　)획, 총 (　　)획.
		行政府　　　　府:院君　　　　三府要人

婦 며느리 지어미	부 부	女 부수 8획, 총 11획.　　(　　)부수 (　　)획, 총 (　　)획.
		婦人　　　婦德　　　婦女子　　　夫婦有別

副 버금	부	刂刀 부수 9획, 총 11획.　　(　　)부수 (　　)획, 총 (　　)획.
		副:使　　副:食　　副:業　　副:賞　　副:作用

富 부자	부	宀 부수 9획, 총 12획.　　(　　)부수 (　　)획, 총 (　　)획.
		富:强　　富:者　　富:國强兵　　　富:貴功名

아래의 빈칸을 채우시오.

【지난학습】

| 가 **변** | 걸음 **보** | 지킬 **보** | 값을 **보** | 보배 **보** |

【금일학습】

復 회복할 복					
府 마을 부					
婦 며느리 부					
副 버금 부					
富 부자 부					

복습 부활 복권 광복 반복
행정부 부원군 삼부요인
부인 부덕 부녀자 부부유별
부사 부식 부업 부상 부작용
부강 부자 부국강병 부귀공명

4급Ⅱ-18

佛 부처 불	亻 人 부수 5획, 총 7획. ( )부수 ( )획, 총 ( )획.
	佛敎　　佛堂　　佛經　　佛心　　成佛

非 아닐 비	非 부수 0획, 총 8획. ( )부수 ( )획, 총 ( )획.
	非:理　　非:命　　非:常口　　是:非曲直

悲 슬플 비	心 부수 8획, 총 12획. ( )부수 ( )획, 총 ( )획.
	悲:觀　　悲:報　　悲:運　　悲:願

飛 날 비	飛 부수 0획, 총 9획. ( )부수 ( )획, 총 ( )획.
	飛行　　飛上

備 갖출 비	亻 人 부수 10획, 총 12획. ( )부수 ( )획, 총 ( )획.
	備:品　　備:蓄　　具備　　有:備無患

♣ **아래의 빈칸을 채우시오.** 【지난학습】

회복할 **복**		마을 **부**		며느리 **부**		버금 **부**		부자 **부**

【금일학습】

佛 부처 불								
非 아닐 비								
悲 슬플 비								
飛 날 비								
備 갖출 비								

불교 불당 불경 불심 성불
비리 비명 비상구 시비곡직
비관 비보 비운 비원
비행 비상
비품 비축 구비 유비무환

◦ 핵심정리장 10　　　　　　　　　　　　⬇ 자세히 읽어 보세요.

모양(형 形)	뜻(훈 訓) 소리(음 音)	핵 심 정 리
貧	가난할　빈	재물을 자꾸 나눠버리면 '가난하다' 는 뜻의 자입니다. • 貧 ⇔ 富(빈부).
寺	절　　　사	원래 일정한 규칙에 의해 일해가는 관청을 뜻한 자로, 중국에서 불교를 포교할 때 관청 건물을 빌어 '절' 로 썼음을 나타낸 자입니다. • 佛 ≒ 寺(불사).
舍	집　　　사 놓을　　사	지붕기둥벽 등의 모양을 갖춘 '집' 이라는 뜻의 자입니다. • 舍 ≒ 宅(사택).　　舍 ≒ 屋(사옥).
師	스승　　사 군대　　사	많이 모여 둘러선 제자들을 가르치는 '스승' 을 뜻하는 자입니다. • 師 ⇔ 弟(사제).
謝:	사례할　사	활을 쏘듯이 분명한 의사를 밝히는 것으로 '사례한다' 는 뜻의 자입니다. • 긴소리로 읽음.
殺(:)	죽일　　살 감할　　쇄 빠를　　쇄	나무를 베어 넘기듯이 몽둥이질로 산 것을 때려 '죽인다' 는 뜻의 자입니다. • 일자다음자임. 살·쇄.　• 긴소리 또는 짧은소리로도 읽음.
床	상　　　상	집 안에 있는 나무로 만든 널찍한 '상' 이라는 뜻의 자입니다.
狀(:)	형상　　상 문서　　장	널빤지로 된 대문 옆에 개가 서있는 '형상' 을 나타낸 자입니다. • 일자다음자임. 상·장　　• 부수는 犬(개 견)임. • 긴소리 또는 짧은소리로도 읽음.
想:	생각　　상	서로가 마음 속에 두고 '생각한다' 는 뜻의 자입니다. • 思 ≒ 想(사상).　　想 ≒ 念(상념). • 긴소리로 읽음.
常	떳떳할　상	사람이 고상하게 옷을 입음은 예법에 맞고 '떳떳하다' 는 뜻의 자입니다. • 班 ⇔ 常(반상).　　• 부수는 巾(수건 건)임.

◦ 핵심정리장 11   ⬇ 자세히 읽어 보세요.

모양(형 形)	뜻(훈 訓) 소리(음 音)	핵 심 정 리
設	베풀 설	작업을 하도록 말로 뒷받침해 주는 것으로 일을 '베푼다'는 뜻의 자입니다. • 施 ≒ 設(시설). • 說(말씀 설), 設(베풀 설)
城	재 성곽 성	국토를 방위하려고 흙으로 쌓아 '성곽'을 이룬 '재'라는 뜻의 자입니다. • 成(이룰 성), 盛(성할 성), 誠(정성 성), 城(재 성)
盛:	성할 성	제사 지낼 때 음식을 그릇에 여러 겹을 이루어 쌓으니 '성하다'는 뜻의 자입니다. • 긴소리로 읽음.
誠	정성 성	말한 바를 이루도록 공을 들여 '정성'을 다한다는 뜻의 자입니다. • 精 ≒ 誠(정성).
星	별 성	해처럼 빛을 내는 '별'을 뜻하는 자입니다. • 부수는 日(해 일)임.
聖:	성인 성	어떤 것이나 들으면 잘 통하며 사리에 참되고 공평하여 덕이 드러나는 사람이 '성인'이라는 뜻의 자입니다. • 부수는 耳(귀 이)임. • 긴소리로 읽음.
聲	소리 성	악기를 채로 칠 때 들리는 '소리'라는 뜻의 자입니다. • 音 ≒ 聲(음성).
細:	가늘 세	누에가 토해낸 실이 '가늘다'는 뜻의 자입니다. • 긴소리로 읽음.
稅:	세금 세	기쁨으로 수확한 곡식의 일부를 나라에 '세금'으로 낸다는 뜻의 자입니다. • 긴소리로 읽음.
勢:	형세 세	심어 가꾸는 초목이 힘차게 자라는 '형세'를 나타낸 자입니다. • 긴소리로 읽음.

4급Ⅱ-19

貧 (가난할 빈)

貝 부수 4획, 총 11획.　　(　)부수 (　)획, 총 (　)획.

貧富　　貧民　　貧弱　　貧血　　淸貧

寺 (절 사)

寸 부수 3획, 총 6획.　　(　)부수 (　)획, 총 (　)획.

寺院　　山寺　　通度寺　　大興寺

舍 (집 사 / 놓을 사)

舌 부수 2획, 총 8획.　　(　)부수 (　)획, 총 (　)획.

舍宅　　舍監　　客舍　　官舍　　不舍晝夜

師 (스승 사 / 군대 사)

巾 부수 7획, 총 10획.　　(　)부수 (　)획, 총 (　)획.

師弟　　師表　　敎:師　　出師　　醫師

謝 (사례할 사)

言 부수 10획, 총 17획.　　(　)부수 (　)획, 총 (　)획.

謝:過　　謝:意　　謝:絶　　謝:罪　　感:謝

4급Ⅱ-19-복습·쓰기장

♣ **아래의 빈칸을 채우시오.**　　　　　　　　　　　　　【지난학습】

부처 불		아닐 비		슬플 비		날 비		갖출 비	

【금일학습】

貧 가난할 빈								
寺 절 사								
舍 집 사								
師 스승 사								
謝 사례할 사								

빈부　빈민　빈약　빈혈　청빈
사원　산사　통도사　대흥사
사택　사감　객사　관사　불사주야
사제　사표　교사　출사　의사
사과　사의　사절　사죄　감사

4급Ⅱ-20

殺 죽일 감할 빠를 / 살쇄쇄	殳 부수 7획, 총 11획.　　(　)부수 (　)획, 총 (　)획.
	殺:氣　　殺:到　　殺:生　　殺:害　　相殺

床 상 / 상	广 부수 4획, 총 7획.　　(　)부수 (　)획, 총 (　)획.
	獨床　　病:床　　溫床　　平床

狀 형상 문서 / 상장	犬 부수 4획, 총 8획.　　(　)부수 (　)획, 총 (　)획.
	狀態　　罪:狀　　現:狀　　答狀　　賞狀

想 생각 / 상	心 부수 9획, 총 13획.　　(　)부수 (　)획, 총 (　)획.
	想:念　　假:想　　感:想　　空想　　思:想

常 떳떳할 / 상	巾 부수 8획, 총 11획.　　(　)부수 (　)획, 총 (　)획.
	常備　　常用　　常綠　　常設　　常識

4급Ⅱ-20-복습·쓰기장

♣ 아래의 빈칸을 채우시오.　　　　　　　　　　　　【지난학습】

가난할 **빈**		절 **사**		집 **사**		스승 **사**		사례할 **사**	

【금일학습】

殺 죽일 살					
床 상 상					
狀 형상 상					
想 생각 상					
常 떳떳할 상					

살기　쇄도　살생　살해　상쇄
독상　병상　온상　평상
상태　죄상　현상　답장　상장
상념　가상　감상　공상　사상
상비　상용　상록　상설　상식

4급Ⅱ-21

設 베풀 설	言 부수 4획, 총 11획. ( )부수 ( )획, 총 ( )획.
	設立 設問 設定 建設 設令

城 재 성 성곽 성	土 부수 7획, 총 10획. ( )부수 ( )획, 총 ( )획.
	城門 城壁 城南 萬:里長城

盛 성할 성	皿 부수 7획, 총 12획. ( )부수 ( )획, 총 ( )획.
	盛:大 盛:業 盛:行 豊盛 全盛期

誠 정성 성	言 부수 7획, 총 14획. ( )부수 ( )획, 총 ( )획.
	誠實 誠金 熱誠 誠心誠意

星 별 성	日 부수 5획, 총 9획. ( )부수 ( )획, 총 ( )획.
	行星 金星 流星 北極星

♣ 아래의 빈칸을 채우시오.　　　　　　　　　　　　　　【지난학습】

| 죽일 殺 | 상 尙 | 형상 像 | 생각 想 | 떳떳할 常 |

【금일학습】

| 設 베풀 설 |
| 城 재 성 |
| 盛 성할 성 |
| 誠 정성 성 |
| 星 별 성 |

설립　설문　설정　건설　설령
성문　성벽　성남　만리장성
성대　성업　성행　풍성　전성기
성실　성금　열성　성심성의
행성　금성　유성　북극성

월   일 【시 간】   ~

4급Ⅱ-22

聖 성인 성	耳 부수 7획, 총 13획. ( )부수 ( )획, 총 ( )획.				
	聖:經	聖:堂	聖:者	聖:地	聖:人

聲 소리 성	耳 부수 11획, 총 17획. ( )부수 ( )획, 총 ( )획.				
	聲樂	發聲	變:聲	音聲	聲明書

細 가늘 세	糸 부수 5획, 총 11획. ( )부수 ( )획, 총 ( )획.				
	細:工	細:密	細:分	細:心	

稅 세금 세	禾 부수 7획, 총 12획. ( )부수 ( )획, 총 ( )획.				
	稅:金	稅:入	關稅	國稅	稅:務士

勢 형세 세	力 부수 11획, 총 13획. ( )부수 ( )획, 총 ( )획.				
	勢:力	勢:道	得勢	勝勢	戰:勢

4급Ⅱ-22-복습·쓰기장

♣ **아래의 빈칸을 채우시오.**　　　　　　　　　　　　　　【지난학습】

| 베풀 설 | 재 성 | 성할 성 | 정성 성 | 별 성 |

【금일학습】

聖 성인 성					
聲 소리 성					
細 가늘 세					
稅 세금 세					
勢 형세 세					

성경　성당　성자　성지　성인
성악　발성　변성　음성　성명서
세공　세밀　세분　세심
세금　세입　관세　국세　세무사
세력　세도　득세　승세　전세

◦ 핵심정리장 12   ⬇ 자세히 읽어 보세요.

모양(형形)	뜻(훈訓) 소리(음音)	핵 심 정 리
素(:)	본디 소 흴 소	빨랫줄에 드리운 명주실이 '본디' '희다' 는 뜻의 자입니다. • 素 ≒ 朴(소박).　　• 긴소리 또는 짧은소리로도 읽음.
笑:	웃음 소	대나무가 바람에 휘어져 굽듯이 사람이 몸을 굽히며 '웃음' 짓는다는 뜻의 자입니다. • 긴소리로 읽음.
掃(:)	쓸 소	손에 비를 들고 땅바닥을 '쓴다' 는 뜻의 자입니다. • 婦(며느리 부), 掃(쓸 소). • 긴소리 또는 짧은소리로도 읽음.
俗	풍속 속 속될 속	사람들이 한 골짜기에 살면서 같은 '풍속' 을 공유한다는 뜻의 자입니다. • 浴(목욕할 욕), 俗(풍속 속)
續	이을 속	물건을 사고팖처럼 실이 계속 '이어' 진다는 뜻의 자입니다. • 斷 ⇔ 續(단속). • 繼 ≒ 續(계속).　　連 ≒ 續(연속).
送:	보낼 송	떠나는 사람을 웃으며 '보낸다' 는 뜻의 자입니다. • 送 ⇔ 迎(송영). • 긴소리로 읽음.
守	지킬 수	관청에서 관리가 법도에따라 나라와 백성을 '지킨다' 는 뜻의 자입니다. • 攻 ⇔ 守(공수).
收	거둘 수	이삭에 얽힌 낟알을 쳐서 그 열매를 '거둔다' 는 뜻의 자입니다. • 收 ⇔ 支(수지).　　• 收 ≒ 拾(수습).
受(:)	받을 수	위에서 주는 술잔을 아래에서 '받는다' 는 뜻의 자입니다. • 授 ⇔ 受(수수). • 긴소리 또는 짧은소리로도 읽음.
授	줄 수	손으로 건네 받을 수 있도록 '준다' 는 뜻의 자입니다. • 授 ⇔ 與(수여).　　授 ⇔ 受(수수).

○ 핵심정리장 13   ⬇ 자세히 읽어 보세요.

모양(형 形)	뜻(훈 訓) 소리(음 音)	핵 심 정 리
修	닦을 수	멀리 흐르는 깨끗한 물에 머리카락을 담궈 먼지와 때를 '닦는다'는 뜻의 자입니다.
純	순수할 순	포기에서 돋아난 어린 새싹처럼 생실은 잡것이 섞이지 않아 '순수하다'는 뜻의 자입니다. • 純 ≒ 潔(순결).
承	이을 승	임금이 주는 부절을 두 손으로 받들어 명령을 '이어' 받든다는 뜻의 자입니다. • 承 ≒ 繼(승계).
視:	볼 시	신에게 바치는 제사 상을 잘 살펴 '본다'는 뜻의 자입니다. • 見(볼 견), 視(볼 시), 觀(볼 관) • 긴소리로 읽음.
是:	이 시 옳을 시	가장 옳고 바른 것에 맹세할 때는 바로 태양 '이' 것에 빗댄다는 뜻의 자입니다. • 是 ⇔ 非(시비). • 긴소리로 읽음.
施:	베풀 시	깃발이 뱀처럼 길게 늘어선 것은 군대가 진을 '베풀고' 있음을 나타낸 자입니다. • 施 ≒ 設(시설). • 긴소리로 읽음.
詩	시(글) 시	일정한 법칙에 따라 간결하게 글로 나타낸 '시'라는 뜻의 자입니다. • 寺(절 사), 時(때 시), 詩(시 시)
試(:)	시험할 시	일정한 방식으로 이것저것 물어보며 '시험한다'는 뜻의 자입니다. • 試 ≒ 驗(시험). • 긴소리 또는 짧은소리로도 읽음.
息	쉴 식	코로 숨을 내쉬며 마음을 고르게 하여 '쉰다'는 뜻의 자입니다.
申	납(원숭이) 신 알릴 신	번갯불이 퍼지는 모양을 인간은 하늘이 변괴를 '알린' 것으로 받아들인다는 뜻의 자이며, 지지(地支)의 아홉 번째인 '납(원숭이)'을 표현하는 자입니다. • 申 ≒ 告(신고). • 田(밭 전), 甲(갑옷 갑), 由(말미암을 유), 申(납 신)

4급Ⅱ-23　　　　　월　　일 【시간】　　　～

素	糸 부수 4획, 총 10획. （　　）부수（　）획, 총（　）획.
본디　소 질박할　소	素:朴　　素材　　素質　　平素　　葉綠素

笑	竹 부수 4획, 총 10획. （　　）부수（　）획, 총（　）획.
웃음　소	談笑　　冷:笑　　苦笑　　笑:門萬福來

掃	扌 手 부수 8획, 총 11획. （　　）부수（　）획, 총（　）획.
쓸　소	掃:除　　淸掃

俗	亻 人 부수 7획, 총 9획. （　　）부수（　）획, 총（　）획.
풍속　속 속될　속	俗談　　俗物　　俗說　　俗世　　民俗

續	糸 부수 15획, 총 21획. （　　）부수（　）획, 총（　）획.
이을　속	續報　　續開　　續行　　續出　　相續

4급 II-23-복습·쓰기장

♣ **아래의 빈칸을 채우시오.**　　　　　　　　　　　　　　【지난학습】

성인	성	소리	성	가늘	세	세금	세	형세	세

【금일학습】

素									
본디 소									
笑									
웃음 소									
掃									
쓸 소									
俗									
풍속 속									
續									
이을 속									

소박　소재　소질　평소　엽록소
담소　냉소　고소　소문만복래
소제　청소
속담　속물　속설　속세　민속
속보　속개　속행　속출　상속

4급Ⅱ-24

送 보낼 송	辶辵 부수 6획, 총 10획. ( )부수 ( )획, 총 ( )획.
	送:金 送:別 送:年 送:舊迎新

守 지킬 수	宀 부수 3획, 총 6획. ( )부수 ( )획, 총 ( )획.
	守備 守衛 守節 守則 守護神

收 거둘 수	攵攴 부수 2획, 총 6획. ( )부수 ( )획, 총 ( )획.
	收金 收容 收益 收集 收入

受 받을 수	又 부수 6획, 총 8획. ( )부수 ( )획, 총 ( )획.
	受講 受難 受賞 受信 領受

授 줄 수	扌手 부수 8획, 총 11획. ( )부수 ( )획, 총 ( )획.
	授業 授受 敎:授 傳授

4급Ⅱ-24-복습·쓰기장

♣ **아래의 빈칸을 채우시오.**　　　　　　　　　　　　　　　　　　【지난학습】

본디	素	웃음	笑	쓸	掃	풍속	俗	이을	續

【금일학습】

送 보낼 송									
守 지킬 수									
收 거둘 수									
受 받을 수									
授 줄 수									

송금　송별　송년　송구영신
수비　수위　수절　수칙　수호신
수금　수용　수익　수집　수입
수강　수난　수상　수신　영수
수업　수수　교수　전수

4급 II -25

修	亻 人 부수 8획, 총 10획. ( )부수 ( )획, 총 ( )획.			
닦을 수	修身	修養	修行	修學

純	糸 부수 4획, 총 10획. ( )부수 ( )획, 총 ( )획.				
순수할 순	純益	純度	純金	純毛	純種

承	手 부수 4획, 총 8획. ( )부수 ( )획, 총 ( )획.			
이을 승	承服	承認	傳承	承政院

視	見 부수 5획, 총 12획. ( )부수 ( )획, 총 ( )획.				
볼 시	視:力	視:野	視:察	視線	近:視

是	日 부수 5획, 총 9획. ( )부수 ( )획, 총 ( )획.			
옳을 시:	是:正	是:非	是:認	是:是非非

4급 Ⅱ −25− 복습·쓰기장

♣ **아래의 빈칸을 채우시오.**　　　　　　　　　　　　　【지난학습】

보낼 송	지킬 수	거둘 수	받을 수	줄 수

【금일학습】

修 닦을 수					
純 순수할 순					
承 이을 승					
視 볼 시					
是 이 시					

수신　수양　수행　수학
순익　순도　순금　순모　순종
승복　승인　전승　승정원
시력　시야　시찰　시선　근시
시정　시비　시인　시시비비

월　　　　일　【시 간】　　　　~

4급Ⅱ-26

施 베풀 시	方 부수 5획, 총 9획. ( )부수 ( )획, 총 ( )획.
	施:工　　施:賞　　施:設　　施:行　　實施
詩 시(글) 시	言 부수 6획, 총 13획. ( )부수 ( )획, 총 ( )획.
	詩人　　詩想　　詩集　　童:詩　　漢:詩
試 시험할 시	言 부수 6획, 총 13획. ( )부수 ( )획, 총 ( )획.
	試:圖　　試:食　　試:飮　　試合　　試金石
息 쉴 식	心 부수 6획, 총 10획. ( )부수 ( )획, 총 ( )획.
	子息　　休息　　安息處　　自强不息
申 납(원숭이) 신 알릴 신	田 부수 0획, 총 5획. ( )부수 ( )획, 총 ( )획.
	申告　　申請　　申告式　　出生申告

♣ **아래의 빈칸을 채우시오.** 【지난학습】

닦을	수	순수할	순	이을	승	볼	시	이	시

【금일학습】

施 베풀 시

詩 시 시

試 시험할 시

息 쉴 식

申 납 신

시공 시상 시설 시행 실시
시인 시상 시집 동시 한시
시도 시식 시음 시합 시금석
자식 휴식 안식처 자강불식
신고 신청 신고식 출생신고

○ 핵심정리장 14   ⬇ 자세히 읽어 보세요.

모양(형形)	뜻(훈訓) 소리(음音)	핵 심 정 리
深	깊을　　심	물이 깊고 '깊다' 는 뜻의 자입니다.
眼:	눈　　안	일정한 한도 내에서 굴림을 그치는 눈알을 강조한 '눈' 의 모습을 나타낸 자입니다. •眼 ≒ 目(안목).　　•긴소리로 읽음.
暗:	어두울　　암	소리만 밝게 들리는 '어두울' 때를 나타낸 자입니다. •明 ⇔ 暗(명암). •긴소리로 읽음.
壓	누를(억누를)　　압	땅 위에 놓고 누르고 '누른다' 는 뜻의 자입니다. •부수는 土(흙 토)임.
液	액체　　액	생물체의 피막 속에 가려진 침침한 부분에서 나오는 즙이 '액체' 라는 뜻의 자입니다.
羊	양　　양	'양' 의 머리·뿔·네 발·꼬리 등의 모양을 본뜬 자입니다.
如	같을　　여	옛날에는 삼종지도(三從之道)에 따라 여자는 부모·남편·자식의 말을 자기 뜻으로 여겨 '같게' 하였다는 뜻의 자입니다.
餘	남을　　여	나머지 음식도 충분히 '남았다' 는 뜻의 자입니다.
逆	거스를　　역	가서 범하니 역시 되받아쳐 서로 '거슬린다' 는 뜻의 자입니다. •順 ⇔ 逆(순역).
硏:	갈　　연	돌을 평평하게 '갈' 아낸다는 뜻의 자입니다. •硏 ≒ 究(연구).　　•긴소리로 읽음.

◦ 핵심정리장 15   ⬇ 자세히 읽어 보세요.

모양(형 形)	뜻(훈 訓) 소리(음 音)	핵 심 정 리
煙	연기 연	흙으로 주위를 막은 아궁이에서 불을 땔 때 나는 '연기'를 나타낸 자입니다.
演:	펼(펼칠) 연	물이 사방으로 흘러 퍼지듯 동방의 아침 햇살도 널리 '펼' 친다는 뜻의 자입니다. • 긴소리로 읽음.
榮	영화 영	꽃이 크고 빛나는 오동나무의 모양이 '영화' 롭게 보인다는 뜻의 자입니다. • 부수는 木(나무 목)임.
藝:	재주 예	초목을 심고 가꾸는데 필요한 기술인 '재주'를 나타낸 자입니다. • 技 ≒ 藝(기예). • 긴소리로 읽음.
誤:	그르칠 오	큰소리치며 장담하는 말은 사실과 달라 믿으면 '그르친다' 는 뜻의 자입니다. • 正 ⇔ 誤(정오). • 過 ≒ 誤(과오). • 긴소리로 읽음.
玉	구슬 옥	색이 빛나고 소리가 펴 드날리고 바탕이 깨끗한 아름다운 돌이 '구슬' 이라는 뜻의 자로, 세 개의 구슬을 한 줄로 꿴 모습을 나타냈습니다. • 변형 부수자는 王(구슬옥변 = 임금 왕)임. • 玉 ⇔ 石(옥석).
往:	갈 왕	초목의 싹이 터서 왕성히 자라가며 뻗어나 '간다' 는 뜻의 자입니다. • 住(살 주), 往(갈 왕) • 來 ⇔ 往(내왕). 往 ⇔ 復(왕복). • 긴소리로 읽음.
謠	노래 요	말에 가락을 넣어 질그릇을 두들기며 부르는 '노래' 라는 뜻의 자입니다. • 歌 ≒ 謠(가요).
容	얼굴 용 용납할 용	집이 골짜기 같아 많은 물건을 담을 수 있듯이 온갖 표정을 담아내는 '얼굴' 이라는 뜻도 있습니다. • 許 ≒ 容(허용). 容 ⇔ 納(용납).
員	인원 원	둥근 돈을 세는 관원, 또는 돈을 받고 일하는 '인원' 을 뜻하는 자입니다. • 부수는 口(입 구)임.

4급Ⅱ-27

深 깊을 심	氵 水 부수 8획, 총 11획.　（　）부수（　）획, 총（　）획.
	深夜　　深山　　深海　　深化學習

眼 눈 안	目 부수 6획, 총 11획.　（　）부수（　）획, 총（　）획.
	眼:科　　眼:目　　着眼　　眼:下無人

暗 어두울 암	日 부수 9획, 총 13획.　（　）부수（　）획, 총（　）획.
	暗:黑　　暗:記　　暗:算　　暗:示　　明暗

壓 누를(억누를) 압	土 부수 14획, 총 17획.　（　）부수（　）획, 총（　）획.
	壓力　　壓印　　强:壓　　壓勝　　血壓

液 액체 액	氵 水 부수 8획, 총 11획.　（　）부수（　）획, 총（　）획.
	液體　　液化　　血液

♣ **아래의 빈칸을 채우시오.**　　　　　　　　　　　　　　　　　【지난학습】

베풀 시	시	시	시험할 시	쉴 식	납 신			

【금일학습】

深 깊을 심								
眼 눈 안								
暗 어두울 암								
壓 누를 압								
液 액체 액								

심야　심산　심해　심화학습
안과　안목　착안　안하무인
암흑　암기　암산　암시　명암
압력　압인　강압　압승　혈압
액체　액화　혈액

4급Ⅱ-28

羊 양 양	羊 부수 0획, 총 6획. ( )부수 ( )획, 총 ( )획.
	羊毛　　　白羊　　　山羊　　　牛羊

如 같을 여	女 부수 3획, 총 6획. ( )부수 ( )획, 총 ( )획.
	如前　　　缺如　　　如意　　　百聞不如一見

餘 남을 여	食 부수 7획, 총 16획. ( )부수 ( )획, 총 ( )획.
	餘談　　　餘力　　　餘生　　　餘念　　　餘白

逆 거스를 역	辶 부수 6획, 총 10획. ( )부수 ( )획, 총 ( )획.
	逆境　　　逆流　　　逆說　　　逆行　　　反:逆

硏 갈 연	石 부수 6획, 총 11획. ( )부수 ( )획, 총 ( )획.
	硏:修　　　硏:究生　　　硏:究所

4급Ⅱ-28-복습·쓰기장

♣ **아래의 빈칸을 채우시오.**　　　　　　　　　　　　【지난학습】

깊을	심	눈	안	어두울	암	누를	압	액체	액

【금일학습】

羊 양 양								
如 같을 여								
餘 남을 여								
逆 거스를 역								
硏 갈 연								

양모 백양 산양 우양
여전 결여 여의 백문불여일견
여담 여력 여생 여념 여백
역경 역류 역설 역행 반역
연수 연구생 연구소

4급Ⅱ-29

煙 연기 연	火 부수 9획, 총 13획. ( )부수 ( )획, 총 ( )획.
	煙氣　　煙草　　禁:煙　　無煙炭

演 펼(펼칠) 연	氵 水 부수 11획, 총 14획. ( )부수 ( )획, 총 ( )획.
	演:士　　演:說　　演:技　　演:習　　主演

榮 영화 영	木 부수 10획, 총 14획. ( )부수 ( )획, 총 ( )획.
	榮光　　虛榮心

藝 재주 예	++ 艸 부수 15획, 총 19획. ( )부수 ( )획, 총 ( )획.
	藝:術　　藝:能　　曲藝　　工藝　　書藝

誤 그르칠 오	言 부수 7획, 총 14획. ( )부수 ( )획, 총 ( )획.
	誤:答　　誤:報　　誤:算　　過誤　　正:誤

♣ **아래의 빈칸을 채우시오.** 【지난학습】

양	양	같을	여	남을	여	거스를	역	갈	연

【금일학습】

煙 연기 연									
演 펼 연									
榮 영화 영									
藝 재주 예									
誤 그르칠 오									

연기 연초 금연 무연탄
연사 연설 연기 연습 주연
영광 허영심
예술 예능 곡예 공예 서예
오답 오보 오산 과오 정오

4급Ⅱ-30

玉 구슬 옥	玉 부수 0획, 총 5획. ( )부수 ( )획, 총 ( )획.
	玉色　　　玉體　　　白玉　　　玉童子

往 갈 왕	彳 부수 5획, 총 8획. ( )부수 ( )획, 총 ( )획.
	往:復　　　往:來　　　往:年　　　右:往左往

謠 노래 요	言 부수 10획, 총 17획. ( )부수 ( )획, 총 ( )획.
	歌謠　　農謠　　童:謠　　民謠　　俗謠

容 얼굴 용 / 용납할 용	宀 부수 7획, 총 10획. ( )부수 ( )획, 총 ( )획.
	容器　　容量　　內:容　　許容

員 인원 원	口 부수 7획, 총 10획. ( )부수 ( )획, 총 ( )획.
	社員　　船員　　要員　　人員　　定:員

4급Ⅱ-30-복습·쓰기장

♣ **아래의 빈칸을 채우시오.** 【지난학습】

| 연기 | 연 | 펼 | 연 | 영화 | 영 | 재주 | 예 | 그르칠 | 오 |

【금일학습】

玉 구슬 옥					
往 갈 왕					
謠 노래 요					
容 얼굴 용					
員 인원 원					

옥색 옥체 백옥 옥동자
왕복 왕래 왕년 우왕좌왕
가요 농요 동요 민요 속요
용기 용량 내용 허용
사원 선원 요원 인원 정원

◦ 핵심정리장 16 　　　　　　　　⬇ 자세히 읽어 보세요.

모양(형 形)	뜻(훈 訓) 소리(음 音)	핵 심 정 리
圓	둥글　　원	관원이 관리하는 돈의 모습이 '둥글다'는 뜻의 자입니다. • 方 ⇔ 圓(방원).
衛	지킬　　위	군인이 성벽 주위를 다니며 '지킨다'는 뜻의 자입니다. • 守 ≒ 衛(수위).　　• 부수는 行(다닐 행)임.
爲	할　　위	원숭이는 머리를 긁을 때 앞발톱을 손처럼 사용 '한다'는 뜻의 자입니다. • 부수는 爫 = 爪(손톱 조)임.
肉	고기　　육	살결이 있는 큰 덩이의 '고기' 모양을 본뜬 자입니다. • 肉 ≒ 身(육신).　　• 內(안 내), 肉(고기 육)
恩	은혜　　은	마음껏 도와줌으로 인해 입은 '은혜'라는 뜻의 자입니다. • 因(인할 인), 恩(은혜 은).　　• 恩 ≒ 惠(은혜).
陰	그늘　　음	언덕에 가리어 햇볕이 들지 않는 곳인 '그늘'을 나타낸 자입니다. • 陰 ⇔ 陽(음양).
應ː	응할　　응	매가 꿩 등을 잡아 주인의 마음에 따라 '응한다'는 뜻의 자입니다. • 應 ⇔ 答(응답). • 부수는 心(마음 심)임. • 긴소리로 읽음.
義ː	옳을　　의	사람인 나대신 양을 희생시켜 제단에 올리는 것이 '옳다'는 뜻의 자입니다. • 부수는 羊(양 양)임.　　• 긴소리로 읽음.
議	의논할　　의	올바른 결론을 얻고자 서로 의견을 교환하며 '의논한다'는 뜻의 자입니다. • 議 ≒ 論(의논/의론).
移	옮길　　이	못자리에 있는 많은 모를 심기위해 '옮긴다'는 뜻의 자입니다.

◦ **핵심정리장 17**　　　　　　　　　　⬇ **자세히 읽어 보세요.**

모양(형 形)	뜻(훈 訓) 소리(음 音)	핵 심 정 리
益	더할　익 더욱　익	그릇이 넘치는 것은 물을 '더하' 기 때문이라는 뜻의 자입니다. •부수는 皿(그릇 명)임.
引	끌　　인	활에 화살을 먹여 과녁을 향해 활줄을 잡아 '끈다' 는 뜻의 자입니다. •부수는 弓(활 궁)임.
印	도장　인	무릎을 꿇고 앉아서 손으로 '도장' 을 찍는 모습을 나타낸 자입니다. •부수는 卩 = 㔾(병부절)임.
認	알　　인	남의 말을 참고 들어야 비로소 '알' 게 된다는 뜻의 자입니다.
障	막을　장	음악이나 글에 있어서 각 장이 구별되듯 언덕도 장애물이 되어 '막는다' 는 뜻의 자입니다.
將(:)	장수　장 장차　장	널판에 고기를 벌여 놓고 법도에 맞게 거느린 부하들에게 나눠주는 '장수' 라는, 뜻의 자입니다. •將 ⇔ 兵(장병).　　•將 ⇔ 卒(장졸). •긴소리 또는 짧은소리로도 읽음.　•부수는 寸(마디 촌)임.
低:	낮을　저	신분이 낮은 사람이 자세를 더 '낮춘다' 는 뜻의 자입니다. •高 ⇔ 低(고저).　　　　•긴소리로 읽음.
敵	대적할　적 원수　적	적의 근거지를 치려고 적과 '대적한다' 는 뜻의 자입니다.
田	밭　　전	농지의 경계가 방정(方正)하고 길과 도랑이 사방으로 통하도록 만들어진 '밭' 의 모양을 본뜬 자입니다.
絶	끊을　절	실의 매듭을 칼로 '끊는다' 는 뜻의 자입니다. •斷 ≒ 絶(단절).　　•斷 ≒ 切(단절). •斷 ⇔ 續(단속).

4급Ⅱ-31

圓 둥글 원	□ 부수 10획, 총 13획. ( )부수 ( )획, 총 ( )획.
	圓滿 圓卓 圓形 圓心 團圓

衛 지킬 위	行 부수 9획, 총 15획. ( )부수 ( )획, 총 ( )획.
	衛星 衛兵 護:衛 衛生服

爲 할 위	爫 爪 부수 8획, 총 12획. ( )부수 ( )획, 총 ( )획.
	爲民 爲主 爲政者 人爲的

肉 고기 육	肉 부수 0획, 총 6획. ( )부수 ( )획, 총 ( )획.
	肉類 肉食 肉質 肉眼 肉體

恩 은혜 은	心 부수 6획, 총 10획. ( )부수 ( )획, 총 ( )획.
	恩功 恩師 謝:恩 恩德 報:恩

4급Ⅱ-31-복습·쓰기장

♣ **아래의 빈칸을 채우시오.** 【지난학습】

구슬	옥	갈	왕	노래	요	얼굴	용	인원	원

【금일학습】

圓 둥글 원									
衛 지킬 위									
爲 할 위									
肉 고기 육									
恩 은혜 은									

원만 원탁 원형 원심 단원
위성 위병 호위 위생복
위민 위주 위정자 인위적
육류 육식 육질 육안 육체
은공 은사 사은 은덕 보은

월   일 【시 간】   ~

4급Ⅱ-32

陰 그늘 음	阝阜 부수 8획, 총 11획. ( )부수 ( )획, 총 ( )획.
	陰陽 陰地 陰凶 光陰 寸:陰

應 응할 응	心 부수 13획, 총 17획. ( )부수 ( )획, 총 ( )획.
	應:答 應:試 應:用 對:應 反:應

義 옳을 의	羊 부수 7획, 총 13획. ( )부수 ( )획, 총 ( )획.
	義:擧 義:士 義:務 義:理 正:義

議 의논할 의	言 부수 13획, 총 20획. ( )부수 ( )획, 총 ( )획.
	議決 議論 議長 議員 議題

移 옮길 이	禾 부수 6획, 총 11획. ( )부수 ( )획, 총 ( )획.
	移動 移住 移民 移植

4급Ⅱ-32-복습·쓰기장

♣ **아래의 빈칸을 채우시오.**　　　　　　　　　　　　【지난학습】

둥글 원		지킬 위		할 위		고기 육		은혜 은	

【금일학습】

陰 그늘 음									
應 응할 응									
義 옳을 의									
議 의논할 의									
移 옮길 이									

음양　음지　음흉　광음　촌음
응답　응시　응용　대응　반응
의거　의사　의무　의리　정의
의결　의논/의론　의장　의원　의제
이동　이주　이민　이식

4급Ⅱ-33

益 더할 익 더욱 익	皿 부수 5획, 총 10획. ( )부수 ( )획, 총 ( )획.
	國益　　利:益　　益者三友　　　多多益善

引 끌 인	弓 부수 1획, 총 4획. ( )부수 ( )획, 총 ( )획.
	引受　　　引用　　　引下　　　引出　　　引力

印 도장 인	卩 부수 4획, 총 6획. ( )부수 ( )획, 총 ( )획.
	印章　　　印度　　　海:印寺

認 알 인	言 부수 7획, 총 14획. ( )부수 ( )획, 총 ( )획.
	認識　　認可　　認定　　認知　　認許　　誤:認

障 막을 장	阝阜 부수 11획, 총 14획. ( )부수 ( )획, 총 ( )획.
	障壁　　　故:障　　　保:障

♣ 아래의 빈칸을 채우시오.

【지난학습】

그늘 음	응할 응	옳을 의	의논할 의	옮길 이	

【금일학습】

益 더할 익					
引 끌 인					
印 도장 인					
認 알 인					
障 막을 장					

국익 이익 익자삼우 다다익선
인수 인용 인하 인출 인력
인장 인도 해인사
인식 인가 인정 인지 인허 오인
장벽 고장 보장

4급Ⅱ-34

將	寸 부수 8획, 총 11획.　　（　）부수（　）획, 총（　）획.
장수 장차　장 장	
	將軍　　將:卒　　將:校　　將:兵　　將來

低	亻 人 부수 5획, 총 7획.　　（　）부수（　）획, 총（　）획.
낮을　저	
	低:俗　　低:速　　低:質　　低:空　　高低

敵	攵 攴 부수 11획, 총 15획.　（　）부수（　）획, 총（　）획.
대적할 원수　적 적	
	敵國　　敵軍　　敵手　　敵地　　對:敵

田	田 부수 0획, 총 5획.　　（　）부수（　）획, 총（　）획.
밭　전	
	油田　　火:田民　　田園住宅

絶	糸 부수 6획, 총 12획.　　（　）부수（　）획, 총（　）획.
끊을　절	
	絶交　　絶望　　絶命　　五:言絶句

4급Ⅱ-34-복습·쓰기장

♣ **아래의 빈칸을 채우시오.**　　　　　　　　　　　　　　【지난학습】

| 더할 익 | 끌 인 | 도장 인 | 알 인 | 막을 장 |

【금일학습】

將 장수 장

低 낮을 저

敵 대적할 적

田 밭 전

絶 끊을 절

장군　장졸　장교　장병　장래
저속　저속　저질　저공　고저
적국　적군　적수　적지　대적
유전　화전민　전원주택
절교　절망　절명　오언절구

핵심정리장 18

▶ 자세히 읽어 보세요.

모양(형 形)	뜻(훈 訓) 소리(음 音)	핵 심 정 리
接	이을　　　접	첩의 부드러운 손이 남편에게 다가가 서로의 정을 '잇는다' 는 뜻의 자입니다.
政	정사　　　정	백성을 지도편달하여 바르게 이끄는 것이 '정사' 라는 뜻의 자입니다. • 政 ≒ 治(정치).
程	한도　　　정 길　　　　정 법　　　　정	볏단을 고르게 쌓아도 적당한 '한도' 가 있다는 뜻의 자입니다.
精	정할(깨끗할) 정 정신　　　정 자세할　　정	깨끗하게 쓿은 쌀이 '정하다' 는 뜻의 자입니다. • 精 ≒ 誠(정성).
制:	절제할　　제	정상적이지 않게 크게 자란 나무를 칼질을 하여 옷자람을 '절제한다' 는 뜻의 자입니다. • 부수는 刂(칼도방) = 刀(칼 도)임.　• 긴소리로 읽음.
製:	지을　　　제	옷감을 절제해 잘라낸 옷을 '짓는다' 는 뜻의 자입니다. • 製 ≒ 作(제작).　 製 ≒ 造(제조). • 긴소리로 읽음.
除	덜　　　　제	남겨진 돌을 언덕처럼 쌓아올린 섬돌을 나타낸 자로, 섬돌을 올라설 때마다 하나씩 '덜' 듯 한다는 뜻의 자입니다.
祭:	제사　　　제	제단 위에 고기를 올려 놓고 '제사' 지낸다는 뜻의 자입니다. • 登(오를 등), 祭(제사 제).　• 긴소리로 읽음.
際:	즈음(때)　　제 가(가장자리) 제 사귈　　　제	산제사를 지내는 언덕과 언덕 사이를 '즈음' 이라 한다는 뜻의 자입니다. • 긴소리로 읽음.
提	끌　　　　제 들　　　　제	손으로 바르게 '끌' 어준다는 뜻의 자입니다.

○ 핵심정리장 19   ⬇ 자세히 읽어 보세요.

모양(형 形)	뜻(훈 訓) 소리(음 音)	핵 심 정 리
濟	건널 제 건질 제	물을 여럿이서 같이 '건넌다'는 뜻의 자입니다. • 救 ≒ 濟(구제). • 긴소리로 읽음.
早	이를(일찍) 조	싹이 껍질에서 터나오듯이 해가 지평선에서 '이르'게 떠오른다는 뜻의 자입니다. • 早(이를 조), 草(풀 초). • 긴소리로 읽음.
助	도울 조	힘을 또 더해 '돕는다'는 뜻의 자입니다. • 긴소리로 읽음.
造	지을 조	해야 할 일을 신께 나아가 알리고 '짓는다'는 뜻의 자입니다. • 긴소리로 읽음.
鳥	새 조	꽁지가 긴 '새'의 모양을 본뜬 자입니다. • 隹(꽁지짧은새 추), 鳥(꽁지긴새 조)
尊	높을 존	술병을 손으로 받쳐들고 제사상이나 윗분에게 올려 공경하고 '높인다'는 뜻의 자입니다. • 尊 ≒ 重(존중).
宗	마루 종	조상의 혼백을 모시는 사당은 그 집안의 으뜸인 '마루'라는 뜻의 자입니다. • 宇(집 우), 宅(집 댁/집 택), 宗(마루 종)
走	달릴 주	다리를 많이 굽혀 앞으로 빨리 '달려' 나간다는 뜻의 자입니다.
竹	대 죽	마주서서 잎을 드리운 두 개의 '대' 나무 모양을 본뜬 자입니다.
準	준할(법) 준 고를 준	새매가 먹이감을 발견하면 수면과 평평하게 나는데 일을 함에 공평에 '준한다'는 뜻의 자입니다. • 부수는 氵(삼수변) = 水(물 수)임. • 긴소리로 읽음.

4급Ⅱ-35

接 이을 접	扌 手 부수 8획, 총 11획. ( )부수 ( )획, 총 ( )획.
	接見　　接近　　接着　　接收　　接合

政 정사 정	攵 攴 부수 5획, 총 9획. ( )부수 ( )획, 총 ( )획.
	國政　　政權　　政局　　政黨　　政府

程 한도 길 법 정정정	禾 부수 7획, 총 12획. ( )부수 ( )획, 총 ( )획.
	程度　　工程　　日程

精 정할(깨끗할) 정신 자세할 정정정	米 부수 8획, 총 14획. ( )부수 ( )획, 총 ( )획.
	精讀　　精力　　精神　　精誠　　精米所

制 절제할 제	刂 刀 부수 6획, 총 8획. ( )부수 ( )획, 총 ( )획.
	制:度　　制:定　　制:動　　制:約　　制:服

♣ 아래의 빈칸을 채우시오. 【지난학습】

| 장수 **장** | 낮을 **저** | 대적할 **적** | 밭 **전** | 끊을 **절** |

【금일학습】

接 이을 접					
政 정사 정					
程 한도 정					
精 정할 정					
制 절제할 제					

접견 접근 접착 접수 접합
국정 정권 정국 정당 정부
정도 공정 일정
정독 정력 정신 정성 정미소
제도 제정 제동 제약 제복

4급Ⅱ-36

製 지을 제	衣 부수 8획, 총 14획.　(　)부수 (　)획, 총 (　)획.
	製:圖　　製:藥　　製:造　　製:鐵所

除 덜 제	阝阜 부수 7획, 총 10획.　(　)부수 (　)획, 총 (　)획.
	除去　　除隊　　除名　　除外　　除夜

祭 제사 제	示 부수 6획, 총 11획.　(　)부수 (　)획, 총 (　)획.
	祭:典　　祭:天　　祭:器　　祭:禮　　祭:壇

際 즈음(때) 제 가(가장자리) 제 사귈 제	阝阜 부수 11획, 총 14획.　(　)부수 (　)획, 총 (　)획.
	交際　　國際　　實際

提 끌 제 들 제	扌手 부수 9획, 총 12획.　(　)부수 (　)획, 총 (　)획.
	提起　　提高　　提示　　提案　　提議　　提出

♣ 아래의 빈칸을 채우시오.   【지난학습】

이을	接	정사	政	한도	程	정할	定	절제할	制

【금일학습】

製 지을 제									
除 덜 제									
祭 제사 제									
際 즈음 제									
提 끌 제									

제도 제약 제조 제철소
제거 제대 제명 제외 제야
제전 제천 제기 제례 제단
교제 국제 실제
제기 제고 제시 제안 제의 제출

4급Ⅱ-37

濟 건널 제 / 건질 제
氵 水 부수 14획, 총 17획. ( )부수 ( )획, 총 ( )획.
濟:州　　救:濟　　經濟　　經世濟民

早 이를(일찍) 조
日 부수 2획, 총 6획. ( )부수 ( )획, 총 ( )획.
早:期　　早:起　　早:産　　早:速　　早:退

助 도울 조
力 부수 5획, 총 7획. ( )부수 ( )획, 총 ( )획.
助:言　　助:手　　助:演　　救:助　　共:助

造 지을 조
辶 辵 부수 7획, 총 11획. ( )부수 ( )획, 총 ( )획.
造:林　　造:成　　造:作　　造:花　　造:形

鳥 새 조
鳥 부수 0획, 총 11획. ( )부수 ( )획, 총 ( )획.
鳥類　　吉鳥　　白鳥　　不死鳥

4급Ⅱ-37-복습·쓰기장

♣ **아래의 빈칸을 채우시오.**　　　　　　　　　　　【지난학습】

지을 **제**	덜 **제**	제사 **제**	즈음 **제**	끌 **제**

【금일학습】

濟 건널 제					
早 이를 조					
助 도울 조					
造 지을 조					
鳥 새 조					

제주　구제　경제　경세제민
조기　조기　조산　조속　조퇴
조언　조수　조연　구조　공조
조림　조성　조작　조화　조형
조류　길조　백조　불사조

4급Ⅱ-38

尊 높을 존	寸 부수 9획, 총 12획. ( )부수 ( )획, 총 ( )획.
	尊敬　　尊貴　　尊重　　至尊　　自尊心

宗 마루 종	宀 부수 5획, 총 8획. ( )부수 ( )획, 총 ( )획.
	宗家　　宗孫　　宗族　　宗親　　宗敎

走 달릴 주	走 부수 0획, 총 7획. ( )부수 ( )획, 총 ( )획.
	走行　　走力　　走者　　走馬看山

竹 대 죽	竹 부수 0획, 총 6획. ( )부수 ( )획, 총 ( )획.
	竹刀　　竹細工　　竹馬故友

準 준할(법) 준 고를 준	氵 水 부수 10획, 총 13획. ( )부수 ( )획, 총 ( )획.
	準:則　　準:備　　基準　　水準　　平準

♣ **아래의 빈칸을 채우시오.** 【지난학습】

건널 **제**	이를 **조**	도울 **조**	지을 **조**	새 **조**	

【금일학습】

尊					
높을 존					
宗					
마루 종					
走					
달릴 주					
竹					
대 죽					
準					
준할 준					

존경 존귀 존중 지존 자존심
종가 종손 종족 종친 종교
주행 주력 주자 주마간산
죽도 죽세공 죽마고우
준칙 준비 기준 수준 평준

○ 핵심정리장 20　　　　　　　　　　　　🔽 자세히 읽어 보세요.

모양(형形)	뜻(훈訓) 소리(음音)		핵 심 정 리
衆:	무리	중	핏줄이 같은 사람들의 '무리' 라는 뜻의 자입니다. • 긴소리로 읽음.
增	더할	증	흙을 거듭 쌓아 '더한다' 는 뜻의 자입니다. • 增 ⇔ 減(증감). • 增 ≒ 加(증가).
支	지탱할 지급할(줄)	지 지	손으로 대나무 가지를 떼어내고 장대를 만들어 '지탱해' 주는 버팀목의 모양을 본뜬 자입니다. • 收 ⇔ 支(수지).　　• 攴(칠 복), 支(지탱할 지)
至	이를	지	새가 날아 높은 곳으로부터 곧바로 내려와 땅에 '이른다' 는 뜻의 자입니다. • 自 ⇔ 至(자지).
志	뜻	지	마음에서 나아가고자 하는 바가 '뜻' 이라는 뜻의 자입니다. • 意 ≒ 志(의지).
指	가리킬 손가락	지 지	손으로 뜻한 바를 '가리킨다' 는 뜻의 자입니다.
職	직분 벼슬	직 직	전해오는 말을 듣고 후세에 전하려 창칼로 그릇 등에 새겨 '직분' 을 다한다는 뜻의 자입니다.
眞	참	진	신선이 되어 보이지 않게 구름을 타고 하늘을 오르는 것은 도닦음이 '참' 되었기 때문이라는 뜻을 나타낸 자입니다. • 부수는 目(눈 목)임.　　• 眞 ⇔ 假(진가).
進:	나아갈	진	새가 날아가듯 앞으로 '나아간다' 는 뜻의 자입니다. • 進 ⇔ 退(진퇴). • 긴소리로 읽음.
次	버금	차	하품하는 사람은 피곤하여 정진하지 못하므로 다음 차례인 '버금' 이라는 뜻의 자입니다. • 부수자는 欠(하품 흠)임.　　• 副 ≒ 次(부차).

○ 핵심정리장 21　　　　　　　　　　🔻 *자세히 읽어 보세요.*

모양(형 形)	뜻(훈 訓) 소리(음 音)	핵 심 정 리
察	살필　　찰	집 안에서 제사 지낼 때 젯상을 자세히 '살핀다'는 뜻의 자입니다.
創:	비롯할　　창	곳집을 지으려고 재목을 깎고 다듬는 일부터 '비롯된다'는 뜻의 자입니다. • 긴소리로 읽음.
處:	곳(장소)　　처	범도 편안하여 자주 머무르는 장소인 '곳'을 나타낸 자입니다. • 處 ≒ 所(처소). • 부수는 虍(범호엄)임. • 긴소리로 읽음.
請	청할　　청	젊은이가 어른을 찾아가 부탁의 말씀을 '청한다'는 뜻의 자입니다.
銃	총　　총	쇠도끼 구멍에 자루가 꽉 차듯이 탄환이 빠듯하게 나갈 수 있도록 만든 '총'구를 나타낸 자입니다.
總:	다　　총	번잡한 것을 합하여 끈으로 '다' 묶는다는 뜻의 자입니다. • 긴소리로 읽음.
蓄	모을　　축	풀을 덮어 쌓은 곡식을 '모아' 둔다는 뜻의 자입니다. • 蓄 ≒ 積(축적).　　貯 ≒ 蓄(저축).
築	쌓을　　축	나뭇공이를 들었다 놓았다 하여 흙을 다지며 '쌓는다'는 뜻의 자입니다.
忠	충성　　충	마음속에서 우러나는 진정이 '충성'이라는 뜻의 자입니다.
蟲	벌레　　충	모든 동물들을 통틀어 옛날에는 '벌레'라고 했다는 뜻의 자입니다. • 蟲 = 虫(벌레 충)부수.

4급Ⅱ-39

衆 무리　중	血 부수 6획, 총 12획.	( )부수 ( )획, 총 ( )획.
	衆:生　　衆:論　　觀衆　　大:衆　　民衆	

增 더할　증	土 부수 12획, 총 15획.	( )부수 ( )획, 총 ( )획.
	增加　　增強　　增産　　增減　　增進	

支 지탱할　지 지급할(줄)　지	支 부수 0획, 총 4획.	( )부수 ( )획, 총 ( )획.
	支配　　支局　　支店　　支給　　支障	

至 이를　지	至 부수 0획, 총 6획.	( )부수 ( )획, 총 ( )획.
	至極　　至當　　冬至　　至誠感天	

志 뜻　지	心 부수 3획, 총 7획.	( )부수 ( )획, 총 ( )획.
	志望　　志士　　志願　　志操　　意:志	

4급Ⅱ-39-복습·쓰기장

♣ **아래의 빈칸을 채우시오.** 【지난학습】

높을 존	마루 종	달릴 주	대 죽	준할 준

【금일학습】

衆 무리 중					
增 더할 증					
支 지탱할 지					
至 이를 지					
志 뜻 지					

중생 중론 관중 대중 민중
증가 증강 증산 증감 증진
지배 지국 지점 지급 지장
지극 지당 동지 지성감천
지망 지사 지원 지조 의지

4급 II-40

指 가리킬 지 손가락 지	扌 手 부수 6획, 총 9획. ( )부수 ( )획, 총 ( )획.
	指示 指定 指向 指名打者

職 직분 직 벼슬 직	耳 부수 12획, 총 18획. ( )부수 ( )획, 총 ( )획.
	職分 職業 職員 職位 職務

眞 참 진	目 부수 5획, 총 10획. ( )부수 ( )획, 총 ( )획.
	眞實 眞假 眞價 眞理 眞善美

進 나아갈 진	辶 辵 부수 8획, 총 12획. ( )부수 ( )획, 총 ( )획.
	進步 進路 進學 進退兩難

次 버금 차	欠 부수 2획, 총 6획. ( )부수 ( )획, 총 ( )획.
	次男 次官 次長 次例 次善

4급 II -40- 복습·쓰기장

♣ **아래의 빈칸을 채우시오.**　　　　　　　　　　　　　　　　【지난학습】

무리 **중**		더할 **증**		지탱할 **지**		이를 **지**		뜻 **지**	

【금일학습】

指									
가리킬 **지**									
職									
직분 **직**									
眞									
참 **진**									
進									
나아갈 **진**									
次									
버금 **차**									

지시　지정　지향　지명타자
직분　직업　직원　직위　직무
진실　진가　진가　진리　진선미
진보　진로　진학　진퇴양난
차남　차관　차장　차례　차선

4급Ⅱ-41

察
살필 찰

宀 부수 11획, 총 14획. ( )부수 ( )획, 총 ( )획.

監察　　考察　　不察　　省察　　觀察

創
비롯할 창

刂 刀 부수 10획, 총 12획. ( )부수 ( )획, 총 ( )획.

創:立　創:案　創:始　創:作　創:造　草創期

處
곳(장소) 처

虍 부수 5획, 총 11획. ( )부수 ( )획, 총 ( )획.

處:所　處:理　處:女　處:地　去:處

請
청할 청

言 부수 8획, 총 15획. ( )부수 ( )획, 총 ( )획.

請求　請約　請願　要請　自請

銃
총 총

金 부수 6획, 총 14획. ( )부수 ( )획, 총 ( )획.

銃器　銃殺　銃砲　銃聲　長銃

♣ 아래의 빈칸을 채우시오.　　　　　　　　　　　　　【지난학습】

가리킬 **지**	직분 **직**	참 **진**	나아갈 **진**	버금 **차**	

【금일학습】

察					
살필 **찰**					
創					
비롯할 **창**					
處					
곳 **처**					
請					
청할 **청**					
銃					
총 **총**					

감찰　고찰　불찰　성찰　관찰
창립　창안　창시　창작　창조　초창기
처소　처리　처녀　처지　거처
청구　청약　청원　요청　자청
총기　총살　총포　총성　장총

4급Ⅱ-42

總	糸 부수 11획, 총 17획. ( )부수 ( )획, 총 ( )획.
다 총	總:長　　總:務　　總:員　　總:會　　總:理

蓄	⺾ 艸 부수 10획, 총 14획. ( )부수 ( )획, 총 ( )획.
모을 축	蓄財　　貯:蓄

築	竹 부수 10획, 총 16획. ( )부수 ( )획, 총 ( )획.
쌓을 축	築城　　築造　　建:築

忠	心 부수 4획, 총 8획. ( )부수 ( )획, 총 ( )획.
충성 충	忠誠　　忠孝　　忠告　　忠言逆耳

蟲	虫 부수 12획, 총 18획. ( )부수 ( )획, 총 ( )획.
벌레 충	蟲害　　食蟲　　害:蟲

135

4급 Ⅱ —42— 복습·쓰기장

♣ **아래의 빈칸을 채우시오.** 【지난학습】

| 살필 찰 | 비롯할 창 | 곳 처 | 청할 청 | 총 총 |

【금일학습】

總						
다 충						
蓄						
모을 축						
築						
쌓을 축						
忠						
충성 충						
蟲						
벌레 충						

총장 총무 총원 총회 총리
축재 저축
축성 축조 건축
충성 충효 충고 충언역이
충해 식충 해충

○ 핵심정리장 22　　　　　　　　　　　　⬇ 자세히 읽어 보세요.

모양(형形)	뜻(훈訓) 소리(음音)	핵 심 정 리
取:	가질　　취	전쟁터에서 적군을 죽인 증거물로 귀를 '가지고' 왔다는 뜻의 자입니다. • 부수는 又(또 우)임.　　• 긴소리로 읽음.
測	헤아릴　　측	원칙을 정해두고 물의 깊이를 '헤아린다'는 뜻의 자입니다.
治	다스릴　　치	아이를 기르듯이 물을 잘 '다스린다'는 뜻의 자입니다. • 政 ≒ 治(정치).
置:	둘　　치	나라의 법망을 똑바로 쳐 '둔다'는 뜻의 자입니다. • 긴소리로 읽음.
齒	이　　치	입이 벌어졌을 때 위아래의 입술 안에 고르게 나열된 뼈인 '이'의 모양을 본뜬 자입니다.
侵	침노할　　침	사람이 손에 비를 들고 점점 쓸어나가듯이 남의 것을 조금씩 먹어 들어가 '침노한다'는 뜻의 자입니다.
快	쾌할　　쾌	마음 속으로 고민하던 일을 결단하니 '쾌하다'는 뜻의 자입니다.
態:	모습　　태	마음의 움직임에 따라 할 수 있는 '모습'이라는 뜻의 자입니다. • 긴소리로 읽음.
統:	거느릴　　통	누에가 실오리로 고치를 채우듯이 한 개의 실마리로 이끌리므로 '거느린다'는 뜻의 자입니다. • 긴소리로 읽음.
退:	물러날　　퇴	해가 서쪽 끝으로 가며 '물러난다'는 뜻의 자입니다. • 進 ⇔ 退(진퇴).　　• 退 ≒ 去(퇴거). • 긴소리로 읽음.

핵심정리장 23

모양(형 形)	뜻(훈 訓) 소리(음 音)		핵 심 정 리
波	물결	파	알록달록한 가죽의 무늬처럼 물표면에 이는 '**물결**' 이라는 뜻의 자입니다.
破:	깨뜨릴	파	돌에 가죽의 무늬처럼 금이 가 '**깨뜨려**' 진다는 뜻의 자입니다. • 긴소리로 읽음.
布(:)	베 펼 보시	포 포 보	아비가 자식을 잘 되라고 때리듯이 천을 방망이질하여 다듬은 '**베**' 라는 뜻의 자입니다. • 일자다음자임. 포·보　　• 부수는 巾(수건 건)임. • 긴소리 또는 짧은소리로도 읽음.
包(:)	쌀(감쌀)	포	어머니의 몸속에 있는 태가 아기를 '**싸**' 고 있다는 뜻의 자입니다. • 긴소리 또는 짧은소리로도 읽음.
砲:	대포	포	돌을 싸서 쏘아대는 '**대포**' 를 나타낸 자입니다. • 긴소리로 읽음.
暴	사나울 모질	폭 포	두 손으로 쌀을 내가 말리려니 햇볕이 따갑고 '**사납다**' 는 뜻의 자입니다. • 일자다음자임. 폭·포
票	표	표	물건의 중앙이나 가장 잘 보이는 곳에 부쳐놓은 '**표**' 라는 뜻의 자입니다.
豊	풍년	풍	제기에 음식을 수북히 담아낼 정도로 '**풍년**' 이 들었다는 뜻의 자입니다. • 豊 ⇔ 凶(풍흉).
限:	한할 막을	한 한	언덕처럼 흙을 쌓아 경계의 끝을 '**한한다**' 는 뜻의 자입니다. • 긴소리로 읽음.
航:	배	항	돛을 높이 달고 물위에 떠다니는 '**배**' 라는 뜻의 자입니다. • 긴소리로 읽음.

4급Ⅱ-43

取 가질 취	又 부수 6획, 총 8획.　(　)부수 (　)획, 총 (　)획.
	取:得　　取:消　　取:材　　爭取

測 헤아릴 측	氵水 부수 9획, 총 12획.　(　)부수 (　)획, 총 (　)획.
	測量　　測定　　計:測　　測雨器

治 다스릴 치	氵水 부수 5획, 총 8획.　(　)부수 (　)획, 총 (　)획.
	治安　　治水　　政治　　退:治　　不治

置 둘 치	罒网 부수 8획, 총 13획.　(　)부수 (　)획, 총 (　)획.
	置:重　　設置　　放置　　安置　　位置

齒 이 치	齒 부수 0획, 총 15획.　(　)부수 (　)획, 총 (　)획.
	齒科　　齒藥　　蟲齒

4급Ⅱ-43-복습·쓰기장

♣ 아래의 빈칸을 채우시오. 【지난학습】

다 충		모을 축		쌓을 축		충성 충		벌레 충	

【금일학습】

取									
가질 취									
測									
헤아릴 측									
治									
다스릴 치									
置									
둘 치									
齒									
이 치									

취득 취소 취재 쟁취
측량 측정 계측 측우기
치안 치수 정치 퇴치 불치
치중 설치 방치 안치 위치
치과 치약 충치

4급Ⅱ-44

侵 침노할 침	亻 人 부수 7획, 총 9획.　(　)부수 (　)획, 총 (　)획.
	侵攻　　侵入　　南侵　　不可侵

快 쾌할 쾌	忄 心 부수 4획, 총 7획.　(　)부수 (　)획, 총 (　)획.
	快感　　快樂　　快活　　明快　　完快

態 모습 태	心 부수 10획, 총 14획.　(　)부수 (　)획, 총 (　)획.
	態:度　　態:勢　　事:態　　生態　　形態

統 거느릴 통	糸 부수 6획, 총 12획.　(　)부수 (　)획, 총 (　)획.
	統:治　　統:計　　傳統　　平和統一

退 물러날 퇴	辶 辵 부수 6획, 총 10획.　(　)부수 (　)획, 총 (　)획.
	退:間　　退:去　　退:職　　退:院　　前進後退

♣ 아래의 빈칸을 채우시오.　　　　　　　　　　　　【지난학습】

가질 **취**		헤아릴 **측**		다스릴 **치**		둘 **치**		이 **치**	

【금일학습】

侵 침노할 침						
快 쾌할 쾌						
態 모습 태						
統 거느릴 통						
退 물러날 퇴						

침공　침입　남침　불가침
쾌감　쾌락　쾌활　명쾌　완쾌
태도　태세　사태　생태　형태
통치　통계　전통　평화통일
툇간　퇴거　퇴직　퇴원　전진후퇴

4급Ⅱ-45

波 물결 파	氵 水 부수 5획, 총 8획. ( )부수 ( )획, 총 ( )획.
	波高　　波動　　人波　　電波　　風波

破 깨뜨릴 파	石 부수 5획, 총 10획. ( )부수 ( )획, 총 ( )획.
	破:格　　破:局　　破:産　　打:破

布 베 펼 보시 포/포/보	巾 부수 2획, 총 5획. ( )부수 ( )획, 총 ( )획.
	布:告　　布:敎　　布:施　　分布　　布木店

包 쌀(감싸다) 포	勹 부수 3획, 총 5획. ( )부수 ( )획, 총 ( )획.
	包:容　　內:包　　小:包

砲 대포 포	石 부수 5획, 총 10획. ( )부수 ( )획, 총 ( )획.
	砲:門　　砲:隊　　砲:兵　　大砲　　砲:聲

♣ **아래의 빈칸을 채우시오.**　　　　　　　　　　　　　　　　　　【지난학습】

침노할 **침**		쾌할 **쾌**		모습 **태**		거느릴 **통**		물러날 **퇴**	

【금일학습】

波 물결 파							
破 깨뜨릴 파							
布 베 포							
包 쌀 포							
砲 대포 포							

파고　파동　인파　전파　풍파
파격　파국　파산　타파
포고　포교　보시　분포　포목점
포용　내포　소포
포문　포대　포병　대포　포성

4급Ⅱ-46

暴 사나울 폭 / 모질 포	日 부수 11획, 총 15획. ( )부수 ( )획, 총 ( )획.
	暴動 暴行 暴惡 暴風雨

票 표 표	示 부수 6획, 총 11획. ( )부수 ( )획, 총 ( )획.
	票決 票心 開票 車票 賣:票所

豊 풍년 풍	豆 부수 6획, 총 13획. ( )부수 ( )획, 총 ( )획.
	豊年 豊作 豊富 豊滿 豊凶

限 한할 한 / 막을 한	阝阜 부수 6획, 총 9획. ( )부수 ( )획, 총 ( )획.
	限:界 限:定 限:度 時限 制:限

航 배 항	舟 부수 4획, 총 10획. ( )부수 ( )획, 총 ( )획.
	航:海 航:空 航:路 難航 運:航

♣ **아래의 빈칸을 채우시오.**　　　　　　　　　　　　　　　【지난학습】

물결 **파**		깨뜨릴 **파**		베 **포**		쌀 **포**		대포 **포**	

【금일학습】

暴									
사나울 폭									
票									
표 표									
豊									
풍년 풍									
限									
한할 한									
航									
배 항									

폭동　폭행　포악　폭풍우
표결　표심　개표　차표　매표소
풍년　풍작　풍부　풍만　풍흉
한계　한정　한도　시한　제한
항해　항공　항로　난항　운항

핵심정리장 24

모양(형 形)	뜻(훈 訓) 소리(음 音)	핵 심 정 리
港:	항구 항	물가에 뱃길이 형성된 '항구'를 뜻하는 자입니다. • 긴소리로 읽음.
解:	풀 해	소의 두 뿔 사이를 칼로 쳐 쓰러뜨리고 몸체를 '풀'어 헤친다는 뜻의 자입니다. • 부수는 角(뿔 각)임. • 긴소리로 읽음.
香	향기 향	기장은 오곡 가운데서 냄새와 맛이 가장 '향기'롭다는 뜻의 자입니다.
鄕	시골 향	일터에 나와 음식을 가운데 놓고 둘러앉아 먹는 촌락이 있는 '시골'을 나타낸 자입니다. • 京 ⇔ 鄕(경향).
虛	빌 허	범을 잡으려고 파놓은 함정이 텅 '비어' 있다는 뜻의 자입니다. • 虛 ⇔ 實(허실). • 空 ≒ 虛(허공).
驗:	시험할 험	말을 여럿이 보고 좋고 나쁨을 가려보며 '시험한다'는 뜻의 자입니다. • 試 ≒ 驗(시험). • 긴소리로 읽음.
賢	어질 현	굳은 의지로 돈을 벌어 잘 쓰니 '어질다'는 뜻의 자입니다.
血	피 혈	그릇 속에 담긴 제사 때 쓰이는 희생 짐승의 '피'를 나타낸 자입니다.
協	화할 협	여러 사람이 힘을 합쳐 '화한다'는 뜻의 자입니다. • 協 ≒ 和(협화).
惠:	은혜 혜	언행을 삼가고 마음을 오로지 하여 '은혜'를 베푼다는 뜻의 자입니다. • 恩 ≒ 惠(은혜). • 긴소리로 읽음.

○ 핵심정리장 25　　　　　　　　　　　　　　⬇ 자세히 읽어 보세요.

모양(형 形)	뜻(훈 訓) 소리(음 音)		핵 심 정 리
戶:	집 지게문	호 호	실내에 설치된 한짝문인 '지게문'이 있는 '집'이라는 뜻의 자입니다. •門 ≒ 戶(문호).　　•긴소리로 읽음.
呼	부를	호	입안의 숨을 위로 내쉬며 '부른다'는 뜻의 자입니다. •呼 ≒ 吸(호흡).
好:	좋을	호	엄마가 아이를 안고 있으니 서로 편하고 '좋다'는 뜻의 자입니다. •好 ⇔ 惡(호오). •긴소리로 읽음. •부수는 女(계집 녀)임.
護:	도울 지킬	호 호	정상을 헤아려 말로 타이르며 '도운다'는 뜻의 자입니다. •긴소리로 읽음.
貨:	재물	화	돈이 되는 물건이 '재물'이라는 뜻의 자입니다. •財 ≒ 貨(재화). •긴소리로 읽음.
確	굳을	확	지조가 높고 의지가 돌처럼 '굳다'는 뜻의 자입니다.
回	돌아올	회	물건이 회전하여 원래의 위치로 '돌아온다'는 뜻의 자입니다.
吸	마실	흡	폐에까지 미치도록 숨을 들이 '마신다'는 뜻의 자입니다. •呼 ≒ 吸(호흡).
興(:)	일(성할)	흥	힘을 합하고 손을 맞잡으니 흥이 '인다'는 뜻의 자입니다. •興 ⇔ 亡(흥망). •긴소리 또는 짧은소리로도 읽음.
希	바랄	희	무늬와 수가 놓인 천은 흔치 않아 누구든 갖기를 '바란다'는 뜻의 자입니다. •希 ≒ 望(희망).　希 ≒ 願(희원).

4급Ⅱ-47

월   일 【시 간】   ~

| 港 항구 항 | 氵 水 부수 9획, 총 12획.   (   )부수 (   )획, 총 (   )획. |
| | 港:口   空港   開港   軍港   出港 |

| 解 풀 해 | 角 부수 6획, 총 13획.   (   )부수 (   )획, 총 (   )획. |
| | 解:決   解:法   解:說   解:答   理:解 |

| 香 향기 향 | 香 부수 0획, 총 9획.   (   )부수 (   )획, 총 (   )획. |
| | 香氣   香料   香水   暗:香   香遠益淸 |

| 鄕 시골 향 | 阝 邑 부수 10획, 총 13획.   (   )부수 (   )획, 총 (   )획. |
| | 鄕土   鄕里   鄕約   京鄕   故鄕 |

| 虛 빌 허 | 虍 부수 6획, 총 12획.   (   )부수 (   )획, 총 (   )획. |
| | 虛空   虛實   虛禮   虛弱   虛無 |

♣ 아래의 빈칸을 채우시오.

【지난학습】

사나울 **폭**	표 **표**	풍년 **풍**	한할 **한**	배 **항**

【금일학습】

港					
항구 **항**					
解					
풀 **해**					
香					
향기 **향**					
鄕					
시골 **향**					
虛					
빌 **허**					

항구 공항 개항 군항 출항
해결 해법 해설 해답 이해
향기 향료 향수 암향 향원익청
향토 향리 향약 경향 고향
허공 허실 허례 허약 허무

4급Ⅱ-48

驗 시험할 험	馬 부수 13획, 총 23획. ( )부수 ( )획, 총 ( )획.
	效:驗　　試驗　　實驗　　體驗　　受驗生

賢 어질 현	貝 부수 8획, 총 15획. ( )부수 ( )획, 총 ( )획.
	賢明　　賢人　　賢母　　聖:賢　　賢良科

血 피 혈	血 부수 0획, 총 6획. ( )부수 ( )획, 총 ( )획.
	血氣　　血脈　　血稅　　血書　　血統

協 화할 협	十 부수 6획, 총 8획. ( )부수 ( )획, 총 ( )획.
	協助　　協定　　協議　　協會　　農協

惠 은혜 혜	心 부수 8획, 총 12획. ( )부수 ( )획, 총 ( )획.
	惠:書　　惠:政　　恩惠　　天惠

♣ **아래의 빈칸을 채우시오.** 【지난학습】

항구	항	풀	해	향기	향	시골	향	빌	허

【금일학습】

驗 시험할 험							
賢 어질 현							
血 피 혈							
協 화할 협							
惠 은혜 혜							

효험 시험 실험 체험 수험생
현명 현인 현모 성현 현량과
혈기 혈맥 혈세 혈서 혈통
협조 협정 협의 협회 농협
혜서 혜정 은혜 천혜

4급Ⅱ-49

戶 집　　호 지게문　호	戶 부수 0획, 총 4획.　　(　　)부수 (　)획, 총 (　)획.
	戶:主　　戶:口　　戶:數　　家家戶戶

呼 부를　호	口 부수 5획, 총 8획.　　(　　)부수 (　)획, 총 (　)획.
	呼出　　呼名　　呼應　　呼兄呼弟

好 좋을　호	女 부수 3획, 총 6획.　　(　　)부수 (　)획, 총 (　)획.
	好:感　　好:意　　好:惡　　愛:好　　友:好

護 도울　호 지킬　호	言 부수 14획, 총 21획.　　(　　)부수 (　)획, 총 (　)획.
	護:國　　護:送　　養:護　　自然保護

貨 재물　화	貝 부수 4획, 총 11획.　　(　　)부수 (　)획, 총 (　)획.
	貨:物　　金貨　　美貨　　百貨店

♣ 아래의 빈칸을 채우시오.   【지난학습】

시험할 **험**		어질 **현**		피 **혈**		화할 **협**		은혜 **혜**	

【금일학습】

戶								
집 호								
呼								
부를 호								
好								
좋을 호								
護								
도울 호								
貨								
재물 화								

호주 호구 호수 가가호호
호출 호명 호응 호형호제
호감 호의 호오 애호 우호
호국 호송 양호 자연보호
화물 금화 미화 백화점

4급Ⅱ-50

確 굳을 확	石 부수 10획, 총 15획.　(　)부수 (　)획, 총 (　)획.
	確固　　確實　　確保　　確信　　確認

回 돌아올 회	口 부수 3획, 총 6획.　(　)부수 (　)획, 총 (　)획.
	回答　　回路　　回復　　起死回生

吸 마실 흡	口 부수 4획, 총 7획.　(　)부수 (　)획, 총 (　)획.
	吸煙　　吸入　　吸收　　吸血動物

興 일(성할) 흥	臼 부수 10획, 총 16획.　(　)부수 (　)획, 총 (　)획.
	興亡　　興:味　　興起　　復:興　　新興

希 바랄 희	巾 부수 4획, 총 7획.　(　)부수 (　)획, 총 (　)획.
	希望　　希求

♣ **아래의 빈칸을 채우시오.** 【지난학습】

집 호		부를 호		좋을 호		도울 호		재물 화	

【금일학습】

確 굳을 확								
回 돌아올 회								
吸 마실 흡								
興 일 흥								
希 바랄 희								

확고 확실 확보 확신 확인
회답 회로 회복 기사회생
흡연 흡입 흡수 흡혈동물
흥망 흥미 흥기 부흥 신흥
희망 희구

♣ 아래의 약자(略字)·속자(俗字)를 써 보시오.

약자·속자 4급Ⅱ - 1

假	仮							
거짓 가								
減	减							
덜 감								
監	监							
볼 감								
檢	検							
검사할 검								
缺	欠							
이지러질 결								
經	経							
지날 경								
權	权							権
권세 권								
單	単							
홑 단								
斷	断							
끊을 단								

♣ 아래의 약자(略字)·속자(俗字)를 써 보시오.
약자·속자 4급Ⅱ - 2

擔 멜 담	担							
黨 무리 당	党							
燈 등 등	灯							
兩 두 량	両							
麗 고울 려	麗							
滿 찰 만	満							
脈 줄기 맥	脉							
邊 가 변	辺							
寶 보배 보	宝							

♣ 아래의 약자(略字)·속자(俗字)를 써 보시오.

약자·속자 4급Ⅱ - 3

富	冨							
부자 부								
佛	仏							
부처 불								
師	师							
스승 사								
狀	状							
형상 상								
聲	声							
소리 성								
續	続							
이을 속								
收	収							
거둘 수								
壓	圧							
누를 압								
餘	余							
남을 여								

♣ 아래의 약자(略字)·속자(俗字)를 써 보시오.

약자·속자 4급Ⅱ - 4

研	研							
갈 연								
榮	栄							
영화 영								
藝	芸							
재주 예								
員	貟							
인원 원								
爲	為							
할 위								
陰	陰							
그늘 음								
應	応							
응할 응								
益	益							
더할 익								
將	将							
장수 장								

♣ 아래의 약자(略字)·속자(俗字)를 써 보시오.

약자·속자 4급Ⅱ - 5

濟	済							
건널 제								
準	準							
준할 준								
增	増							
더할 증								
眞	真							
참 진								
處	処							
곳 처								
總	総							
다 총								
蟲	虫							
벌레 충								
齒	歯							
이 치								
解	解							
풀 해								

♣ **아래의 약자(略字)·속자(俗字)를 써 보시오.**

약자·속자 4급Ⅱ - 6

虛	虚							
빌 허								
驗	験							
시험할 험								
賢	贤							
어질 현								
興	兴							
일 흥								

한자어(漢字語) 학습

- 한자어 독음(讀音) 쓰기(장단음 포함)
- 한자어 쓰기
- 반의어(反義語)
- 동의어(同義語)
- 동음이의어(同音異義語)
- 한자성어(漢字成語)

♣ 다음 한자어(漢字語)의 독음(讀音)을 쓰시오.   ▶정답은 235쪽

1. 假:令
2. 假:定
3. 假:面
4. 假:登記
5. 街:道
6. 街路燈
7. 街路樹
8. 街:頭行進
9. 減:算
10. 減:産
11. 減:量
12. 減:員
13. 減:少
14. 監督
15. 監視
16. 監房
17. 康福
18. 健:康
19. 講:堂
20. 講:士
21. 講:論
22. 講:義
23. 講:演會
24. 個:人
25. 個:別
26. 個:體
27. 個:性
28. 個:人技
29. 檢:査
30. 檢:算
31. 檢:問
32. 檢:事
33. 檢:察
34. 缺席
35. 缺食
36. 缺禮
37. 缺航
38. 缺格
39. 潔白
40. 高潔
41. 不潔
42. 純潔
43. 淸潔
44. 經過
45. 經濟
46. 經書
47. 經路
48. 經驗
49. 警:告
50. 警:句
51. 警:備
52. 警:報
53. 警:察
54. 境界
55. 境內
56. 國境
57. 死:境
58. 心境
59. 慶:事
60. 慶:祝
61. 國慶日
62. 係:員
63. 係:長
64. 係:數
65. 關係
66. 故鄕
67. 故:障
68. 故:人
69. 故:國
70. 故:事
71. 好:感
72. 好:意
73. 好:惡
74. 愛:好
75. 友:好
76. 官職
77. 高官
78. 法官
79. 長官
80. 究明
81. 硏:究
82. 句節
83. 文句
84. 句讀

♣ 다음 한자어(漢字語)의 독음(讀音)을 쓰시오.   ▶정답은 235쪽

1. 求人	2. 句句節節	43. 單獨	44. 怒:發大發
3. 求職	4. 求愛	45. 單科	46. 單語
5. 急求	6. 要:求	47. 單元	48. 單位
7. 宮女	8. 宮中	49. 端正	50. 端末
9. 宮合	10. 宮體	51. 端的	52. 端午
11. 王宮	12. 權勢	53. 檀君	54. 斷:念
13. 權力	14. 權利	55. 斷:續	56. 斷:食
15. 權益	16. 權門勢家	57. 斷:絶	58. 達成
17. 極東	18. 極少數	59. 達觀	60. 達人
19. 太極旗	20. 極樂往生	61. 達筆	62. 通達
21. 禁:煙	22. 禁:物	63. 擔當	64. 擔保
23. 禁:止	24. 禁:食	65. 黨權	66. 擔任敎師
25. 通禁	26. 起立	67. 黨首	68. 黨員
27. 起動	28. 起工	69. 黨爭	70. 野:黨
29. 起案	30. 器具	71. 帶同	72. 溫帶
31. 器官	32. 暖:房	73. 地帶	74. 火:山帶
33. 暖:流	34. 溫暖化	75. 熱帶林	76. 隊商
35. 難解	36. 難攻不落	77. 隊列	78. 隊員
37. 怒:氣	38. 難兄難弟	79. 軍隊	80. 入隊
39. 努力	40. 難民保護	81. 導:入	82. 導:出
41. 怒:色	42. 怒:號	83. 引導	84. 毒藥

♣ 다음 한자어(漢字語)의 독음(讀音)을 쓰시오.　　▶정답은 235쪽

1. 毒素
2. 毒草
3. 毒性
4. 毒殺
5. 監督
6. 督戰
7. 基督敎
8. 銅賞
9. 金銀銅
10. 斗量
11. 豆油
12. 北斗七星
13. 豆滿江
14. 種豆得豆
15. 得失
16. 得票
17. 得意
18. 得勢
19. 所:得
20. 燈火可親
21. 電:燈
22. 風前燈火
23. 羅列
24. 燈下不明
25. 新羅
26. 五:百羅漢
27. 兩:家
28. 兩:國
29. 兩:面
30. 兩:班
31. 兩:親
32. 高麗
33. 美:麗
34. 高句麗
35. 連結
36. 連發
37. 連勝
38. 連休
39. 連打
40. 列擧
41. 列強
42. 列車
43. 錄音
44. 錄取
45. 記錄
46. 錄畫放送
47. 論說
48. 論理
49. 論文
50. 論壇
51. 結論
52. 留保
53. 留念
54. 留意
55. 留任
56. 留學
57. 律法
58. 律動
59. 音律
60. 二:律背反
61. 滿期
62. 滿足
63. 滿員
64. 滿:月
65. 金脈
66. 滿:場一致
67. 動:脈
68. 命:脈
69. 毛根
70. 一脈相通
71. 不毛地
72. 二:毛作
73. 牧童
74. 九牛一毛
75. 牧場
76. 牧師
77. 武:士
78. 牧民心書
79. 武:器
80. 武:力
81. 武:術
82. 武:勇
83. 業務
84. 始:務式

166

♣ 다음 한자어(漢字語)의 독음(讀音)을 쓰시오.　　▶정답은 235쪽

1. 未:來
2. 務:實力行
3. 未:定
4. 未:滿
5. 未:開
6. 未安
7. 意:味
8. 調味料
9. 密林
10. 密度
11. 密集
12. 密談
13. 密約
14. 博士
15. 博愛
16. 博學多識
17. 防空
18. 防備
19. 防蟲
20. 防火
21. 防水
22. 房門
23. 各房
24. 監房
25. 暖:房
26. 新房
27. 訪:問
28. 訪:美
29. 訪:中
30. 訪:韓
31. 訪:北
32. 背:景
33. 背:反
34. 背:後
35. 背:信者
36. 拜:上
37. 敬:拜
38. 禮:拜
39. 歲:拜
40. 再:拜
41. 配:給
42. 配:達
43. 配:列
44. 配:置
45. 配:合
46. 伐木
47. 伐草
48. 伐採
49. 北伐
50. 殺伐
51. 罰金
52. 罰則
53. 賞罰
54. 天罰
55. 處:罰
56. 壁紙
57. 壁報
58. 壁畫
59. 防壁
60. 絶壁
61. 邊境
62. 江邊
63. 等:邊
64. 身邊
65. 海:邊
66. 步:行
67. 步:兵
68. 步:道
69. 保:守
70. 五:十步百步
71. 保:安
72. 保:全
73. 保:存
74. 保:護
75. 報:答
76. 報:告
77. 報:道
78. 結草報恩
79. 寶:物
80. 寶:石
81. 寶:貨
82. 家寶
83. 國寶
84. 復習

♣ 다음 한자어(漢字語)의 독음(讀音)을 쓰시오.   ▶정답은 236쪽

1. 復:活
2. 復:興
3. 光復
4. 反:復
5. 行政府
6. 府:院君
7. 婦人
8. 三府要人
9. 婦德
10. 婦女子
11. 副:使
12. 夫婦有別
13. 副:食
14. 副:業
15. 副:賞
16. 副:作用
17. 富:强
18. 富:國强兵
19. 富:者
20. 富:貴功名
21. 佛敎
22. 佛堂
23. 佛經
24. 佛心
25. 成佛
26. 非:理
27. 非:命
28. 是:非曲直
29. 非:常口
30. 悲:觀
31. 悲:報
32. 悲:運
33. 悲:願
34. 飛行
35. 飛上
36. 備品
37. 備:蓄
38. 有:備無患
39. 具備
40. 貧富
41. 貧民
42. 貧弱
43. 貧血
44. 淸貧
45. 寺院
46. 山寺
47. 通度寺
48. 大興寺
49. 舍宅
50. 舍監
51. 客舍
52. 官舍
53. 畜舍
54. 師弟
55. 師表
56. 敎:師
57. 出師
58. 醫師
59. 謝過
60. 謝:意
61. 謝絶
62. 謝:罪
63. 感:謝
64. 謝肉祭
65. 殺:氣
66. 殺:到
67. 殺:生
68. 殺:害
69. 相:殺
70. 獨床
71. 病:床
72. 溫床
73. 平床
74. 狀態
75. 罪:狀
76. 現:狀
77. 答狀
78. 賞狀
79. 想念
80. 假:想
81. 感:想
82. 空想
83. 思:想
84. 常備

♣ 다음 한자어(漢字語)의 독음(讀音)을 쓰시오.   ▶정답은 236쪽

1. 常用
2. 常綠
3. 常設
4. 常識
5. 設立
6. 設問
7. 設定
8. 設置
9. 設令
10. 城門
11. 城壁
12. 萬:里長城
13. 城南
14. 盛:大
15. 盛:業
16. 盛:行
17. 豊盛
18. 全盛期
19. 誠實
20. 誠金
21. 熱誠
22. 誠心誠意
23. 行星
24. 金星
25. 流星
26. 北極星
27. 聖:經
28. 聖:堂
29. 聖:者
30. 聖:地
31. 聖:賢
32. 聲樂
33. 發聲
34. 變:聲
35. 音聲
36. 聲明書
37. 細:工
38. 細:密
39. 細:分
40. 細:心
41. 稅:金
42. 稅:入
43. 關稅
44. 國稅
45. 稅:務士
46. 勢:力
47. 勢:道
48. 得勢
49. 勝勢
50. 戰:勢
51. 素:朴
52. 素材
53. 素質
54. 平素
55. 葉綠素
56. 談笑
57. 冷:笑
58. 笑:門萬福來
59. 苦笑
60. 掃:除
61. 淸掃
62. 俗談
63. 俗物
64. 俗說
65. 俗世
66. 民俗
67. 續報
68. 續開
69. 續行
70. 續出
71. 相續
72. 送:金
73. 送:別
74. 送:年
75. 守備
76. 送:舊迎新
77. 守衛
78. 守節
79. 守則
80. 守護神
81. 收金
82. 收容
83. 收益
84. 收集

♣ 다음 한자어(漢字語)의 독음(讀音)을 쓰시오.　　▶정답은 236쪽

1. 收入
2. 受講
3. 受難
4. 受賞
5. 受信
6. 受驗生
7. 授業
8. 敎:授
9. 傳授
10. 修身
11. 修養
12. 修行
13. 修學
14. 純潔
15. 純度
16. 純金
17. 純毛
18. 純種
19. 承服
20. 承認
21. 傳承
22. 承政院
23. 視:力
24. 視:野
25. 視:察
26. 監視
27. 近:視
28. 是:正
29. 是非
30. 是:認
31. 施:工
32. 是:是非非
33. 施:賞
34. 施:設
35. 施:行
36. 實施
37. 詩人
38. 詩想
39. 詩集
40. 童:詩
41. 漢:詩
42. 試:圖
43. 試:食
44. 試:飮
45. 試合
46. 試驗
47. 子息
48. 安息處
49. 休息
50. 自强不息
51. 申告
52. 申告式
53. 申請
54. 出生申告
55. 深夜
56. 深山
57. 深海
58. 深化學習
59. 眼:科
60. 眼:目
61. 着眼
62. 眼:下無人
63. 暗墨
64. 暗:記
65. 暗:算
66. 暗:示
67. 明暗
68. 壓力
69. 壓印
70. 强:壓
71. 壓勝
72. 血壓
73. 液體
74. 液化
75. 血液
76. 羊毛
77. 白羊
78. 山羊
79. 牛羊
80. 如前
81. 缺如
82. 如意
83. 餘談
84. 餘力

♣ 다음 한자어(漢字語)의 독음(讀音)을 쓰시오.   ▶정답은 236쪽

1. 餘生
2. 餘念
3. 餘白
4. 逆境
5. 逆流
6. 逆說
7. 逆行
8. 反:逆
9. 硏:究
10. 硏:究生
11. 硏:修
12. 硏:究所
13. 煙氣
14. 煙草
15. 禁:煙
16. 無煙炭
17. 演:士
18. 演:說
19. 演:技
20. 演:習
21. 主演
22. 榮光
23. 虛榮心
24. 藝:術
25. 藝:能
26. 曲藝
27. 工藝
28. 書藝
29. 誤:答
30. 誤:報
31. 誤:算
32. 誤:認
33. 正:誤
34. 玉色
35. 玉體
36. 白玉
37. 玉童子
38. 往:復
39. 往:來
40. 右:往左往
41. 往:年
42. 歌謠
43. 農謠
44. 童:謠
45. 民謠
46. 俗謠
47. 容器
48. 容量
49. 內:容
50. 許容
51. 社員
52. 船員
53. 要員
54. 人員
55. 定:員
56. 圓滿
57. 圓卓
58. 圓形
59. 圓心
60. 團圓
61. 衛星
62. 衛兵
63. 護:衛
64. 衛生服
65. 爲民
66. 爲主
67. 爲政者
68. 人爲的
69. 肉類
70. 肉食
71. 肉質
72. 肉眼
73. 肉體
74. 恩功
75. 恩師
76. 恩惠
77. 恩德
78. 報恩
79. 陰陽
80. 陰地
81. 陰凶
82. 光陰
83. 寸:陰
84. 應:答

♣ 다음 한자어(漢字語)의 독음(讀音)을 쓰시오. ▶정답은 237쪽

1. 應:試
2. 應:用
3. 對:應
4. 反:應
5. 義:擧
6. 義:士
7. 義:務
8. 義:理
9. 正:義
10. 議決
11. 議論
12. 議長
13. 議員
14. 議題
15. 移動
16. 移住
17. 移民
18. 移植
19. 國益
20. 益者三友
21. 利:益
22. 多多益善
23. 引受
24. 引用
25. 引下
26. 引出
27. 引力
28. 印章
29. 印度
30. 海:印寺
31. 認識
32. 認可
33. 認定
34. 是:認
35. 誤:認
36. 障壁
37. 故:障
38. 保:障
39. 將軍
40. 將:卒
41. 將:校
42. 將:兵
43. 將來
44. 低:俗
45. 低:速
46. 低:質
47. 低:空
48. 高低
49. 敵國
50. 敵軍
51. 敵手
52. 敵地
53. 對:敵
54. 火:田民
55. 油田
56. 田園住宅
57. 絶交
58. 絶望
59. 絶命
60. 五:言絶句
61. 接見
62. 接近
63. 接着
64. 接收
65. 接合
66. 政治
67. 政權
68. 政局
69. 政黨
70. 政府
71. 程度
72. 工程
73. 日程
74. 精讀
75. 精力
76. 精神
77. 精誠
78. 精米所
79. 制:度
80. 制:定
81. 制:動
82. 制:約
83. 制:限
84. 製:圖

♣ 다음 한자어(漢字語)의 독음(讀音)을 쓰시오.　　　▶정답은 237쪽

1. 製:藥
2. 製:造
3. 製:鐵所
4. 除去
5. 除隊
6. 除名
7. 除外
8. 除夜
9. 祭:典
10. 祭:天
11. 祭:器
12. 祭:禮
13. 祭:壇
14. 交際
15. 國際
16. 實際
17. 提起
18. 提示
19. 提案
20. 提議
21. 提出
22. 濟:州
23. 救:濟
24. 經世濟民
25. 經濟
26. 早:期
27. 早:起
28. 早:産
29. 早:速
30. 早:退
31. 助:言
32. 助:手
33. 助:演
34. 救:助
35. 共:助
36. 造:林
37. 造:成
38. 造:作
39. 造:花
40. 造:形
41. 鳥類
42. 吉鳥
43. 白鳥
44. 不死鳥
45. 尊敬
46. 尊貴
47. 尊重
48. 至尊
49. 自尊心
50. 宗家
51. 宗孫
52. 宗族
53. 宗親
54. 宗敎
55. 走行
56. 走力
57. 走者
58. 走馬看山
59. 竹刀
60. 竹馬故友
61. 竹細工
62. 準:則
63. 準:備
64. 基準
65. 水準
66. 平準
67. 衆:生
68. 衆:論
69. 觀衆
70. 大:衆
71. 民衆
72. 增加
73. 增强
74. 增産
75. 增減
76. 增進
77. 支配
78. 支局
79. 支店
80. 支給
81. 支障
82. 至極
83. 至當
84. 至誠感天

♣ 다음 한자어(漢字語)의 독음(讀音)을 쓰시오. ▶정답은 237쪽

1. 冬至
2. 志望
3. 志士
4. 志願
5. 志操
6. 意志
7. 指示
8. 指定
9. 指向
10. 指名打者
11. 職業
12. 職員
13. 職位
14. 職務
15. 眞實
16. 眞假
17. 眞價
18. 眞理
19. 眞善美
20. 進步
21. 進路
22. 進退兩難
23. 進學
24. 次男
25. 次官
26. 次長
27. 次例
28. 次善
29. 監察
30. 考察
31. 不察
32. 省察
33. 警察
34. 創立
35. 創案
36. 創始
37. 創作
38. 創造
39. 處所
40. 處理
41. 處女
42. 處罰
43. 去處
44. 請求
45. 請約
46. 請願
47. 要請
48. 自請
49. 銃器
50. 銃殺
51. 銃砲
52. 銃聲
53. 長銃
54. 總長
55. 總務
56. 總員
57. 總會
58. 總理
59. 蓄財
60. 貯蓄
61. 築城
62. 築造
63. 建築
64. 忠誠
65. 忠孝
66. 忠言逆耳
67. 忠告
68. 蟲齒
69. 蟲害
70. 害蟲
71. 取得
72. 取消
73. 取材
74. 爭取
75. 測量
76. 測定
77. 計測
78. 測雨器
79. 治安
80. 治水
81. 政治
82. 退治
83. 不治
84. 置重

♣ 다음 한자어(漢字語)의 독음(讀音)을 쓰시오.　　▶정답은 237쪽

1. 設置
2. 配:置
3. 安置
4. 位置
5. 齒科
6. 齒藥
7. 蟲齒
8. 侵攻
9. 侵入
10. 南侵
11. 不可侵
12. 快感
13. 快樂
14. 快活
15. 明快
16. 完快
17. 態:度
18. 態:勢
19. 事:態
20. 生態
21. 形態
22. 統:治
23. 統:計
24. 平和統一
25. 傳統
26. 退:去
27. 退:職
28. 前進後退
29. 退:院
30. 波高
31. 波動
32. 人波
33. 電:波
34. 風波
35. 破:格
36. 破:局
37. 破:産
38. 打:破
39. 布:告
40. 布:敎
41. 布:施
42. 分布
43. 布木店
44. 包:容
45. 內包
46. 小:包
47. 砲:門
48. 砲:隊
49. 砲:兵
50. 大:砲
51. 砲:聲
52. 暴動
53. 暴行
54. 暴惡
55. 暴風雨
56. 票決
57. 開票
58. 得票
59. 車票
60. 賣:票所
61. 豊年
62. 豊作
63. 豊富
64. 豊盛
65. 豊凶
66. 限:界
67. 限:定
68. 限:度
69. 時限
70. 制:限
71. 航:海
72. 航:空
73. 航:路
74. 難航
75. 運:航
76. 港:口
77. 空港
78. 開港
79. 軍港
80. 出港
81. 解:決
82. 解:法
83. 解:說
84. 解:答

♣ 다음 한자어(漢字語)의 독음(讀音)을 쓰시오. ▶정답은 238쪽

1. 理:解
2. 香氣
3. 香料
4. 香水
5. 暗:香
6. 香遠益淸
7. 鄕土
8. 鄕里
9. 鄕約
10. 京鄕
11. 故鄕
12. 虛空
13. 虛實
14. 虛禮
15. 虛弱
16. 虛無
17. 經驗
18. 試驗
19. 實驗
20. 體驗
21. 效:驗
22. 賢明
23. 賢人
24. 賢母
25. 聖:賢
26. 賢良科
27. 血氣
28. 血脈
29. 血稅
30. 血肉
31. 血統
32. 協助
33. 協定
34. 協議
35. 協會
36. 農協
37. 惠:政
38. 恩惠
39. 天惠
40. 戶:主
41. 戶:口
42. 家家戶戶
43. 戶:數
44. 呼出
45. 呼名
46. 呼兄呼弟
47. 呼應
48. 護:國
49. 護:送
50. 自然保護
51. 養:護
52. 貨:物
53. 金貨
54. 美貨
55. 百貨店
56. 確固
57. 確實
58. 確保
59. 確信
60. 確認
61. 回答
62. 回路
63. 回復
64. 起死回生
65. 吸煙
66. 吸入
67. 吸收
68. 吸血動物
69. 興亡
70. 興:味
71. 興起
72. 復:興
73. 新興
74. 希望
75. 希求
76. 萬康
77. 黃銅
78. 靑銅器

♣ 다음 낱말 풀이에 알맞은 한자(漢字)를 쓰시오.   ➡ 정답은 239쪽

1. 가령   (   )
가정하여 말한다면
¶ 내가 ~ 큰 부자였다면 얼마나 좋을까?

2. 가정   (   )
임시로 정함.
¶ 핵전쟁이 일어난다고 ~해 보자. 인간은 물론 모든 생명체가 죽겠지….

3. 가면   (   )
사람이나 짐승의 얼굴 모양을 본떠 만든 것. 탈.
¶ 이제 그 ~을 벗고 모습을 드러내시오.

4. 가등기 (   )
그 근거를 분명하게 하기 위하여 임시로 하는 등기.
¶ 급매물을 구입할 경우 저당권 설정여부와 ~ 설정여부 등을 확인해 거래 사고를 방지해야 한다.

5. 가도   (   )
①큰 길거리. 가로(街路). ②도시와 도시 사이를 잇는 큰길.
¶ 우리가 탄 버스는 서울을 벗어나 경춘~를 달리기 시작했다.

6. 가로등 (   )
길거리를 밝히기 위하여 가설한 등.
¶ 해가 지고 어두워지자 어느새 거리의 ~에는 불이 들어오기 시작했다.

7. 가로수 (   )
큰길의 양쪽 가에 줄지어 심은 나무.
¶ 건물 외벽과 ~ 등에 불법으로 부착돼 있는 각종 현수막이나 벽보가 거리의 미관을 해치고 있다.

8. 가두행진 (   )
도시의 길거리에서 여럿이 줄지어 앞으로 나아감.
¶ 데모대가 ~을 벌이다.

9. 감산   (   )
빼어 셈하는 것. 뺄셈.
¶ ~이 정확하게 되었는지 확인해주세요.

10. 감산 (   )
생산량이 줆. 생산량을 줄임.
¶ 중동 산유국이 석유를 ~하였다.

11. 감량 (   )
양을 줄임.
¶ 이번 기회에 체중을 ~해야 한다.

12. 감원 (   )
인원을 줄임.
¶ 회사는 기구 축소로 사원 약 100명을 ~하였다.

13. 감소 (   )
줄어서 적어지는 것.
¶ 올해에는 수출량이 ~를 보였다.

14. 감독 (   )
①보살피고 지도·단속함. ②행사를 종합적으로 지도, 지휘하는 일. ③스포츠 팀을 훈련시키는 책임자.
¶ 선생님은 학생을 ~하고 선도할 의무가 있다.

15. 감시 (   )
경계하며 지켜봄.
¶ 경비원의 ~가 매우 심하다.

16. 감방 (   )
교도소(矯導所)에서 죄수를 가두어 두는 방.
¶ ~살이를 한지 벌써 3년이 되었다.

17. 강복 (   )
건강하고 행복함.
¶ 늘 ~하십시오.

18. 건강 (   )
몸이 병이 없이 좋은 기능을 가진 상태에 있는 것.
¶ 흡연은 ~에 해롭다.

19. 강당 (   )
강의나 의식을 행하는 건물 또는 방.
¶ 학교에서 ~을 새로 지었다.

177

♣ 다음 낱말 풀이에 알맞은 한자(漢字)를 쓰시오.   ▶ 정답은 239쪽

1. 강사 (   )
강연하는 사람.
¶ 오늘 ~는 고고학계의 거장이신 김박사님을 모시겠습니다.

2. 강론 (   )
①어떤 문제를 강설(講說)하고 토론함. ②신부가 교리를 해설하는 일.
¶ 역사학 ~은 정말 흥미진진하다.

3. 강의 (   )
체계적으로 설명하여 가르치는 것.
¶ 김 교수는 이번 학기에 국문학사를 ~하고 있다.

4. 강연회 (   )
강연을 하기 위한 모임.
¶ 시국(時局) ~가 오늘 오후 4시 대학로에서 열립니다.

5. 개인 (   )
국가나 사회·단체 등에 대하여, 그것을 구성하는 낱낱의 사람.
¶ ~의 의견을 존중하다.

6. 개별 (   )
여럿 중 하나하나 또는 따로따로.
¶ 이곳에서 ~행동을 해서는 안 됩니다.

7. 개체 (   )
따로따로 떨어진 낱낱의 물체.
¶ 서로 다른 이해관계를 지닌 ~가 갈등을 해소하기 위해 공동으로 노력해야 한다.

8. 개성 (   )
사람마다 지닌, 남과 다른 특성.
¶ ~이 뚜렷한 인물이다.

9. 개인기 (   )
개인의 기술. 특히, 단체 경기를 하는 운동에서의 개인의 기량.
¶ 유럽의 축구는 ~에서 한국을 앞서고 있다.

10. 검사 (   )
일정한 기준에 비추어 사물의 상태를 조사하는 것.
¶ 품질을 ~하다.

11. 검산 (   )
계산의 결과가 올바른가 어떤가를 검사하는 것.
¶ 이 문제지를 다시 한번 ~해 보아라.

12. 검문 (   )
검사하고 심문함.
¶ 불심 ~에 걸리다.

13. 검사 (   )
검찰권을 행사하는 단독제 관청인 국가 사법 기관. 검찰관.
¶ ~님의 공정한 판단을 기대할 뿐이다.

14. 검찰 (   )
①조사하여 사정을 밝힘. ②형사 사건에서, 범죄의 형적을 수사하여 증거를 모으는 일.
¶ ~에서도 이 사건을 해결하지 못했다.

15. 결석 (   )
출석하지 않음.
¶ 오늘은 몸이 아파 학교에 ~하였다 .

16. 결식 (   )
끼니를 거름.
¶ IMF이후 ~아동이 계속 늘어나고 있다.

17. 결례 (   )
예를 갖추지 못하는 것.
¶ ~인 줄 알면서 이렇게 밤늦게 전화를 드렸습니다.

18. 결항 (   )
비행기나 선박이 정기적인 운항(운행)을 거름.
¶ 폭풍으로 여객선이 ~되었다.

♣ **다음 낱말 풀이에 알맞은 한자(漢字)를 쓰시오.**　　➡ 정답은 239쪽

1. 결격　(　　　　　　　)

   필요한 자격이 모자라거나 빠져 있음.
   ¶ 그는 색맹이기 때문에 자동차 운전사로는 ~이다.

2. 결백　(　　　　　　　)

   깨끗하고 흼.
   ¶ 그가 ~하다는 것은 세상이 다 아는 사실이다.

3. 고결　(　　　　　　　)

   고상하고 깨끗함.
   ¶ ~한 성품으로 제자들의 존경을 받다.

4. 불결　(　　　　　　　)

   깨끗하지 않음. 더러움.
   ¶ 화장실이 ~하니 청소를 해야겠다.

5. 순결　(　　　　　　　)

   순수하고 깨끗함.
   ¶ 결혼 전이나 후를 막론하고 남녀 모두 ~해야 한다.

6. 청결　(　　　　　　　)

   맑고 깨끗함.
   ¶ 방안을 ~하게 하다.

7. 경과　(　　　　　　　)

   ①시간이 지나가는 것. ②시간이 지남에 따라 진행하고 변화하는 상태.
   ¶ 수술 후의 ~가 매우 좋다.

8. 경제　(　　　　　　　)

   인간이 생활을 하는 데에 필요한 재화(財貨)를 획득하는 활동을 함.
   ¶ ~ 활동이 위축되다.

9. 경서　(　　　　　　　)

   옛날 성현(聖賢)들이 유교의 사상과 교리를 써 놓은 책.
   ¶ 옛날 서당에서는 ~를 교과서 삼아 공부했다.

10. 경로　(　　　　　　　)

    지나는 길. 사람이나 사물이 거쳐온 길
    ¶ 범인이 달아난 ~를 알아내다.

11. 경험　(　　　　　　　)

    실지로 보고 듣고 겪는 일
    ¶ 풍부한 ~을 쌓다.

12. 경고　(　　　　　　　)

    ①조심하라고 알림. ②운동 경기에서 선수가 반칙을 범했을 때, 심판이 내리는 처벌의 하나.
    ¶ 주의하라는 ~를 받다.

13. 경구　(　　　　　　　)

    진리나 삶에 대한 깊고 날카로운 통찰을 간결하게 표현한 어구.
    ¶ 철학자를 비롯한 많은 사람들이 좋은 ~를 남겼다.

14. 경비　(　　　　　　　)

    만일에 대비하여 경계하고 지킴.
    ¶ 건물 둘레를 철저히 ~하라.

15. 경보　(　　　　　　　)

    경계하라고 알리는 보도.
    ¶ 공습~가 울리다.

16. 경찰　(　　　　　　　)

    국가의 안녕·질서를 유지하는 행정.
    ¶ 수상한 사람을 ~에 신고하다.

17. 경계　(　　　　　　　)

    ①지역이 구분되는 한계. ②어떤 분야와 다른 분야와의 갈라지는 한계.
    ¶ 강줄기를 따라 마을의 ~를 정하다.

18. 경내　(　　　　　　　)

    일정한 지경의 안.
    ¶ 사찰(寺刹)의 ~에서는 조용히 합시다.

179

♣ 다음 낱말 풀이에 알맞은 한자(漢字)를 쓰시오.   ➡ 정답은 239쪽

1. 국경   (   )
나라와 나라 사이의 경계.
¶ 압록강을 중국과의 ~으로 삼다.

2. 사경   (   )
죽게 된 지경.
¶ ~에서 벗어나다.

3. 심경   (   )
마음의 상태.
¶ ~의 변화를 보이다

4. 경사   (   )
매우 즐겁고 기쁜 일.
¶ 내 아들이 사법시험에 합격하다니, ~가 났구나!

5. 경축   (   )
경사로운 일을 축하함.
¶ 광복절 ~ 행사로 가두행진이 있다.

6. 국경일   (   )
국가적인 경사를 축하하기 위하여 국가에서 정하여 놓은 경축일.
¶ ~ 에는 태극기를 게양한다.

7. 계원   (   )
사무를 가른 어느 한 계(係)에서 일하는 사람.
¶ 그 분은 우리 서무~입니다.

8. 계장   (   )
사무를 갈라 맡은 계(係) 단위의 부서의 책임자.
¶ 이 서류는 ~님의 결재를 받아야 합니다.

9. 계수   (   )
대수식의 기호 문자와 숫자로써 이루어지는 곱에서, 숫자를 기호 문자에 대하여 이르는 말.
¶ 5ax2에서, 5는 ax2의 ~이고, 5a는 x2의 ~이다.

10. 관계   (   )
사물이나 현상 사이에 서로 맺어져 있는 연관.
¶ 이 사건은 지난번의 연쇄 살인과 ~가 있다.

11. 고향   (   )
태어나서 자란 곳. 자기 조상이 오래 살던 곳.
¶ ~을 떠나온 지 20년이 되었다.

12. 고장   (   )
기계나 설비 따위의 기능에 이상이 생기는 일.
¶ 차가 ~이 나다.

13. 고인   (   )
죽은 사람.
¶ ~의 명복을 빌다.

14. 고국   (   )
①자기 나라를 이르는 말. ②이미 망해 버린 옛나라.
¶ ~을 떠나 온 지 어언 3년이 되었다.

15. 고사   (   )
①옛날에 있었던 일. ②옛날부터 전해 내려오는 유서 깊은 일.
¶ 이 ~성어의 뜻을 알겠느냐?

16. 공방   (   )
공격과 방어.
¶ 쌍방의 ~이 치열하게 시작되었다.

17. 공수   (   )
공격과 수비.
¶ 우리 나라 축구팀은 ~의 전환이 빠르다.

18. 강공   (   )
적극적으로 공격함.
¶ 그들의 ~은 막기가 어렵다.

19. 선공   (   )
운동 경기 등에서 먼저 공격을 시작함.
¶ 상대 팀의 ~으로 경기가 시작되었다.

♣ 다음 낱말 풀이에 알맞은 한자(漢字)를 쓰시오.   ➡ 정답은 239쪽

1. 속공   (   )
재빨리 공격함.
¶ ~ 작전을 쓰다.

2. 관직   (   )
국가로부터 위임받은 일정한 범위의 직무.
¶ ~에서 물러나다.

3. 고관   (   )
높은 벼슬자리.
¶ 그 집안에서는 대대로 ~이 나왔다.

4. 법관   (   )
법원을 구성하고 대법원 또는 각급 법원에서 재판을 담당하는 공무원. 사법관.
¶ ~은 공정하게 판결을 해야 한다.

5. 장관   (   )
국무(國務)를 맡아보는 행정 각부의 책임자.
¶ 국방부 ~이 새로 임명되었다.

6. 구명   (   )
깊이 연구하여 밝힘.
¶ 학문이란 진리를 ~하는 작업이다.

7. 연구   (   )
깊이 있게 조사하고 생각하여 이치나 사실을 밝히는 것.
¶ 과학자들에 의해 새로운 에너지가 ~되었다.

8. 구절   (   )
①구와 절. ②한 도막의 말이나 글.
¶ 책을 읽다가 좋은 ~이 있으면 그는 밑줄을 쳤다.

9. 문구   (   )
글의 구절.
¶ 문귀라는 어휘는 틀리고, ~가 맞음.

10. 구두   (   )
'구두법(句讀法)'의 준말.
¶ ~점은 글의 뜻을 분명히 하기 위하여 찍는 쉼표와 마침표.

11. 구구절절   (   )
어떤 글의 모든 구절.
¶ 그래, 네 말이 ~ 다 옳다.

12. 구인   (   )
필요한 사람을 구함.
¶ 일간지에 ~ 광고를 내다.

13. 구직   (   )
일자리를 구함.
¶ 요즘 ~난(難)은 무척 심각하다.

14. 구애   (   )
자기의 사랑을 받아 달라고 하는 것.
¶ ~를 받아들이다.

15. 급구   (   )
급히 구함.
¶ 아르바이트 ~. 시간당 2500원!

16. 요구   (   )
①달라고 청함. ②어떤 행위를 하도록 청하거나 구함
¶ 일의 댓가로 많은 돈을 ~하다.

17. 궁녀   (   )
고려·조선 시대에 궁궐 안에서 대전(大殿)·내전(內殿)을 가까이 모시는 내명부(內命婦)의 총칭.
¶ 그녀는 ~에 뽑혔다.

18. 궁중   (   )
대궐 안.
¶ ~음식을 서민은 함부로 먹을 수 없었다.

19. 궁합   (   )
혼담이 있는 남녀의 사주를 오행(五行)에 맞추어 보아 배우자로서의 길흉을 헤아리는 점.
¶ ~을 본 후, 결혼을 결정하겠다.

♣ **다음 낱말 풀이에 알맞은 한자(漢字)를 쓰시오.**   ➡ 정답은 239쪽

1. 궁체 (   )
조선 시대에, 궁녀들이 쓰던 한글 글씨체.
¶ 왕비 가운데 ~를 쓰시던 분들도 계셨다.

2. 왕궁 (   )
임금이 기거하는 궁전.
¶ ~을 지키는 병사는 무척 고단하겠구나!

3. 권세 (   )
권력과 세력.
¶ 안동김씨는 대대로 ~를 누렸다.

4. 권력 (   )
남을 지배하여 강제로 복종시키는 힘.
¶ 쿠데타로 군부가 ~을 장악하다.

5. 권리 (   )
①권세와 이익. ②무슨 일을 자기 마음대로 할 수 있는 자격.
¶ 그런 일을 할 ~가 없다.

6. 권익 (   )
권리와 그에 따르는 이익.
¶ 발명가의 ~은 마땅히 보호되어야 한다.

7. 권문세가 (   )
권세가 있는 집안.
¶ 그자는 출세를 위해 ~를 뻔질나게 드나들었다.

8. 극동 (   )
①동쪽의 맨 끝. ②유럽에서 본 이름으로, 유럽에서 먼 아시아 대륙의 동부와 그 주변의 섬들을 가리키는 말.
¶ 한국, 중국, 일본 등이 ~에 속하는 나라이다.

9. 극소수 (   )
매우 작은 수.
¶ 인생을 후회 없이 살다 간 사람은 ~에 지나지 않는다.

10. 태극기 (   )
우리나라의 국기.
¶ 외국 땅에서 펄럭이는 ~를 보자 기쁨의 눈물이 흘러내렸다.

11. 극락왕생 (   )
죽어서 극락세계에 다시 태어남.
¶ 부디 ~하소서.

12. 금연 (   )
①담배 피우는 것을 금함. ②담배를 끊음.
¶ 올해부터 ~을 결심하다.

13. 금물 (   )
①법으로 매매나 사용을 금하는 물건. ②해서는 안 되는 일.
¶ 단체 생활에서 개인행동은 절대 ~이다

14. 금지 (   )
하지 못하도록 하는 일.
¶ 그 책은 판매가 ~되어 있다.

15. 금식 (   )
얼마 동안 음식물을 먹지 않는 일.
¶ 수술 환자에게 ~을 시키다.

16. 통금 (   )
통행금지의 준말. 사람 및 차량의 통행을 금함.
¶ 옛날에는 ~시간이 있었다.

17. 기립 (   )
일어섬.
¶ ~ 박수(拍手)를 부탁드립니다.

18. 기동 (   )
몸을 일으켜 움직이는 것.
¶ 허리를 다쳐 ~을 못 한다.

19. 기공 (   )
공사를 시작함.
¶ 박물관 ~식이 오늘 2시에 있다.

♣ 다음 낱말 풀이에 알맞은 한자(漢字)를 쓰시오.   ▶ 정답은 239쪽

1. 기안 (   )
   안을 세움.
   ¶ 이번 주 내로 ~을 올리세요.

2. 기구 (   )
   세간·그릇·연장 등의 총칭.
   ¶ 생활~는 사용할 때 편리한 것이어야 한다.

3. 기관 (   )
   생물체의 생활 작용을 하는 부분.
   ¶ 소화~이 특히 약하군요.

4. 난방 (   )
   칸을 이룬 공간에 열을 공급하여 따뜻하게 하는 일.
   ¶ 날씨가 서늘해지자 ~이 들어오기 시작했다.

5. 난류 (   )
   열대 또는 아열대에서 고위도 지방을 향하여 흐르는 따뜻한 해류.
   ¶ 태평양의 쿠로시오[黑潮]해류와 대서양의 멕시코 만류(灣流)가 대표적인 ~이다.

6. 온난화 (   )
   날씨가 따뜻하게 되는 것.
   ¶ 지구의 ~가 점점 심해지고 있다.

7. 난해 (   )
   이해하기 어려움.
   ¶ ~한 문장 때문에 머리가 아프기만 하다.

8. 난공불락 (   )
   공격하기가 어려워 좀처럼 함락되지 아니함.
   ¶ 이곳은 ~의 요새군!

9. 난민보호 (   )
   가난하여 생활이 어려운 백성을 돌보고 지켜야 함.
   ¶ 인류애를 가지고 ~를 해야 한다.

10. 난형난제 (   )
    누구를 형이라 하고 누구를 아우라 해야 할지 분간하기 어렵다는 뜻으로 두 가지 것 사이의 우열이나 정도의 차이를 판단하기 어려움의 비유.
    ¶ ~의 재주를 가졌다.

11. 노력 (   )
    힘을 다하여 애씀.
    ¶ 끊임없이 ~하다.

12. 노기 (   )
    노여운 기색.
    ¶ 아버지의 ~ 띤 얼굴은 정말로 무서웠다.

13. 노색 (   )
    성난 얼굴빛.
    ¶ 얼굴에 ~을 띠다.

14. 노호 (   )
    성내어 소리 지름.
    ¶ 지금 밖에서 성난 군중의 ~가 들리지 않느냐?

15. 노발대발 (   )
    크게 성을 냄.
    ¶ ~하여 크게 꾸짖다.

16. 단독 (   )
    혼자. 단 하나.
    ¶ ~으로 모든 일을 처리하다.

17. 단과 (   )
    하나의 학과나 학부.
    ¶ 종합 대학의 반대는 ~ 대학이다.

18. 단어 (   )
    문법상의 일정한 뜻을 가지는 말의 최소 단위.
    ¶ 영어는 기본 ~를 외우는 게 중요하다.

19. 단원 (   )
    어떤 주제를 중심으로 전개되는 학습 활동의 한 단위.
    ¶ 오늘 배울 학습 ~은 수필입니다.

♣ 다음 낱말 풀이에 알맞은 한자(漢字)를 쓰시오.　　▶ 정답은 239쪽

1. 단위　（　　　　　　　）
①계산의 기본으로 정해 놓은 기준.　②집단·조직 등을 구성하는 기본적인 한덩어리.
¶ 학급 ~로 행동하다.

2. 단정　（　　　　　　　）
흐트러진 데 없이 얌전하고 깔끔하다.
¶ 두 손을 무릎 위에 놓고 ~하게 앉다.

3. 단말　（　　　　　　　）
①끝. 끄트머리. ②전기 회로의 전류의 출입구.
¶ 그 이야기 ~이 어찌될 지 궁금하다.

4. 단적　（　　　　　　　）
명백한 것.
¶ 그가 매일 술독에 빠져 지낸다는 사실 하나만으로도 그의 무절제한 생활을 ~으로 알 수 있다.

5. 단오　（　　　　　　　）
명절의 하나. 음력 5월 5일
¶ ~날 여자들은 창포에 머리를 감는 풍습이 있다.

6. 단군　（　　　　　　　）
우리 겨레의 시조로 받드는 태초의 임금. 기원전 2334년경에 단군 조선을 건국하였다 함.
¶ ~은 고조선의 시조가 되었다.

7. 단념　（　　　　　　　）
품었던 생각을 끊어 버림.
¶ 할머니의 노염이 대단하셔서 독신주의를 ~했다.

8. 단속　（　　　　　　　）
끊어졌다 이어졌다 하는 것.
¶ 운전 중 휴대전화 사용 집중 ~ 중이다.

9. 단식　（　　　　　　　）
일정 기간 음식물을 먹지 않음.
¶ ~투쟁을 하였다.

10. 단절　（　　　　　　　）
어떤 관계나 교류를 끊음.
¶ 대만과의 국교를 ~하다.

11. 달성　（　　　　　　　）
뜻한 바를 이룸.
¶ 열심히 노력하여 목표를 ~하다.

12. 달관　（　　　　　　　）
사물을 널리 통달하는 관찰.
¶ 인생을 ~하다.

13. 달인　（　　　　　　　）
어떤 분야에 통달한 사람.
¶ 그는 어느덧 ~의 경지에 이르렀다.

14. 달필　（　　　　　　　）
글씨를 잘 쓰는 일.
¶ 한석봉은 ~로도 유명하다.

15. 통달　（　　　　　　　）
막힘이 없이 통하여 환히 앎.
¶ 사서삼경에 ~하다.

16. 담당　（　　　　　　　）
일을 맡음.
¶ 그는 배차~을 하고 있다.

17. 담보　（　　　　　　　）
채무 불이행 때에 채무의 변제를 확보하는 수단으로서 미리 채권자에게 제공하는 것.
¶ 집을 ~로 제공하다.

18. 담임교사　（　　　　　　　）
초등·중등·고등학교 등에서, 한 반의 학생을 담임하여 지도하고 모든 일을 담당하는 교사.
¶ 이번 학년에도 김선생님이 우리 반 ~가 되었다.

19. 당권　（　　　　　　　）
당의 주도권.
¶ ~을 장악하다.

♣ 다음 낱말 풀이에 알맞은 한자(漢字)를 쓰시오.   ➡ 정답은 239쪽

1. 당수 (　　　　　　)
   당의 우두머리.
   ¶ K당은 새로운 ~를 뽑기로 했다.

2. 당원 (　　　　　　)
   당파를 이룬 사람.
   ¶ ~들은 임시 회의를 열어 당의 진로를 결정지었다.

3. 당쟁 (　　　　　　)
   당파를 이루어 서로 싸움.
   ¶ ~으로 얼룩진 역사를 보아라.

4. 야당 (　　　　　　)
   정당 정치에서, 정권을 담당하고 있지 아니한 정당.
   ¶ 집권당이던 K당은 이번 선거결과 ~이 되었다.

5. 대동 (　　　　　　)
   사람을 데리고 함께 감.
   ¶ 비서를 ~하다.

6. 온대 (　　　　　　)
   한대(寒帶)와 열대(熱帶)의 중간 지역.
   ¶ 우리 나라는 ~기후에 속한다.

7. 지대 (　　　　　　)
   어떤 특징에 따라 주위와 구별되는, 일정한 범위의 땅.
   ¶ 울산은 공업~로 발전하였다.

8. 화산대 (　　　　　　)
   화산이 집중적으로 분포되어 있는 띠 모양의 긴 지대.
   ¶ 미국의 와이오밍주에 있는 옐로스톤국립공원은 유명한 ~이다.

9. 열대림 (　　　　　　)
   열대에 발달해 있는 삼림대.
   ¶ 아프리카는 ~지역이다.

10. 대상 (　　　　　　)
    사막 지방에서 낙타나 말에 상품을 싣고, 떼를 지어 먼 곳을 다니면서 장사하는 상인.
    ¶ 옛날 동서양의 물물교환은 실크로드를 통해 ~에 의해 이루어졌다.

11. 대열 (　　　　　　)
    질서 있게 늘어선 행렬.
    ¶ ~에서 이탈하다.

12. 대원 (　　　　　　)
    대를 이루고 있는 구성원.
    ¶ 우리 ~ 가운데 한 명이 쓰러졌다.

13. 군대 (　　　　　　)
    일정한 규율과 질서 아래 조직 편제된 군인의 집단.
    ¶ 휴가를 마치고 ~에 들어가다.

14. 입대 (　　　　　　)
    군대에 들어가 군인이 됨.
    ¶ 올 가을에 ~하게 되었다.

15. 도입 (　　　　　　)
    ①끌어들이는 것. ②학생들이 학습 내용에 대해 흥미를 가질 수 있도록 끌어들이는 일.
    ¶ 학습 활동의 ~ 단계이다.

16. 도출 (　　　　　　)
    이끌어 냄.
    ¶ 우주 현상에서 신의 섭리를 ~하기란 쉬운 게 아니다.

17. 인도 (　　　　　　)
    ①이끌어 지도하는 것. ②안내하는 것.
    ¶ 비행 청소년을 바른길로 ~ 해야 한다.

18. 독약 (　　　　　　)
    독성을 가진 약제.
    ¶ ~을 함부로 만져서는 안 된다.

185

♣ 다음 낱말 풀이에 알맞은 한자(漢字)를 쓰시오.   ▶ 정답은 239쪽

1. 독소   (   )
①해독이 되는 성분이나 물질. ②어떤 일에 해롭거나 나쁜 영향을 주는 요소.
¶ ~ 조항을 철폐하다.

2. 독초   (   )
독이 있는 풀.
¶ 산에서 아무 풀이나 뜯어서는 안 된다. 간혹 ~도 있어서 주의해야 한다.

3. 독성   (   )
독기(毒氣)가 있는 성분.
¶ ~이 강한 물질이 온 몸에 퍼졌다.

4. 독살   (   )
독약을 먹이거나 써서 죽임.
¶ 그는 아무래도 ~된 것 같다.

5. 감독   (   )
①잘못이 없도록 보살펴 다잡는 것. ②영화나 무대 행사 등을 종합적으로 지도하고 지휘하는 일.
¶ 선생님은 학생을 ~하고 선도할 의무가 있다

6. 독전   (   )
전투를 독려함.
¶ 이순신 장군은 왜적과의 싸움을 ~하였다.

7. 기독교   (   )
예수 그리스도를 구세주로 믿는 종교.
¶ 나는 종교가 ~인데 너는 종교가 뭐니?

8. 동상   (   )
금·은·동으로 상의 등급을 매길 때 3등 상.
¶ 이번 대회에서 ~을 탔다.

9. 금은동   (   )
금, 은, 동
¶ 이번 께임에서 우리나라가 ~을 모두 휩쓸었다.

10. 두량   (   )
①되나 말로 곡식을 되어서 세는 것. ②두루 헤아려 처리하는 것
¶ 살림을 잘 ~하다.

11. 북두칠성   (   )
큰곰자리에서 가장 뚜렷하게 보이는, 국자 모양으로 된 일곱 개의 별.
¶ 오늘은 날씨가 좋아서 ~이 더욱 잘 보인다.

12. 두유   (   )
콩기름.
¶ ~를 사용해서 요리를 했더니 무척 고소하다.

13. 두만강   (   )
백두산 남동쪽 사면에서 발원하여 나진선봉직할시 선봉군 우암리에서 동해로 흐르는 강.
¶ 한국, 중국, 러시아의 국경을 흐르는 강은 ~이다.

14. 종두득두   (   )
콩 심은 데 콩이 남. 원인에 따라 결과가 나온다는 말.
¶ '콩 심은 데 콩이 남'을 한자로 쓴 독음은 ~다.

15. 득실   (   )
①얻음과 잃음. ②이익과 손해.
¶ ~을 따지자면 오히려 내 쪽이 손해 보는 일이 아니겠소?

16. 득표   (   )
투표에서 찬성의 표를 얻는 것.
¶ 과반수의 ~로 의장에 당선되다.

17. 득의   (   )
뜻을 이룸.
¶ ~에 찬 미소를 보이다.

18. 득세   (   )
세력을 얻음.
¶ 문신들의 세력을 꺾고 무신들이 ~하였다.

♣ 다음 낱말 풀이에 알맞은 한자(漢字)를 쓰시오. ➡ 정답은 239쪽

1. 소득 (　　　　　)
어떤 일의 결과로 얻는 것.
¶ 많은 ~을 올리다

2. 전등 (　　　　　)
전구에 전력을 공급하여 빛을 내는 등불.
¶ 밤이 되자 ~을 켜다.

3. 등화가친 (　　　　　)
등불을 가까이하여 글 읽기에 좋은 시절, 곧 가을철을 이르는 말.
¶ ~의 계절을 맞이해 이제 책 좀 읽어라.

4. 풍전등화 (　　　　　)
바람 앞의 등불이라는 뜻으로 사물이 매우 위태로운 처지에 놓여 있음을 비유하는 말.
¶ 나라의 운명이 ~와 같다.

5. 등하불명 (　　　　　)
등잔 밑이 어둡다는 뜻으로 가까이에서 생긴 일을 오히려 잘 모름.
¶ ~이라더니, 진짜 등잔 밑이 어두웠군.

6. 나열 (　　　　　)
죽 벌이어 놓음. 열을 지어 늘어섬.
¶ 죄상을 조목조목 ~하다.

7. 신라 (　　　　　)
우리나라의 고대 왕국 중의 하나. 박혁거세(朴赫居世)가 한반도의 동남쪽에 자리 잡아 세운 나라로, 태종 무열왕(太宗武烈王) 때 백제와 고구려를 멸하여 삼국을 통일하였음.
¶ ~의 수도는 서라벌이다.

8. 오백나한 (　　　　　)
석가가 입적(入寂)한 뒤 그 가르침을 결집(結集)하기 위하여 모였다는 오백 명의 아라한(阿羅漢).
¶ 사찰 가운데 ~을 모신 전각이 있는 곳도 있다.

9. 양가 (　　　　　)
양쪽 집.
¶ ~의 하객(賀客) 많이 오셨다.

10. 양국 (　　　　　)
양편의 두 나라.
¶ 한미 ~ 국기가 바람에 펄럭이고 있다.

11. 양면 (　　　　　)
①양쪽 면. ②두 방면.
¶ 물심 ~으로 도와 주다.

12. 양반 (　　　　　)
①조선 시대에 문반(文班)과 무반(武班)을 아울러 이르던 말. ②점잖고 착한 사람.
¶ 그 사람이야말로 ~이지.

13. 양친 (　　　　　)
아버지와 어머니.
¶ ~이 모두 살아 계시다.

14. 고려 (　　　　　)
태봉의 장수 왕건(王建)이 개성(開城)에 도읍하여 세운 나라. 후백제를 멸하고 신라를 항복시켜 후삼국을 통일했으나 공양왕(恭讓王) 때 이성계(李成桂)에게 멸망함.
¶ ~는 나라의 수도를 개경으로 정했다.

15. 미려 (　　　　　)
아름답고 고움.
¶ ~한 산하(山河)를 굽어보다.

16. 고구려 (　　　　　)
북부여의 주몽(朱蒙)이 한반도 북쪽과 중국 동북 지방 일대에 자리잡아 세운 나라로, 보장왕(寶藏王) 때 나당(羅唐) 연합군에게 패망함.
¶ ~의 장수왕은 영토확장을 위해 많은 노력을 했다.

17. 연결 (　　　　　)
서로 이어서 맺음.
¶ 객차를 ~하다.

♣ 다음 낱말 풀이에 알맞은 한자(漢字)를 쓰시오.   ➡ 정답은 239쪽

1. 연발   (   )
①연이어 일어남. ②총이나 대포 따위를 연이어 쏨.
¶ 실수를 ~하다.

2. 연승   (   )
잇달아 이김.
¶ 3~을 거두다.

3. 연휴   (   )
휴일이 계속되는 일.
¶ 설날 ~로 우리가족은 스키장에 다녀왔다.

4. 연타   (   )
①연이어 침. ②야구에서, 안타가 이어지는 일.
¶ ~를 날리다.

5. 열거   (   )
여러 가지를 하나씩 들어 말함.
¶ 그의 죄목이 낱낱이 ~되다.

6. 열강   (   )
여러 강한 나라.
¶ 세계 ~들은 약소국을 침략하기 시작했다.

7. 열차   (   )
철도에서, 여러 대의 객차나 화차를 연결하여 편성한 한 줄의 차량.
¶ 추석 연휴 기간에 임시 ~를 운행할 계획이다.

8. 녹음   (   )
소리를 재생할 수 있도록 기계로 기록하는 일.
¶ 강의 내용을 ~하여 다시 들었다.

9. 녹취   (   )
재생하기 위하여 음성이나 화상 따위를 필름·테이프·디스켓 등에 기록하는 일.
¶ 육성을 ~하다.

10. 기록   (   )
①글자를 이루어 나타내는 것. ②뒷날 다시 보거나 들을 수 있도록 어떤 매체에 담는 것.
¶ 당시의 ~을 들춰 보다.

11. 녹화방송   (   )
녹화해 두었다가 하는 방송.
¶ 지금 하는 방송은 생방송이 아니라 ~이다.

12. 논설   (   )
시사적인 문제 등을 설명하고, 그 시비에 대하여 자기의 의견을 말함.
¶ 이번 달 ~위원으로 뽑혀 글을 쓰게 되었다.

13. 논리   (   )
①내용을 이치에 맞게 이끌어 가는 과정이나 원리. ②사물의 이치나 법칙성.
¶ ~를 무시한 글이다.

14. 논문   (   )
①어떤 일에 대하여 자기의 의견을 논술한 글. ②학술 연구의 업적이나 결과를 발표한 글.
¶ ~이 통과되어 박사학위를 받았다.

15. 논단   (   )
①토론을 하는 곳. ②평론가·비평가들의 사회.
¶ 독특한 비평으로 ~을 놀라게 했다.

16. 결론   (   )
말이나 글에서 끝맺는 부분. 맺음말.
¶ 이제는 ~을 내려야 한다.

17. 유보   (   )
뒷날로 미루어 두는 것.
¶ 임금 인상을 ~하다.

18. 유념   (   )
마음에 새기고 생각함.
¶ 내 말을 잊지 말고 ~해 두게.

19. 유의   (   )
마음에 둠. 잊지 않고 새겨 둠
¶ 건강에 ~하다.

♣ **다음 낱말 풀이에 알맞은 한자(漢字)를 쓰시오.**　　▶ 정답은 239쪽

1. 유임　(　　　　　　　)
그대로 머물러 일을 맡아봄.
¶ 그는 훌륭한 교육자여서 여러 차례 총장에 ~ 되었다.

2. 유학　(　　　　　　　)
외국에서 공부하는 것.
¶ 미국 ~을 가다.

3. 율법　(　　　　　　　)
①기독교에서 하나님이 인간에게 지키도록 내린 규범을 이르는 말. ②불교에서 계율을 달리 이르는 말.
¶ ~은 잘 지키는 것이 중요하다.

4. 율동　(　　　　　　　)
규칙적이면서 조화롭게 이루어지는 움직임.
¶ 화려하고 웅장한 ~을 연출하는 매스 게임.

5. 음률　(　　　　　　　)
음악의 곡조. 가락.
¶ 지금 네가 하는 연주는 ~이 맞지 않는다.

6. 이율배반　(　　　　　　　)
서로 모순·대립하는 두 명제가 동등한 타당성을 가지고 주장되는 일.
¶ 기업에는 경비 절감을 위해 임원을 대폭 감원하라고 요구하면서 은행들이 제 식구 챙기기에 급급한 것은 ~의 행동이 아닌가?

7. 만기　(　　　　　　　)
정해진 기한이 참.
¶ 적금의 ~가 내일이다.

8. 만족　(　　　　　　　)
부족함이 없이 충분함.
¶ 끝내 ~한 대답을 듣지 못하다.

9. 만원　(　　　　　　　)
정원이 다 차는 일.
¶ 관람석은 관객으로 ~을 이루다.

10. 만월　(　　　　　　　)
이지러진 데가 없이 둥근 달. 보름달.
¶ 한가로이 누워 ~에 몸을 맡기면 세상 시름도 잠시 잊는다.

11. 만장일치　(　　　　　　　)
그 자리에 있는 모든 사람의 의견이 완전히 일치하는 일.
¶ 추진 계획을 ~로 승인하다.

12. 금맥　(　　　　　　　)
금이 나는 광맥.
¶ 드디어 ~을 찾다.

13. 동맥　(　　　　　　　)
①심장에서 밀어 낸 혈액을 신체 각 부분에 운반하는 혈관. ②주요한 교통로를 비유적으로 이르는 말.
¶ 경부선은 우리나라를 종단하는 ~이다.

14. 명맥　(　　　　　　　)
생명. 목숨.
¶ 전통문화의 ~이 이어지다.

15. 일맥상통　(　　　　　　　)
어떤 면에서 한 가지로 서로 통함.
¶ 그와 나의 시국관은 ~한 데가 있다.

16. 모근　(　　　　　　　)
털이 피부에 박힌 부분.
¶ 모공에 모발이 1개이거나 ~이 가늘수록 탈모 가능성이 높다.

17. 불모지　(　　　　　　　)
식물이 자라지 않는 거칠고 메마른 땅.
¶ 그 방면의 연구는 아직 ~나 다름없다.

18. 이모작　(　　　　　　　)
한 경작지에서 한 해에 두 차례 다른 작물을 심어 거두는 일.
¶ 배추, 무는 9월 하순부터 고랭지의 ~ 출하가 시작돼 가격이 비교적 안정적이다.

♣ **다음 낱말 풀이에 알맞은 한자(漢字)를 쓰시오.**   ➡ 정답은 240쪽

1. 구우일모 (   )
아홉 마리 소의 털 가운데서 한 개의 털이란 뜻으로 썩 많은 것 중의 극히 적은 부분.
¶ ~라는 고사성어 중, '구(九)'자는 '많다'는 뜻이다.

2. 목동 (   )
소·말·양을 치는 아이.
¶ ~이 양떼를 몰고 지나간다.

3. 목장 (   )
일정한 시설을 갖추어 소·말·양 따위를 놓아먹이는 넓은 곳.
¶ 외할아버지는 대관령에 넓은 ~을 가지고 있다.

4. 목사 (   )
개신교에서, 교회를 맡아 다스리고 신자를 인도하는 교역자(敎役者).
¶ 우리교회 ~님은 덕망이 있으신 분이다.

5. 목민심서 (   )
조선 순조 때 정약용(丁若鏞)이 지은 책. 고금(古今)의 여러 책에서 지방 장관의 사적을 가려 뽑아 치민(治民)에 대한 도리(道理)를 논술한 책.
¶ ~를 읽어보면 백성이 필요로 하는 정치인이 어떤 사람인지 알 수 있다.

6. 무사 (   )
무사(武事)를 익혀 그 방면에 종사하는 사람.
¶ 칼솜씨가 빼어난 그는 ~로 일하고 있다.

7. 무기 (   )
적을 치거나 막는 데 쓰이는 온갖 도구.
¶ 공격 ~를 잘 갖추고 있다.

8. 무력 (   )
군사상의 위력.
¶ ~으로 남을 괴롭히다.

9. 무술 (   )
무인으로서 갖추어야 할 여러 기술.
¶ 그의 ~은 정말 뛰어나다.

10. 무용 (   )
무예와 용맹.
¶ 그 전투에서 ~을 떨치다.

11. 업무 (   )
공무나 사업 따위에 관한 일.
¶ ~가 쌓여 밤 세워 일해야 한다.

12. 시무식 (   )
새해에 시무할 때 행하는 의식.
¶ 올해의 ~은 강당에서 하기로 했다.

13. 무실역행 (   )
참되고 실속 있도록 힘써 실행함.
¶ 안창호 선생은 ~을 강조하셨다.

14. 미래 (   )
아직 다가오지 않은 때.
¶ ~를 설계하다.

15. 미정 (   )
아직 결정하지 못함.
¶ 행선지는 ~이다.

16. 미만 (   )
정한 수나 정도에 차지 못함.
¶ 20세 ~의 젊은이들이 많이 모였군요.

17. 미개 (   )
①꽃 따위가 아직 피지 않음. ②아직 개화하지 못한 상태에 있음.
¶ ~민족에게 문명을 전파해야 하지 않을까?

18. 미안 (   )
마음이 편하지 못함.
¶ 기다리게 해서 ~합니다.

19. 의미 (   )
①말이나 글의 뜻. ②사물의 가치나 보람.
¶ 여름휴가를 ~ 없이 보내다.

♣ 다음 낱말 풀이에 알맞은 한자(漢字)를 쓰시오.　　▶ 정답은 240쪽

1. 조미료　(　　　　　　　　)

   음식의 맛을 내는 데 쓰는 재료. 양념.
   ¶ 화학 ~는 몸에 좋지 않다.

2. 밀림　(　　　　　　　　)

   나무들이 빽빽하게 들어선 수풀.
   ¶ ~지대를 혼자 여행하는 일은 위험하다.

3. 밀도　(　　　　　　　　)

   빽빽한 정도.
   ¶ 서울은 인구~가 높다.

4. 밀집　(　　　　　　　　)

   빽빽하게 모임.
   ¶ 이곳은 공장 ~지역이다.

5. 밀담　(　　　　　　　　)

   은밀히 의논함.
   ¶ ~을 나누다.

6. 밀약　(　　　　　　　　)

   비밀히 약속함.
   ¶ 거사를 ~하다.

7. 박사　(　　　　　　　　)

   널리 아는 것이 많거나 어느 부분에 능통한 사람을 비유하여 이르는 말
   ¶ 그가 골동품 감별에는 ~지.

8. 박애　(　　　　　　　　)

   평등하게 사랑하는 것.
   ¶ 테레사 수녀님의 ~정신은 본받을 만 하다.

9. 박학다식　(　　　　　　　　)

   학식이 넓고 식견이 많음.
   ¶ 김군은 ~한 사람이다.

10. 방공　(　　　　　　　　)

    적의 항공기 및 미사일 공격에 대한 방어.
    ¶ 재난방지 ~훈련에 적극적으로 참여해야 한다.

11. 방비　(　　　　　　　　)

    적의 침공이나 재해를 막을 준비를 함.
    ¶ ~를 강화하다.

12. 방충　(　　　　　　　　)

    해충을 막음.
    ¶ 여름을 대비하여 ~망(網)을 쳐야겠다.

13. 방화　(　　　　　　　　)

    화재를 미리 막음.
    ¶ ~훈련을 시작하겠습니다.

14. 방수　(　　　　　　　　)

    물이 새거나 스며들거나 넘쳐 흐르는 것을 막음.
    ¶ 너의 ~시계 정말 멋지다!

15. 방문　(　　　　　　　　)

    방으로 드나드는 문.
    ¶ 겨울철에는 ~을 잘 닫아야 난방 효과가 높다.

16. 각방　(　　　　　　　　)

    각각의 방.
    ¶ 부부가 ~을 쓰다.

17. 감방　(　　　　　　　　)

    교도소(矯導所)에서 죄수를 가두어 두는 방.
    ¶ ~살이가 이렇게 힘들줄이야….

18. 난방　(　　　　　　　　)

    건물 전체 또는 방안을 따뜻하게 하는 일.
    ¶ 날이 서늘해지자 ~이 들어오기 시작했다.

19. 신방　(　　　　　　　　)

    신랑, 신부가 첫날밤을 치르도록 꾸민 방.
    ¶ ~을 차리다.

20. 방문　(　　　　　　　　)

    사람이나 장소를 찾아가서 만나거나 봄.
    ¶ 모교를 ~하다.

♣ 다음 낱말 풀이에 알맞은 한자(漢字)를 쓰시오.   ➡ 정답은 240쪽

1. 방미 (　　　　　　)
　미국을 방문함.
　¶ 정상회담을 위해 국무총리가 ~중이다.

2. 방중 (　　　　　　)
　중국을 방문함.
　¶ ~외교가 잘 되었으면 좋으련만….

3. 방한 (　　　　　　)
　한국을 방문함.
　¶ 한국의 위상이 날로 높아지니 ~객이 늘었다.

4. 방북 (　　　　　　)
　북한을 방문함.
　¶ 대통령의 ~이 한반도 평화에 어떤 영향을 미치게 될지 세계는 주목하고 있다.

5. 배경 (　　　　　　)
　뒤쪽의 경치. 뒤에서 돌보아 주는 힘.
　¶ 정치적 ~이 든든하다.

6. 배반 (　　　　　　)
　등지고 나섬.
　¶ 그런 일로 친구를 ~하다니….

7. 배후 (　　　　　　)
　등 뒤. 뒤쪽.
　¶ ~에서 공격하다.

8. 배신자 (　　　　　　)
　배신한 사람.
　¶ 너는 ~이다.

9. 배상 (　　　　　　)
　삼가 올림의 뜻으로, 흔히 한문 투의 편지 글 끝에 쓰는 말.
　¶ 홍길동 ~.

10. 경배 (　　　　　　)
　공경하여 공손히 절함.
　¶ 동방박사들이 예수님의 탄생을 ~하러왔다.

11. 예배 (　　　　　　)
　신에게 공손한 마음으로 절하는 일.
　¶ ~를 드리다.

12. 세배 (　　　　　　)
　섣달그믐이나 정초에 하는 인사.
　¶ ~를 드리기 위해 우리는 외가댁을 방문했다.

13. 재배 (　　　　　　)
　두 번 절함.
　¶ 분향~하다.

14. 배급 (　　　　　　)
　나누어주는 것.
　¶ 구호 물자를 난민들에게 ~하였다.

15. 배달 (　　　　　　)
　가져다주는 것.
　¶ 내일부터 신문 ~을 나가기로 했다.

16. 배열 (　　　　　　)
　일정한 차례나 간격으로 죽 벌여 놓음.
　¶ 연대순으로 ~하다.

17. 배치 (　　　　　　)
　적당한 자리나 위치에 나누어 두는 것.
　¶ 일선 부대로 ~를 받다.

18. 배합 (　　　　　　)
　일정한 비율로 알맞게 섞어 합침.
　¶ 사료를 잘 ~하다.

19. 벌목 (　　　　　　)
　나무를 벰.
　¶ 함부로 ~을 해서는 안 된다.

20. 벌초 (　　　　　　)
　잡풀을 베어서 깨끗이 함.
　¶ 조상의 묘를 ~하고 왔다.

♣ 다음 낱말 풀이에 알맞은 한자(漢字)를 쓰시오.   ➡ 정답은 240쪽

1. 벌채 (   )
   나무를 베어 내고 섶을 깎아 냄.
   ¶ 산림을 ~하다.

2. 북벌 (   )
   북방(北方)의 지역을 정벌함.
   ¶ 인조의 뒤를 이어 즉위한 봉림대군(효종)에 의해 ~이 계획되었다.

3. 살벌 (   )
   죽이고 들이치는 것.
   ¶ ~한 분위기가 숨을 막히게 한다.

4. 벌금 (   )
   벌로 내게 하는 돈.
   ¶ 지각을 하는 사람은 ~을 내기로 했다.

5. 벌칙 (   )
   법규를 어겼을 때의 처벌을 정해 놓은 규칙.
   ¶ 그는 ~으로 운동장 5바퀴를 뛰었다.

6. 상벌 (   )
   상과 벌.
   ¶ 새로운 ~규정을 만들었다.

7. 천벌 (   )
   하늘이 주는 벌.
   ¶ ~을 받아 마땅하다.

8. 처벌 (   )
   어떤 벌을 주는 것.
   ¶ 범법자를 ~하는 것이 마땅하다.

9. 벽지 (   )
   건물의 벽에 바르는 종이.
   ¶ 새로운 ~를 바르고 나니 집안이 환해졌다.

10. 벽보 (   )
    여러 사람에게 알리려고 종이에 써서 벽이나 게시판 등에 붙이는 글.
    ¶ ~를 붙이다.

11. 벽화 (   )
    벽에 장식으로 그린 그림.
    ¶ 만주의 집안지역에는 고구려의 고분~가 여러 곳에 남아 있다.

12. 방벽 (   )
    방어하기 위해 쌓은 담벽.
    ¶ 전쟁에 대비하여 ~을 쌓다.

13. 절벽 (   )
    바위 같은 것들이 깎아 세운 것처럼 솟았거나 내리박힌 험한 벼랑.
    ¶ ~을 기어오르다.

14. 변경 (   )
    나라와 나라의 경계가 되는 변두리 지역.
    ¶ 그의 남편은 ~을 지키기 위해 길을 떠났다.

15. 강변 (   )
    강가.
    ¶ ~에 늘어선 아파트를 봐라.

16. 등변 (   )
    다변형에서 각 변의 길이가 같음.
    ¶ 이~삼각형.

17. 신변 (   )
    몸, 또는 몸의 주변.
    ¶ ~의 안전을 꾀하다.

18. 해변 (   )
    바닷가.
    ¶ 그와 함께 ~을 거닐다.

19. 보행 (   )
    걸어가는 일.
    ¶ ~이 불편하다.

♣ 다음 낱말 풀이에 알맞은 한자(漢字)를 쓰시오.   ▶ 정답은 240쪽

1. 보병 (　　　　　)
육군의 전투 병과의 하나. 주로 소총을 가지고 도보로 전투하는 군인.
¶ 오빠의 부대는 유명한 ~부대이다.

2. 보도 (　　　　　)
보행자의 통행에 사용하도록 된 도로.
¶ 사람은 ~로 차는 차도로!

3. 오십보백보 (　　　　　)
약간의 차이는 있으나 본질적으로는 같다는 뜻.
¶ 이것이나 그것이나 ~다.

4. 보수 (　　　　　)
보전하여 지키는 것.
¶ ~세력의 반대가 심하다.

5. 보안 (　　　　　)
안전을 유지하는 일.
¶ 이번 일은 ~을 철저히 유지해야 한다.

6. 보전 (　　　　　)
온전하게 잘 지키거나 지님.
¶ 영토를 잘 ~하여 후세에 물려주어야 한다.

7. 보존 (　　　　　)
잘 지니어 상하거나 없어지거나 하지 않도록 함.
¶ 유물(遺物)을 ~하다.

8. 보호 (　　　　　)
약한 것을 잘 돌보아 지킴.
¶ 이곳은 어린이 ~ 구역이다.

9. 보답 (　　　　　)
남의 은혜나 호의를 갚음.
¶ 부모님의 은혜에 ~하다.

10. 보고 (　　　　　)
주어진 임무에 대하여 그 결과나 내용을 말하거나 글로 알림.
¶ 경과 ~를 드리다.

11. 보도 (　　　　　)
새 소식을 널리 알림.
¶ 신속 정확한 ~가 신문의 생명이다.

12. 결초보은 (　　　　　)
풀을 맺어 은혜를 갚는다는 뜻으로 죽어서까지라도 은혜를 잊지 않고 갚음.
¶ 죽어서까지라도 은혜 갚음을 ~이라한다.

13. 보물 (　　　　　)
보배로운 물건.
¶ 우리나라 ~ 1호는 동대문이다.

14. 보석 (　　　　　)
아름다운 빛깔과 광택을 지녀 장식품이 될 만한 가치가 있는 비금속 광물.
¶ 인조~은 가격이 저렴하다.

15. 보화 (　　　　　)
보배로운 물건.
¶ 그 상자에는 금은~가 가득 들어 있다.

16. 가보 (　　　　　)
한 집안의 보물.
¶ 이 물건은 우리 집안 대대로의 ~이다.

17. 국보 (　　　　　)
나라의 보배.
¶ 남대문은 ~ 제1호이다.

18. 복습 (　　　　　)
배운 것을 되풀이하여 익힘.
¶ 그 날 배운 것은 그 날 ~해야 한다.

19. 부활 (　　　　　)
①죽었다가 되살아남. ②쇠퇴하거나 폐지한 것이 다시 성하게 됨.
¶ 올해부터 소선거구제가 ~되었다.

♣ 다음 낱말 풀이에 알맞은 한자(漢字)를 쓰시오.　　▶ 정답은 240쪽

1. 부흥　(　　　　　　　)
쇠(衰)하였던 것이 다시 일어남.
¶ 빨리 경제가 ~되어야 할텐데….

2. 광복　(　　　　　　　)
잃었던 국권을 도로 찾음.
¶ ~이 되자 온 국민이 기뻐하였다.

3. 반복　(　　　　　　　)
되풀이함.
¶ 같은 동작을 여러 번 ~하다.

4. 행정부　(　　　　　　　)
삼권 분립에 따라 행정을 맡아보는 정부를 이르는 말.
¶ ~만이 이 문제를 해결할 수 있다.

5. 부원군　(　　　　　　　)
조선 시대 왕비의 아버지나 정일품 공신(功臣)의 작호(爵號).
¶ 아들이 왕위에 오르자 그는 ~이 되었다.

6. 삼부요인　(　　　　　　　)
입법부·사법부·행정부, 곧 국회·법원·정부의 중요한 지위에 있는 사람.
¶ ~이 참석하자 기념식이 시작되었다.

7. 부인　(　　　　　　　)
결혼한 여자.
¶ 김과장의 ~은 음식솜씨가 좋다.

8. 부덕　(　　　　　　　)
부녀자로서 지녀야 할 어질고 너그러운 덕행.
¶ 김판서 댁의 며느리는 ~을 갖추었다.

9. 부녀자　(　　　　　　　)
성년이 된 여자를 두루 일컫는 말.
¶ ~의 몸으로 이렇게 힘든 일을 해내다니!

10. 부부유별　(　　　　　　　)
오륜(五倫)의 하나. 부부 사이에는 엄격히 지켜야 할 인륜의 구별이 있음.
¶ ~은 핵가족이 늘어나고 해마다 이혼율이 높아지는 현대사회에 더욱 필요한 윤리라 할 수 있다.

11. 부사　(　　　　　　　)
정사(正使)를 수행하면서 보좌하던 사신(使臣).
¶ 아버지는 ~자격으로 북경에 가셨다.

12. 부식　(　　　　　　　)
중심이 되는 음식에 곁들여 먹는 음식.
¶ ~물을 충분히 준비해야 될 것 같은데…

13. 부업　(　　　　　　　)
본업 외에 따로 가지는 직업.
¶ 그는 퇴근 후 ~으로 영어번역을 한다.

14. 부상　(　　　　　　　)
정식의 상 외에 따로 덧붙여서 주는 상.
¶ 오십만 원을 ~으로 받다.

15. 부작용　(　　　　　　　)
①약이 지닌 그 본래의 작용 이외에 부수되어 일어나는 작용. ②어떤 일에 부수되어 일어나는 바람직하지 못한 일.
¶ 개발에 따르는 환경 파괴의 ~이 심각하다.

16. 부강　(　　　　　　　)
경제적으로 부유하고 군사적으로 강함.
¶ 미국은 지구상에서 가장 ~한 나라이다.

17. 부자　(　　　　　　　)
재산이 많은 사람
¶ 사람들은 누구나 ~가 되고 싶어한다.

18. 부국강병　(　　　　　　　)
나라의 경제력을 넉넉하게 하고, 군사력을 튼튼하게 하는 일.
¶ 나라가 ~의 정책을 쓰면 국민이 살기 편하다.

♣ 다음 낱말 풀이에 알맞은 한자(漢字)를 쓰시오.   ▶ 정답은 240쪽

1. 부귀공명 (   )
재산이 많고 지위가 높으며, 공을 세워 이름이 드러남.
¶ 몸이 아프다면 ~이 무슨 소용이 있겠느냐?

2. 불교 (   )
세계 3대 종교의 하나. 기원전 5세기 초엽에 인도의 석가모니가 설법한 가르침.
¶ 나는 ~를 믿는다.

3. 불당 (   )
부처를 모신 집.
¶ ~에서는 정숙해야 한다.

4. 불경 (   )
불교의 가르침을 적은 경전.
¶ ~을 함부로 다루어서는 안 된다.

5. 불심 (   )
자비스러운 부처의 마음.
¶ 우리 어머니는 ~이 깊다.

6. 성불 (   )
모든 번뇌에서 해탈하여 불과(佛果)를 이룸. 곧, 부처가 됨.
¶ ~하기 위해 스님들은 열심히 수행하신다.

7. 비리 (   )
도리에 어그러지는 일.
¶ 사회의 ~를 파헤치다.

8. 비명 (   )
재해나 사고 따위로 죽는 일.
¶ ~에 가다.

9. 비상구 (   )
급작스런 사고가 있을 때 급히 피할 수 있도록 특별히 마련한 출입구.
¶ 건물마다 꼭 ~를 마련해야 한다.

10. 시비곡직 (   )
옳고 그르고 굽고 곧음, 곧 잘잘못.
¶ 이 일은 ~를 따지는 게 중요하다.

11. 비관 (   )
①일이 뜻대로 되지 않아 슬퍼하거나 실망함. ② 일이 잘 안 될 것으로 보는 것.
¶ 세상을 ~하다.

12. 비보 (   )
슬픈 소식.
¶ 뜻밖의 ~를 접하다

13. 비운 (   )
슬픈 운명.
¶ ~의 왕자로 기억되고 있다.

14. 비원 (   )
온갖 힘을 기울여서 이루려고 하는 비장한 소원.
¶ 남북통일은 우리의 ~이다.

15. 비행 (   )
하늘을 날아다님.
¶ 대서양 상공을 ~하는데 성공했다.

16. 비상 (   )
날아오름.
¶ 하늘을 향하여 ~하는 독수리를 봐라.

17. 비품 (   )
갖추어 두는 물건.
¶ 사무실에 ~을 구비해 두다.

18. 비축 (   )
미리 모아 둠.
¶ 재난에 대비하여 식량을 ~하다.

19. 구비 (   )
빠짐없이 갖춤.
¶ 합격하신 분들은 ~서류를 내주십시오.

♣ 다음 낱말 풀이에 알맞은 한자(漢字)를 쓰시오.   ➡ 정답은 240쪽

1. 유비무환　(　　　　　　　)
미리 준비해 두면 근심 될 것이 없음.
¶ ~정신으로 모든 일을 한다면 실수가 없을 것이다.

2. 빈부　(　　　　　　　)
가난함과 넉넉함.
¶ 그 나라는 ~의 격차가 심하다.

3. 빈민　(　　　　　　　)
가난한 사람들.
¶ ~ 구제를 위해 탕평책이 만들어졌다.

4. 빈약　(　　　　　　　)
①가난하고 약함. ②보잘 것 없음.
¶ ~한 체격으로 어떻게 그 일을 할 수 있겠니?

5. 빈혈　(　　　　　　　)
혈액 속에 적혈구나 헤모글로빈이 줄어든 상태.
¶ 얼굴이 창백한데 혹시 ~이 있는 거 아니니?

6. 청빈　(　　　　　　　)
성정이 청렴하여 살림이 구차함.
¶ 집에 가보니 그가 얼마나 ~한 생활을 했는지 알 수 있었다.

7. 사원　(　　　　　　　)
절.
¶ ~을 방문할 때는 몸가짐을 바르게 해야 한다.

8. 산사　(　　　　　　　)
산속에 있는 절.
¶ 우리나라는 ~가 많이 있다.

9. 통도사　(　　　　　　　)
한국 3대 사찰의 하나로 경남 양산시 하북면(下北面) 영취산(靈鷲山)에 있는 사찰.
¶ ~에는 부처의 진신사리(眞身舍利)가 있어 불보(佛寶)사찰이라고도 한다.

10. 대흥사　(　　　　　　　)
대둔사(大芚寺)라고도 하며, 전남 해남군 두륜산(頭輪山:) 도립공원에 있는 절.
¶ ~는 임진왜란 때 서산대사(西山大師)가 거느린 승군(僧軍)의 총본영이 있던 곳으로 유명하다.

11. 사택　(　　　　　　　)
살림집.
¶ 회사 안에는 직원들을 위한 ~이 마련되어 있다.

12. 사감　(　　　　　　　)
기숙사에서 기숙생들의 생활을 감독하는 사람
¶ 밤에 우리가 나가는 걸 아신다면 ~님이 화내실텐데...

13. 객사　(　　　　　　　)
객지에서 묵는 집.
¶ 오늘은 ~에서 하룻밤 묵어야겠다.

14. 관사　(　　　　　　　)
관리가 살도록 관에서 지은 집.
¶ 장군이 되자 그는 ~에서 살게 되었다.

15. 축사　(　　　　　　　)
가축을 기르는 건물.
¶ 이번 눈으로 ~가 무너져 많은 가축이 다쳤다.

16. 사제　(　　　　　　　)
스승과 제자.
¶ 아버지와 나는 ~지간이기도 하다.

17. 사표　(　　　　　　　)
학식과 인격이 높아 세상 사람의 모범이 될 만한 사람.
¶ 강 선생이야말로 인격으로 보나 학식으로 보나 우리의 ~가 될 만한 분이다.

18. 교사　(　　　　　　　)
유치원·초등학교·중학교·고등학교 등에서, 소정의 자격을 가지고 학생을 가르치거나 돌보는 사람.
¶ 그는 드디어 ~로 발령 받았다.

19. 출사　(　　　　　　　)
군대를 동원하여 전선에 내보내는 것.
¶ 우리 부대는 최전선으로 ~했다.

♣ 다음 낱말 풀이에 알맞은 한자(漢字)를 쓰시오.   ➡ 정답은 240쪽

1. 의사 (   )
   의술과 약으로 병을 고치는 직업에 종사하는 사람.
   ¶ 그의 소원은 ~가 되어 어려운 사람을 돕는 것이다.

2. 사의 (   )
   ①호의에 대한 감사의 뜻. ②자신의 잘못에 대한 사과의 뜻.
   ¶ 심심한 ~를 표하다.

3. 사절 (   )
   요구나 제의를 받아들이지 않고 물리침.
   ¶ 환자의 건강을 위해 면회를 ~합니다.

4. 사죄 (   )
   자신이 지은 죄에 대하여 용서를 빎.
   ¶ 피해자에게 ~하다.

5. 감사 (   )
   고맙게 여김.
   ¶ ~의 편지를 썼다.

6. 사육제 (   )
   가톨릭 국가에서, 사순절(四旬節) 전 3일에서 1주일 동안에 걸쳐 거행되는 축제.
   ¶ ~때 술과 고기를 먹으며 가면을 쓰고 즐겁게 지낸다.

7. 살기 (   )
   살벌한 기운.
   ¶ ~가 등등한 얼굴로 나타났다.

8. 쇄도 (   )
   세차게 몰려듦. 쇄도의 잘못된 표현.
   ¶ 주문이 ~하다.

9. 살생 (   )
   사람이나 동물 따위의 산 것을 죽임.
   ¶ 불교에서는 ~을 금하고 있다.

10. 살해 (   )
    남을 죽임.
    ¶ 유괴한 아이를 ~하다.

11. 상쇄 (   )
    셈을 서로 비김.
    ¶ 수입과 지출을 ~하다.

12. 독상 (   )
    혼자 먹게 차린 음식상.
    ¶ 그를 위해 늘 ~이 준비되었다.

13. 병상 (   )
    병자가 눕거나, 또는 누워 있는 침상.
    ¶ 그는 ~에 누웠다.

14. 온상 (   )
    ①보온 설비를 갖추고 따뜻한 열을 가하여 식물을 촉성 재배하는 묘상(苗床). ②사물이나 사상 등을 발생시키거나 조장하기에 적합한 토대나 환경.
    ¶ 그곳은 청소년 비행의 ~이다.

15. 평상 (   )
    나무로 만든 침상(寢牀)의 한 가지.
    ¶ 여름이면 마당에 ~을 펴고 나와 앉는다.

16. 상태 (   )
    사물이나 현상이 처해 있는 현재의 모양 또는 형편.
    ¶ 평온한 ~가 유지되고 있다.

17. 죄상 (   )
    죄를 저지른 실제의 사정.
    ¶ ~이 낱낱이 드러났다.

18. 현상 (   )
    나타나 보이는 현재의 상태.
    ¶ 요즈음은 불경기라 ~ 유지도 힘들어!

19. 답장 (   )
    회답하여 보내는 편지.
    ¶ 편지를 받았으면 ~을 해야지, ~이 없어 무척 걱정했다.

♣ 다음 낱말 풀이에 알맞은 한자(漢字)를 쓰시오.   ➡ 정답은 240쪽

1. 상장   (   )
   상을 주는 뜻을 표하여 증서.
   ¶ 이번 학기에는 우등~을 받았다.

2. 상념   (   )
   마음속에 떠오르는 생각.
   ¶ 갖가지 ~이 오락가락하다.

3. 가상   (   )
   꼭 그렇지 않거나 또는 그런지 아닌지 또렷하지 않은 것을 그렇다고 가정하여 생각함.
   ¶ 외계인이 존재한다고 ~하여 만든 영화이다.

4. 감상   (   )
   마음에 느끼어 일어나는 생각.
   ¶ 고국을 둘러보신 ~이 어떠하십니까?

5. 공상   (   )
   헛된 생각을 함.
   ¶ 영화를 보고 ~에 잠기다

6. 사상   (   )
   생각.
   ¶ 고루한 ~을 아직도 가지고 있다니….

7. 상비   (   )
   늘 갖추어 둠.
   ¶ 구급약을 ~해야 한다.

8. 상용   (   )
   마음에 들어 즐겨 사용함.
   ¶ ~한자(漢字)를 열심히 익혀야겠다.

9. 상록   (   )
   겨울에도 잎이 떨어지지 않고 사철 푸른 상태.
   ¶ 소나무 잣나무는 ~수에 속한다.

10. 상설   (   )
    항상 마련하여 둠.
    ¶ 그곳에 가면 ~시장이 있다.

11. 상식   (   )
    보통 사람으로서 으레 가지고 있을 일반적인 지식이나 판단력.
    ¶ ~만 있으면 충분히 맞출 수 있는 문제인데….

12. 설립   (   )
    새로 세움.
    ¶ 도서관이 ~되었다.

13. 설문   (   )
    문제나 질문을 만들어 냄.
    ¶ 바쁘시더라도 ~에 답을 해주세요.

14. 설정   (   )
    새로 마련하여 정함.
    ¶ 목표를 ~하다.

15. 설치   (   )
    ①기계나 설비 따위를 마련하여 둠. ②어떤 기관을 마련함.
    ¶ 철조망을 ~하다.

16. 설령   (   )
    그렇다 하더라도. 설사(設使).
    ¶ ~내가 거기 있었다 하더라도 별수 없었겠지.

17. 성문   (   )
    성의 출입구에 만든 문.
    ¶ ~에 감시가 소홀한 틈을 이용해 들어왔다.

18. 성벽   (   )
    성곽의 벽.
    ¶ ~을 튼튼히 쌓아야 성이 무너지지 않는다.

19. 성남   (   )
    도성(都城)의 남쪽, 또는 그 지역.
    ¶ 성남시는 옛날 도성의 ~에 있어서 붙여진 이름이다.

♣ 다음 낱말 풀이에 알맞은 한자(漢字)를 쓰시오.　　➡ 정답은 240쪽

1. 만리장성　(　　　　　　　)
중국 북쪽에 있는 장대한 성벽. 전국 시대의 것을 진(秦)의 시황제가 흉노의 침략에 대비하여 크게 증축한 것임. 길이 약 2400km.
¶ ~을 보고 온 사람은 모두 그 크기와 길에 놀라지 않을 수 없다.

2. 성대　(　　　　　　　)
아주 성하고 큼.
¶ ~히 혼례를 치루었다.

3. 성업　(　　　　　　　)
사업이나 장사가 잘되는 일.
¶ 얼마 전에 시작한 가게가 ~중이다.

4. 성행　(　　　　　　　)
매우 성하게 행하여짐.
¶ 단속이 느슨해지자 밀수가 다시 ~하다.

5. 풍성　(　　　　　　　)
넉넉하고 많음.
¶ 오곡이 ~하다.

6. 전성기　(　　　　　　　)
한창 왕성한 시기.
¶ ~를 누리다.

7. 성실　(　　　　　　　)
정성스럽고 참됨.
¶ 그는 매사에 ~하게 일한다.

8. 성금　(　　　　　　　)
정성으로 내는 돈.
¶ 불우 이웃 돕기 ~을 모금하는 중이다.

9. 열성　(　　　　　　　)
열렬한 정성.
¶ 연구에 바친 너의 ~을 생각해 보아라.

10. 성심성의　(　　　　　　　)
참되고 성실한 마음과 뜻.
¶ ~로 일해준 것을 늘 고맙게 생각한다.

11. 행성　(　　　　　　　)
태양의 둘레를 공전하는 별을 통틀어 이르는 말.
¶ 처음 보는 ~이 발견되었다.

12. 금성　(　　　　　　　)
태양계 아홉 행성의 하나. 지구의 바로 안쪽에서 약 225일의 공전 주기로 태양을 돌고 있음.
¶ ~은 지구에서 볼 때 태양달 다음의 세 번째로 밝은 천체이다.

13. 유성　(　　　　　　　)
우주진(宇宙塵)이 지구의 대기권에 들어와 공기의 압축과 마찰로 빛을 내는 것. 별똥별
¶ 그날 밤 ~ 이 무수히 떨어지기 시작했다.

14. 북극성　(　　　　　　　)
천구의 북극에 가장 가까운 별. 위치가 거의 변하지 않기 때문에 북쪽 방향을 아는 데 이용됨.
¶ 길을 잃게 되면 제일 먼저 ~을 찾아봐라.

15. 성경　(　　　　　　　)
각 종교에서, 그 종교의 가르침의 중심이 되는 책.
¶ 모든 종교는 자신들의 ~을 중요하게 여긴다.

16. 성당　(　　　　　　　)
가톨릭의 교회당.
¶ ~에서는 조용히 해야 한다.

17. 성자　(　　　　　　　)
덕과 지혜가 뛰어나 길이 우러러 받들고 모든 사람의 스승이 될 만한 사람.
¶ 아무나 ~가 될 수 없다.

18. 성지　(　　　　　　　)
종교와 깊은 관계가 있어, 신성시되는 땅.
¶ ~순례를 위해 예루살렘으로 떠났다.

♣ 다음 낱말 풀이에 알맞은 한자(漢字)를 쓰시오.   ➡ 정답은 240쪽

1. 성현 (   )
   성인과 현인.
   ¶ ~의 가르침을 본받아야 한다.

2. 성악 (   )
   사람의 목소리를 통하여 어떤 사상이나 감정을 표현하는 음악.
   ¶ 그는 ~가(家)가 되었다

3. 발성 (   )
   목소리를 내는 일.
   ¶ ~연습을 게을리 해서는 안 된다.

4. 변성 (   )
   목소리가 달라짐.
   ¶ ~기 때에 큰소리를 내는 것은 목에 좋지 않다.

5. 음성 (   )
   목소리.
   ¶ 또렷한 ~으로 대답하다.

6. 성명서 (   )
   공적(公的) 기관이나 단체 등이 일정 사항에 대하여 그의 방침·견해를 공표하는 문서.
   ¶ 그들은 오늘 ~를 발표했다.

7. 세공 (   )
   섬세한 잔손질이 많이 가는 수공(手工).
   ¶ 보석~은 기술을 필요로 한다.

8. 세밀 (   )
   자세하고 빈틈없음.
   ¶ ~하게 그린 그림을 보니 그의 성격을 알 수 있다.

9. 세분 (   )
   ①잘게 나눔. ②자세하게 분류함.
   ¶ 담당 업무를 ~하다.

10. 세심 (   )
    꼼꼼하게 주의를 기울여 빈틈이 없음.
    ¶ ~히 준비하다.

11. 세금 (   )
    국가나 지방 공공 단체가 조세(租稅)로서 징수하는 돈.
    ¶ ~을 부과하다.

12. 세입 (   )
    조세(租稅)에 의한 수입.
    ¶ ~이 있어야 나라살림을 할 수 있다.

13. 관세 (   )
    한 나라의 세관을 통과하는 상품에 대하여 부과하는 세금.
    ¶ 오늘부터 ~가 인하된다.

14. 국세 (   )
    국가의 경비로 쓰기 위하여, 국민으로부터 징수하는 세금.
    ¶ ~는 국민의 납세 의무에 속한다.

15. 세무사 (   )
    세무사법에 의하여 남의 의뢰를 받아 세무 대리, 세무 서류의 작성 등을 업으로 하는 사람.
    ¶ 그는 ~를 찾아가 세금문제를 의논하였다.

16. 세력 (   )
    남을 누르고 자기가 마음대로 행동할 수 있는 힘.
    ¶ 정치적 ~을 행사하다.

17. 세도 (   )
    정치의 권세, 또는 그 권세를 마구 휘두르는 일.
    ¶ 그 집안은 ~가 당당하다.

18. 득세 (   )
    세력을 얻음.
    ¶ 고려후기 무신들이 ~하기 시작했다.

19. 승세 (   )
    이길 기세.
    ¶ ~를 몰아 총공격하다.

♣ **다음 낱말 풀이에 알맞은 한자(漢字)를 쓰시오.**   ➡ 정답은 240쪽

1. 전세 (   )
   싸움의 형세.
   ¶ ~가 아군에게 유리하다.

2. 소박 (   )
   꾸밈이나 거짓이 없이 있는 그대로.
   ¶ ~한 옷차림으로 파티에 참석했다.

3. 소재 (   )
   ①어떤 것을 만드는 데 바탕이 되는 재료. ②예술 작품의 재료가 되는 모든 대상.
   ¶ 도시 생활을 ~로 한 소설을 써 상을 받았다.

4. 소질 (   )
   날 때부터 지니고 있는, 성격이나 능력 따위의 바탕이 되는 것.
   ¶ 문학에 대한 ~이 풍부하다

5. 평소 (   )
   보통 때.
   ¶ 모두 당황하지 말고 ~처럼 행동하기를 바란다.

6. 엽록소 (   )
   식물의 세포인 엽록체 속에 들어 있는 녹색의 색소.
   ¶ 식물의 광합성에서 가장 중요한 구실을 하고 있는 물질이 ~이다.

7. 담소 (   )
   웃으며 이야기함.
   ¶ 오랜만에 ~를 나누었다.

8. 냉소 (   )
   쌀쌀한 태도로 비웃음.
   ¶ 입가에 ~를 띠다.

9. 고소 (   )
   쓴웃음.
   ¶ 그는 ~를 지으면서 그 문을 열고 나갔다.

10. 소문만복래 (   )
    웃는 집안에 많은 복이 깃든다는 뜻.
    ¶ '웃음소리 넘쳐나는 집의 문 안으로 온갖 복이 들어온다'는 뜻의 한문 문구를 ~라 한다.

11. 소제 (   )
    떨고 쓸고 닦아서 깨끗이 함.
    ¶ 그동안 비워 두었던 골방을 ~하다.

12. 청소 (   )
    깨끗이 쓸고 닦음.
    ¶ 네 방 ~는 네가 해라.

13. 속담 (   )
    ①예로부터 민간에 전해 오는, 교훈이나 풍자를 담은 짧은 어구. ②속된 이야기.
    ¶ '아니 땐 굴뚝에 연기나랴!'는 ~의 뜻은?

14. 속물 (   )
    세속적인 명리(名利)에만 급급한 사람을 얕잡아 이르는 말.
    ¶ 인사 청탁은 너 같은 ~들이나 하는 짓이야.

15. 속설 (   )
    민간에 전하여 내려오는 설
    ¶ 그 주장은 근거 없는 ~에 불과하다.

16. 속세 (   )
    속되어 성스럽지 못한 세상.
    ¶ ~를 떠나 입산(入山)하다.

17. 민속 (   )
    민간의 풍속.
    ¶ 널뛰기는 우리나라 ~놀이 중 하나이다.

18. 속보 (   )
    계속해서 보도함.
    ¶ 그 사건에 대한 ~가 궁금하다.

19. 속개 (   )
    계속하여 엶.
    ¶ 위원회를 ~하다.

♣ 다음 낱말 풀이에 알맞은 한자(漢字)를 쓰시오. ➡ 정답은 240쪽

1. 속행 (　　　　　　)
계속하여 행함.
¶ 비가 그친 후 경기를 ~하였다.

2. 속출 (　　　　　　)
잇달아 나옴.
¶ 오랜 가뭄으로 흉년이 들자 굶어 죽는 사람들이 ~했다.

3. 상속 (　　　　　　)
뒤를 잇는 일.
¶ 아버지가 돌아가시자 재산을 ~받았다.

4. 송금 (　　　　　　)
돈을 부침.
¶ 오늘까지 ~해야 하숙비를 낼 텐데…

5. 송별 (　　　　　　)
멀리 떠나는 이를 이별하여 보냄.
¶ 유학 가는 친구의 ~회가 있다.

6. 송년 (　　　　　　)
한 해를 보냄.
¶ 이번 ~회(會)에 꼭 참석하세요.

7. 송구영신 (　　　　　　)
묵은해를 보내고 새해를 맞이함.
¶ 새로운 해를 준비하면서 ~해야 하겠습니다.

8. 수비 (　　　　　　)
지키어 막음.
¶ 한국 축구는 특히 ~가 약하다.

9. 수위 (　　　　　　)
①지키는 일. ②관공서·회사·학교 등에서 경비를 맡아봄.
¶ ~가 허술한 틈을 타서 건물로 침입했다.

10. 수절 (　　　　　　)
①절의를 지킴. ②정절을 지킴.
¶ 스무 살에 청상이 되어 ~하다

11. 수칙 (　　　　　　)
지키도록 정해진 규칙.
¶ 공사현장에서는 안전 ~은 꼭 지켜야 한다.

12. 수호신 (　　　　　　)
지켜 보호하는 신.
¶ 십이지는 12동물의 모습을 하고 있는 땅의 ~으로 재앙과 악귀를 물리치고 복과 행운을 가져다준다고 합니다.

13. 수금 (　　　　　　)
돈을 받아들임.
¶ ~이 잘 안 된다.

14. 수용 (　　　　　　)
거두어들이어 씀.
¶ 토지를 ~하다.

15. 수익 (　　　　　　)
일이나 사업 등을 하여 이익을 거두어들임.
¶ ~을 올리다.

16. 수집 (　　　　　　)
거두어 모음.
¶ 폐품을 ~하다.

17. 수입 (　　　　　　)
돈이나 물건 따위를 벌어들이거나 거두어들이는 일.
¶ ~이 줄어들다.

18. 수강 (　　　　　　)
강습을 받거나 강의를 들음.
¶ 2학기 전공 선택으로 한국 고전 문학을 ~한다.

19. 수난 (　　　　　　)
재난을 당함. 어려운 일을 당함.
¶ 민족 ~의 역사를 기억해야 한다.

20. 수상 (　　　　　　)
상을 받음.
¶ 이번 수학경시대회에서 최우수상을 ~했다.

♣ 다음 낱말 풀이에 알맞은 한자(漢字)를 쓰시오.　　▶ 정답은 241쪽

1. 수신　(　　　　　)
①우편물·전보 등의 통신을 받는 것. ②유선 또는 무선 통신에서 그 신호를 받는 것.
¶ ~ 상태가 고르지 않다.

2. 수험생　(　　　　　)
시험을 치르는 학생.
¶ 올해 우리 언니도 고3 ~이 된다.

3. 수업　(　　　　　)
학업이나 기술을 가르쳐 줌.
¶ 야외 ~을 받다.

4. 교수　(　　　　　)
대학에서 학술을 가르치는 사람을 통틀어 이르는 말.
¶ 대학에서 동양사를 ~하고 있다.

5. 전수　(　　　　　)
전하여 줌.
¶ 기술을 후대에 ~하다.

6. 수신　(　　　　　)
심신을 닦음.
¶ 심신을 닦는 ~, 집안을 가지런히 하는 제가(齊家), ….

7. 수양　(　　　　　)
몸과 마음을 단련하여 품성·지혜·도덕을 닦는 것.
¶ ~이 부족하다.

8. 수행　(　　　　　)
행실을 바르게 닦음.
¶ ~을 위해 산으로 들어갔다.

9. 수학　(　　　　　)
학업을 닦음.
¶ 이탈리아에서 음악을 ~하고 돌아오다.

10. 순결　(　　　　　)
순수하고 깨끗함.
¶ 그는 ~한 영혼의 소유자이다.

11. 순도　(　　　　　)
물질의 순수한 정도.
¶ ~ 99%의 금(金)반지랍니다.

12. 순금　(　　　　　)
불순물이 섞이지 않은 순수한 황금.
¶ ~ 반지를 선물로 받았다.

13. 순모　(　　　　　)
순수한 모직물이나 털실.
¶ ~ 스웨터가 참 따뜻하다.

14. 순종　(　　　　　)
딴 계통과 섞이지 않은 순수한 종(種).
¶ 그 강아지는 ~의 진돗개이다.

15. 승복　(　　　　　)
①납득하여 좇는 것. ②죄를 고백하는 것.
¶ 심판의 판정에 ~해야 한다.

16. 승인　(　　　　　)
①정당하다고 인정하는 것. ②국가·정부 등에 대하여 국제법상의 지위를 인정하는 것.
¶ 그 일에 대해 ~을 받았다.

17. 전승　(　　　　　)
계통을 대대로 전하여 이어 감.
¶ 탈춤을 ~하다.

18. 승정원　(　　　　　)
조선 시대에, 왕명의 출납을 맡아보던 관아.
¶ ~은 조선시대 왕의 비서 기관이다.

19. 시력　(　　　　　)
물체의 존재나 모양 따위를 분간하는 눈의 능력.
¶ ~이 점점 나빠지고 있다.

♣ 다음 낱말 풀이에 알맞은 한자(漢字)를 쓰시오.   ➡ 정답은 241쪽

1. 시야 (　　　　　　)
①시력이 미치는 범위. ②식견이나 사려가 미치는 범위.
¶ 안개가 ~를 가려 운전하기가 어렵다.

2. 시찰 (　　　　　　)
돌아다니며 실지 사정을 살펴봄.
¶ 군부대를 ~하다.

3. 감시 (　　　　　　)
경계하며 지켜봄.
¶ 경비원의 ~가 매우 심하다.

4. 근시 (　　　　　　)
눈에 들어온 광선이 망막보다 앞쪽에 초점을 맺어, 먼 데에 있는 물체가 뚜렷이 보이지 않는 눈의 상태.
¶ 눈이 점점 ~가 되어가고 있다.

5. 시정 (　　　　　　)
잘못된 것을 바로잡음.
¶ 잘못된 점을 ~하다.

6. 시비 (　　　　　　)
①옳고 그름. 잘잘못. ②옳고 그름을 따짐.
¶ 그 문제로 자네와 ~하고 싶지 않네.

7. 시인 (　　　　　　)
옳다고, 또는 그러하다고 인정함.
¶ 이제는 너의 잘못을 ~할 때이다.

8. 시시비비 (　　　　　　)
옳은 것은 옳고 그른 것은 그르다고 하는 일.
¶ 그 사건에 ~를 가려야 한다.

9. 시공 (　　　　　　)
공사를 시행(施行)함.
¶ ~ 일자를 잘 지켜주십시오.

10. 시상 (　　　　　　)
상장이나 상품 또는 상금을 줌.
¶ 3·1 문화상의 ~이 있다.

11. 시설 (　　　　　　)
베풀어서 차림, 또는 그 차린 설비.
¶ 그 극장은 ~이 잘 되어있다.

12. 시행 (　　　　　　)
실제로 행함.
¶ 약속한 대로 ~하다.

13. 실시 (　　　　　　)
실제로 시행함.
¶ 시험을 ~하다.

14. 시인 (　　　　　　)
시를 짓는 사람.
¶ 그는 ~이 되고 싶어 한다.

15. 시상 (　　　　　　)
시를 짓기 위한 시인의 착상이나 구상.
¶ ~이 떠오르기 시작했다.

16. 시집 (　　　　　　)
여러 편의 시를 모아 엮은 책.
¶ 이번에 3번째 ~을 냈다.

17. 동시 (　　　　　　)
어린이를 위한 시.
¶ 오늘 글짓기 시간에는 ~를 짓도록 하겠습니다.

18. 한시 (　　　　　　)
한문으로 지은 시.
¶ 옛날의 선비들은 ~외우기를 즐겼다.

19. 시도 (　　　　　　)
무엇을 시험 삼아 꾀하여 봄.
¶ 그러한 일은 ~해 본 적이 없다.

♣ 다음 낱말 풀이에 알맞은 한자(漢字)를 쓰시오.   ➡ 정답은 241쪽

1. 시식 (   )

   시험 삼아 먹어 봄.
   ¶ 만두 ~코너로 오셔서 맛을 보고 가세요.

2. 시음 (   )

   맛보기 위하여 시험 삼아 마셔 봄.
   ¶ 새로 나온 콜라를 ~해 보세요.

3. 시합 (   )

   재주를 겨루어 이기고 짐을 다투는 일.
   ¶ 국제 ~에 출전하다.

4. 시험 (   )

   ①수준이나 정도를 일정한 방법이나 절차에 따라 알아보는 일. ②사물의 성질이나 기능, 상태 등을 알아보기 위해 실제로 다루거나 행해 보는 것.
   ¶ 운전면허~을 보다.

5. 자식 (   )

   아들과 딸.
   ¶ ~이 여럿이다.

6. 휴식 (   )

   일의 도중에서 잠깐 쉬는 것.
   ¶ 잠시 ~을 취하다.

7. 안식처 (   )

   편안히 쉴 수 있는 곳.
   ¶ 고향이란 단어는 나에게 ~와 같은 곳이다.

8. 자강불식 (   )

   스스로 힘쓰며 쉬지 않음.
   ¶ 비록 우리가 작고 연약하다고 하더라도 ~의 단련이 있다면 태산인들 무너지게 할 수 있지 않은가?

9. 신고 (   )

   공적(公的) 사무를 다루는 부서에 일정한 사실을 알리는 일.
   ¶ 도난 ~가 접수 되었다.

10. 신청 (   )

    어떤 일이나 물건을 알리어 청구함.
    ¶ 장학금을 ~하다.

11. 신고식 (   )

    어떤 조직에 신참자가 처음 들어올 때 고참자에게 신고하는 의식.
    ¶ 지금부터 신병의 ~을 시작하겠습니다.

12. 출생신고 (   )

    출생한 사실을 관청에 알리는 일.
    ¶ 손녀가 태어났으니 ~를 하러 가야지.

13. 심야 (   )

    깊은 밤.
    ¶ ~방송에 출연하기로 했습니다.

14. 심산 (   )

    깊은 산.
    ¶ ~유곡과 동굴을 가진 영월이 제 고향이랍니다.

15. 심해 (   )

    깊은 바다.
    ¶ ~어업이 발달하다.

16. 심화학습 (   )

    배워서 익히는 정도가 깊어짐.
    ¶ 한 교과 내에서만 ~내용을 추출하는 독립교과형 과정을 시행 중이다.

17. 안과 (   )

    눈병의 예방이나 치료를 다루는 의학의 한 분과.
    ¶ 결막염이 유행하자 ~를 찾는 환자가 많다.

18. 안목 (   )

    사물을 보아서 분별할 수 있는 식견.
    ¶ 고미술품에 대한 ~이 높다.

19. 착안 (   )

    어느 점에 눈을 돌림.
    ¶ 색다른 점에 ~하다.

♣ **다음 낱말 풀이에 알맞은 한자(漢字)를 쓰시오.** ➡ 정답은 241쪽

1. 안하무인 (　　　　　　　)
   방자하고 교만하여 주위 사람을 얕잡아 봄.
   ¶ 그는 부잣집 외아들로 귀염만 받고 자라 도대체 ~이다.

2. 암묵 (　　　　　　　)
   잠자코 아무 말도 하지 않는 일.
   ¶ 직장에는 ~적인 업무와 의무가 존재한다.

3. 암기 (　　　　　　　)
   기억할 수 있도록 외움.
   ¶ 그의 단어~는 뛰어나다.

4. 암산 (　　　　　　　)
   머릿속으로 계산함.
   ¶ 그녀는 ~실력이 뛰어났다.

5. 암시 (　　　　　　　)
   넌지시 알림.
   ¶ 눈짓으로 ~하다.

6. 명암 (　　　　　　　)
   ①밝음과 어두움. ②어떤 현상의 밝은 면과 어두운 면을 비유하여 이르는 말.
   ¶ ~이 교차하는 것이 인생이다.

7. 압력 (　　　　　　　)
   어떤 물체가 다른 물체를 누르거나 미는 힘.
   ¶ 둑이 불어난 물이 ~을 견디지 못하고 무너져 버렸다.

8. 압인 (　　　　　　　)
   세게 눌러 인발이 도드라지도록 찍는 도장.
   ¶ 사원증의 사진에 ~하다.

9. 강압 (　　　　　　　)
   강제로 억누르는 것.
   ¶ ~에 못이겨 사실을 말했다.

10. 압승 (　　　　　　　)
    압도적으로 이김.
    ¶ 결승전에서 5 대 0으로 ~하다.

11. 혈압 (　　　　　　　)
    혈액이 혈관 속을 흐를 때 생기는 압력.
    ¶ ~을 재서 건강상태를 확인했다.

12. 액체 (　　　　　　　)
    일정한 부피는 있으나 일정한 모양이 없음. 물, 기름 등.
    ¶ ~는 흐르기 쉬우므로 조심해서 운반해야 한다.

13. 액화 (　　　　　　　)
    ①기체가 냉각·압축되어 액체로 변하는 현상.
    ②고체가 액체로 변하는 현상.
    ¶ 액체상태로 된 천연가스를 ~천연가스(LNG)라 한다.

14. 혈액 (　　　　　　　)
    동물의 혈관 속을 순환하는 체액. 피.
    ¶ ~이 부족하니 빨리 수혈 받아야 한다.

15. 양모 (　　　　　　　)
    양의 털.
    ¶ ~로 만든 담요는 따뜻하다.

16. 백양 (　　　　　　　)
    흰 양.
    ¶ ~떼가 시냇가를 건너가고 있다.

17. 산양 (　　　　　　　)
    포유류 소과의 동물. 염소.
    ¶ ~의 목소리는 염소와 비슷하다.

18. 우양 (　　　　　　　)
    소와 양.
    ¶ 그 농장에 가면 ~을 많이 볼 수 있다.

19. 여전 (　　　　　　　)
    전과 다름이 없음.
    ¶ 그 못된 버릇은 ~하구나.

♣ **다음 낱말 풀이에 알맞은 한자(漢字)를 쓰시오.**   ➡ 정답은 241쪽

1. 결여 (　　　　　　　)
　마땅히 있어야 할 것이 모자라거나 빠져서 없음.
　¶ 객관성의 ~로 생긴 일이다.

2. 여의 (　　　　　　　)
　일이 마음먹은 대로 됨.
　¶ 형편이 ~치 못하다.

3. 백문불여일견 (　　　　　　　)
　백 번 듣는 것이 한 번 보는 것만 못하다는 뜻으로, 무엇이든지 실제로 경험해야 확실히 안다는 말.
　¶ ~이라고 먼저 여행을 다녀 온 사람을 만나 보는 것이 가장 큰 도움이 될 것이다.

4. 여담 (　　　　　　　)
　화제의 본 줄기에서 벗어난 잡담.
　¶ ~이 길어서 죄송합니다.

5. 여력 (　　　　　　　)
　남은 힘.
　¶ 이제 그 일까지 감당할 ~이 없다.

6. 여생 (　　　　　　　)
　한평생의 남은 인생.
　¶ ~을 편안히 보내다.

7. 여념 (　　　　　　　)
　다른 생각.
　¶ 공부에 ~이 없다.

8. 여백 (　　　　　　　)
　글씨나 그림이 있는 지면에서, 아무것도 없이 비어 있는 부분.
　¶ 동양화는 ~의 미(美)를 살린 작품들이 주류를 이룬다.

9. 역경 (　　　　　　　)
　일이 뜻대로 되지 않는 불운한 처지.
　¶ ~을 헤쳐 나가다.

10. 역류 (　　　　　　　)
　거꾸로 흐름. 흐름을 거슬러 오름.
　¶ 바닷물이 강으로 ~하다.

11. 역설 (　　　　　　　)
　표면적으로는 모순적이고 불합리하지만, 사실은 그 속에 진실을 담고 있는 말.
　¶ 이들 소설이 가장의 귀환을 말하면서도, 다른 한편으로 가장을 퇴출시키는 이 ~이 어디에서 비롯되는 것인지 궁금하다.

12. 역행 (　　　　　　　)
　①거슬러 행하는 것. ②거슬러 올라가는 것.
　¶ 시대에 ~하는 것은 옳지 않다.

13. 반역 (　　　　　　　)
　배반하여 돌아섬.
　¶ ~을 꾀하다.

14. 연구 (　　　　　　　)
　사물을 깊이 생각하거나 자세히 조사하거나 하여 어떤 이치나 사실을 밝혀냄.
　¶ 과학자들에 의해 새로운 에너지가 ~되다.

15. 연수 (　　　　　　　)
　그 분야에 필요한 지식이나 기능을 몸에 익히기 위하여 특별한 공부를 하는 일.
　¶ 2주 동안 연수원에서 ~를 받다.

16. 연구생 (　　　　　　　)
　일정한 자격을 갖추고 연구 기관에서 전문적인 연구를 하는 학생.
　¶ 이번에 ~으로 입학하게 되었습니다.

17. 연구소 (　　　　　　　)
　무엇을 연구하기 위하여 특별한 설비를 갖추어 놓은 시설.
　¶ 원자력 ~가 생겨 전기의 공급이 원활해 졌다.

18. 연기 (　　　　　　　)
　물건이 탈 때 생기는 빛깔이 있는 기체.
　¶ 담배 ~가 자욱하다.

♣ **다음 낱말 풀이에 알맞은 한자(漢字)를 쓰시오.**   ➡ 정답은 241쪽

1. 연초   (   )
   담배.
   ¶ ~재배는 인력이 많이 소요되는 어려움이 있으며 또한 농촌인력의 부족 현상 때문에 매년 어려움을 겪고 있다.

2. 금연   (   )
   ①담배 피우는 것을 금함.
   ②담배를 끊음.
   ¶ ~을 결심하다.

3. 무연탄   (   )
   탄화(炭化)가 잘되어 연기를 내지 않고 타는 석탄.
   ¶ ~생산 감소에 불황이 겹치면서 탄광지역의 주민들이 우울한 추석을 맞고 있다.

4. 연사   (   )
   연설하는 사람.
   ¶ 야당 후보를 지지하는 ~로 활동하다.

5. 연설   (   )
   많은 사람 앞에서 자기의 주의·주장·사상·의견 따위를 말함.
   ¶ 그의 ~은 정말로 지루했다.

6. 연기   (   )
   관객 앞에서 연극·노래·춤·곡예 따위의 재주를 나타내 보임
   ¶ 노인 역을 ~하다.

7. 연습   (   )
   실지로 하듯이 함으로써 익히는 것.
   ¶ 졸업식 예행~을 하였다.

8. 주연   (   )
   주인공으로 출연함.
   ¶ 이번 연극에서 ~으로 뽑혔다.

9. 영광   (   )
   빛나는 영예.
   ¶ 수석 입학의 ~을 차지하였다.

10. 허영심   (   )
    허영에 들뜬 마음.
    ¶ 그녀의 ~은 아무도 못 말린다.

11. 예술   (   )
    어떤 일정한 재료와 양식·기교 등에 의하여 미(美)를 창조하고 표현하는 인간의 활동.
    ¶ 전위 ~는 이해하기가 어렵다.

12. 예능   (   )
    재주와 기능.
    ¶ 그 학생은 ~에 뛰어난 재능을 보인다.

13. 곡예   (   )
    줄타기나 재주넘기·곡마·요술 따위 신기한 재주를 부리는 연예(演藝). 서커스.
    ¶ ~를 보며 마음을 졸이다.

14. 공예   (   )
    공작이나 제조에 관한 기술.
    ¶ 이 물건은 금속 ~품이다.

15. 서예   (   )
    한자나 한글을 붓에 의해 조형적으로 쓰는 예술.
    ¶ 너는 ~에 소질이 있구나!

16. 오답   (   )
    틀린 답.
    ¶ 답이 기재됐더라도 ~으로 처리한 판독기의 판독결과를 인정해야 한다는 판결이 나왔다.

17. 오보   (   )
    그릇되게 보도함.
    ¶ 그 신문의 기사는 ~임이 밝혀졌다.

18. 오산   (   )
    ①잘못 셈하는 것. 또는, 그 셈. ②이해관계를 잘못 계산하는 것
    ¶ 상대편이 굴복하리라는 예상은 ~이었다.

♣ **다음 낱말 풀이에 알맞은 한자(漢字)를 쓰시오.** ➡ 정답은 241쪽

1. 오인 (　　　　　)
   잘못 보거나 잘못 생각함.
   ¶ 범인으로 ~하다.

2. 정오 (　　　　　)
   잘못된 글자나 문구 따위를 바로잡음.
   ¶ ~표를 만들어서 다시 나누어 주었다.

3. 옥색 (　　　　　)
   약간 파르스름한 빛깔.
   ¶ 세모시 ~ 치마.

4. 옥체 (　　　　　)
   ①임금의 몸. ②옥같이 아름다운 몸.
   ¶ ~를 보존하옵소서.

5. 백옥 (　　　　　)
   흰 옥(구슬).
   ¶ ~ 같은 살결이다.

6. 옥동자 (　　　　　　　)
   남의 어린 아들을 추어서 이르는 말.
   ¶ ~를 낳다.

7. 왕복 (　　　　　)
   갔다가 돌아옴.
   ¶ 버스로 ~ 세 시간이 걸리는 거리이다.

8. 왕래 (　　　　　)
   ①가고 오고 함. ②주고받음. ③교제함.
   ¶ 서울역은 사람의 ~가 빈번하다.

9. 왕년 (　　　　　)
   옛날.
   ¶ ~엔 나도 힘깨나 썼었지.

10. 우왕좌왕 (　　　　　　　　)
    이리저리 오락가락하며 일이나 나아갈 방향을
    결정짓지 못하고 망설임.
    ¶ 대입 수험생들이 지원 학과를 결정하지 못해 원서
    를 든 채 ~하다.

11. 가요 (　　　　　　　)
    ①악가(樂歌)나 속요(俗謠). ②대중들이 부르는
    노래. 대중 가요.
    ¶ 한민족의 애창~.

12. 농요 (　　　　　　　)
    농부들 사이에 전해져 불리는 속요(俗謠).
    ¶ 농사일의 힘겨움을 이 ~를 부름으로 해소하고
    풍년을 기원하던 오랜 전통을 지니고 있다.

13. 동요 (　　　　　　　)
    어린이들이 즐겨 부르는 노래, 또는 어린이를
    위하여 지은 노래.
    ¶ ~를 잘 부르는구나!

14. 민요 (　　　　　　　)
    민중들 사이에서 불리는 전통적인 노래의 총칭.
    ¶ ~는 민중이나 생활 공동체의 미적 심성과 정서
    가 담겨있기 마련이고 자연발생적 성격을 지닌다.

15. 속요 (　　　　　　　)
    민간에 널리 떠도는 속된 노래.
    ¶ 고려 ~는 민요에서 형성되었으므로 운율이 무척
    아름답고 표현이 소박하면서도 진솔하다.

16. 용기 (　　　　　　　)
    물건을 담는 그릇.
    ¶ ~가 부족해서 더 담을 수가 없다.

17. 용량 (　　　　　　　)
    용기 안에 들어갈 수 있는 분량.
    ¶ 어떤 자료를 저장하거나 복사할 경우 남아있는 디
    스크의 ~을 확인하는 것이 좋다.

18. 내용 (　　　　　　　)
    속에 들어 있는 것.
    ¶ 소포의 ~이 궁금하니 빨리 풀어보도록 해라.

♣ **다음 낱말 풀이에 알맞은 한자(漢字)를 쓰시오.**　　➡ 정답은 241쪽

1. 허용　(　　　　　)

    허락하고 용납함.
    ¶ 소음의 ~ 한도를 넘다.

2. 사원　(　　　　　)

    회사에 근무하는 사람.
    ¶ 신입 ~을 모집하다.

3. 선원　(　　　　　)

    선박의 승무원.
    ¶ 그는 ~이 되어 배를 타고 태평양을 횡단했다.

4. 요원　(　　　　　)

    ①필요한 인원. ②중요한 지위에 있는 사람.
    ¶ 사무~을 모집합니다.

5. 인원　(　　　　　)

    사람 수.
    ¶ 회사의 규모에 비해 ~이 너무 많다.

6. 정원　(　　　　　)

    일정한 규정에 따라 정해진 인원.
    ¶ 모집~ 미달로 합격을 하게 되었다.

7. 원만　(　　　　　)

    ①모난 데가 없이 둥글둥글하고 부드러움. ②일이 잘 되어 가 순조로움. ③서로 사이가 좋음.
    ¶ 인품이 ~하다.

8. 원탁　(　　　　　)

    둥근 탁자.
    ¶ ~에 앉아서 회의를 하였다.

9. 원형　(　　　　　)

    둥글게 생긴 모양. 원 모양
    ¶ 로마시대에는 ~경기장이 유행했다.

10. 원심　(　　　　　)

    원의 중심.
    ¶ ~탈수기의 안전장치가 산업안전공단 부산지역본부에 의해 개발됐다.

11. 단원　(　　　　　)

    결말. 또는, 끝.
    ¶ 대~의 막을 내렸다.

12. 위성　(　　　　　)

    행성의 인력에 의하여 그 행성의 주위를 도는 별.
    ¶ 서울의 ~도시가 늘어나기 시작했다.

13. 위병　(　　　　　)

    ①호위하는 병사. ②경비하거나 단속하기 위하여 일정한 곳에 배치된 병사.
    ¶ 프라하에서 제일 기억에 남는건 군기가 빠질 대로 빠진 ~입니다.

14. 호위　(　　　　　)

    따라다니면서 신변을 경호함.
    ¶ 장군을 병사들이 ~했다.

15. 위생복　(　　　　　)

    위생을 위하여 특별히 입는 덧옷.
    ¶ 중환자실에는 ~을 입고 들어가야 한다.

16. 위민　(　　　　　)

    백성(국민)을 위함.
    ¶ 나라의 ~정책을 믿어보자.

17. 위주　(　　　　　)

    주장(主掌)을 삼음.
    ¶ 경공업 중심에서 중공업 ~의 산업 구조로 개편하다.

18. 위정자　(　　　　　)

    정치를 하는 사람.
    ¶ ~들은 전혀 아랑곳하지 않고 자기 밥그릇이나 챙기고 있으니 참으로 한심스럽다.

211

♣ 다음 낱말 풀이에 알맞은 한자(漢字)를 쓰시오.   ▶ 정답은 241쪽

1. 인위적 (　　　　　)
사람이 일부러 한 모양이나 성질의 것.
¶ 자연환경을 ~ 훼손으로부터 보호하다.

2. 육류 (　　　　　)
먹을 수 있는 짐승의 고기 종류.
¶ 적당량의 ~ 섭취는 반드시 필요하다.

3. 육식 (　　　　　)
짐승의 고기를 먹음.
¶ ~의 폐해에 지친 사람들이 채식옹호자로 돌아서고 있다.

4. 육질 (　　　　　)
①살이나 살 같은 성질.
②고기의 품질.
¶ ~이 연한 쇠고기는 맛이 좋다.

5. 육안 (　　　　　)
직접 보는 눈.
¶ ~으로는 볼 수 없는 미생물은 현미경을 통해 관찰하다.

6. 육체 (　　　　　)
사람의 몸.
¶ ~의 고통이 너무 심하다.

7. 은공 (　　　　　)
은혜와 공로.
¶ 저를 키운 ~도 모르고 부모의 뜻을 거역하다니.

8. 은사 (　　　　　)
가르침의 은혜를 베풀어 준 스승.
¶ 길에서 우연히 ~님을 만났다.

9. 은혜 (　　　　　)
자연이나 남에게서 받는 고마운 혜택.
¶ ~를 모르는 자는 짐승과 다를 게 없다.

10. 보은 (　　　　　)
은혜를 갚음.
¶ 부모에게 ~하다.

11. 음양 (　　　　　)
①음(陰)과 양(陽).
②여러 방면
¶ 불우한 이웃을 ~으로 돕다.

12. 음지 (　　　　　)
그늘진 곳. 응달.
¶ ~도 양지 될 때가 있다

13. 음흉 (　　　　　)
음침하고 흉악함.
¶ ~한 술책에 넘어가지 마라.

14. 광음 (　　　　　)
시간이나 세월을 이르는 말.
¶ 일촌~이라도 가벼이 해서는 안 된다.

15. 촌음 (　　　　　)
매우 짧은 시간. 촌각(寸刻).
¶ ~을 아끼다.

16. 응답 (　　　　　)
물음이나 부름에 응하여 대답함.
¶ ~을 받다.

17. 응시 (　　　　　)
시험을 치름
¶ 검정고시에 ~하다.

18. 응용 (　　　　　)
원리나 지식·기술 따위를 실제로 다른 일에 활용함.
¶ 유전 법칙을 유전 공학에 ~했다.

19. 대응 (　　　　　)
①맞서서 서로 응하는 것. ②어떤 일이나 사태에 맞추어 태도·행동을 취하는 것.
¶ 이번 사건에 대해 강력한 ~조치를 취하겠습니다.

♣ 다음 낱말 풀이에 알맞은 한자(漢字)를 쓰시오. ➡ 정답은 241쪽

1. 반응 (   )
①생체가 자극이나 작용을 받아 일으키는 변화나 움직임. ②화학에서, 물질과 물질이 서로 작용하여 화학 변화를 일으키는 일.
¶ 민감한 ~을 보이다.

2. 의거 (   )
의(義)를 위하여 일어서는 것.
¶ 4·19 ~가 일어났다.

3. 의사 (   )
①의리와 지조를 굳게 지키는 사람. ②의로운 행동으로 목숨을 바친 사람.
¶ 윤봉길 ~는 조국 광복을 위해 목숨을 바쳤다.

4. 의무 (   )
①마땅히 해야 할 직분. ②법률로써 강제로 하게 하거나 못하게 하는 일.
¶ 가장으로서의 ~를 다해야 한다.

5. 의리 (   )
사람으로서 마땅히 지켜야 할 바른 도리.
¶ ~를 모르다.

6. 정의 (   )
사람으로서 지켜야 할 바른 도리.
¶ ~를 위해 싸우다.

7. 의결 (   )
합의에 의하여 어떤 의안(議案)에 대한 의사를 결정하는 일.
¶ 법률안을 만장일치로 ~하다.

8. 의논 (   )
서로 의견을 주고받음.
¶ 대학 진학 문제를 ~하다.

9. 의장 (   )
회의를 주재하고 그 회의의 집행부를 대표하는 사람.
¶ 국회~이 들어오자 회의가 시작되었다.

10. 의원 (   )
국회나 지방 의회 같은 합의체의 구성원으로 의결권을 가진 사람.
¶ 그는 이번 선거에서 국회~에 출마했다.

11. 의제 (   )
의논할 문제.
¶ 과소비를 ~로 하여 토론을 벌이다.

12. 이동 (   )
옮아 움직임.
¶ 기차 편으로 ~하는 것이 좋겠다.

13. 이주 (   )
다른 곳이나 다른 나라로 옮아가서 삶.
¶ 그의 가족들은 사업 때문에 해외~를 갔다.

14. 이민 (   )
다른 나라의 땅으로 옮겨 가서 사는 일.
¶ 호주로 ~을 가다.

15. 이식 (   )
옮겨 심는 것.
¶ 묘목을 ~하다.

16. 국익 (   )
국가의 이익.
¶ 이것은 ~과 관련되므로 신중히 생각해야 한다.

17. 이익 (   )
이롭고 도움이 되는 일.
¶ 화해를 하는 것이 피차의 ~이다.

18. 익자삼우 (   )
사귀어 유익한 세 가지 유형의 벗. 정직한 벗, 신의가 있는 벗, 지식이 많은 벗을 이름.
¶ 너에게는 ~가 있느냐?

19. 다다익선 (   )
많으면 많을수록 더욱 좋음.
¶ ~이니 많이만 가져오게.

♣ 다음 낱말 풀이에 알맞은 한자(漢字)를 쓰시오. ➡ 정답은 241쪽

1. 인수 (　　　　　)
넘겨받음.
¶ 현장에서 관련 자료를 ~하다.

2. 인용 (　　　　　)
끌어다 씀.
¶ 작품 가운데서 한 구절을 ~하다.

3. 인하 (　　　　　)
끌어내림. 떨어뜨림.
¶ 금리를 ~하다

4. 인출 (　　　　　)
예금을 찾아냄
¶ 500만 원을 수표로 ~하다.

5. 인력 (　　　　　)
떨어져 있는 두 물체가 서로 끌어당기는 힘.
¶ 중력은 물체와 지구 사이에 작용하는 만유~의 한 예이다.

6. 인장 (　　　　　)
도장.
¶ 오늘날 ~은 제반 신증의 표시로서 사용되고 있다.

7. 인도 (　　　　　)
인디아.
¶ 석가모니는 ~에서 태어나셨다.

8. 해인사 (　　　　　)
경남 합천군 가야산 남서쪽에 있는 사찰.
¶ ~에는 팔만대장경이 보관되어 있다.

9. 인식 (　　　　　)
사물을 깨달아 아는 일.
¶ 역사에 대한 ~이 부족하다.

10. 인가 (　　　　　)
인정하여 허락함.
¶ 정부의 ~를 얻어 그 일을 시작하다.

11. 인정 (　　　　　)
확실히 그렇다고 여기는 것.
¶ 유망한 작가로 ~을 받다.

12. 시인 (　　　　　)
옳다고, 또는 그러하다고 인정함.
¶ 잘못을 ~하다.

13. 오인 (　　　　　)
잘못 보거나 잘못 생각함.
¶ 범인으로 ~하다.

14. 장벽 (　　　　　)
가리어 막은 벽.
¶ 베를린 ~이 무너지다.

15. 고장 (　　　　　)
기계나 설비 따위의 기능에 이상이 생기는 일.
¶ 차가 ~이 나다.

16. 보장 (　　　　　)
잘못되는 일이 없도록 보증함.
¶ 안전~을 약속하며 캠핑 가는 것을 허락했다.

17. 장군 (　　　　　)
군(軍)을 통솔하는 무관(武官).
¶ 아버지는 이번에 ~이 되셨다.

18. 장졸 (　　　　　)
장수(將帥)와 병졸(兵卒).
¶ ~이 모두 전쟁터로 나갔다.

19. 장교 (　　　　　)
육·해·공군의 소위 이상의 무관을 통틀어 이르는 말.
¶ 그는 이번 ~시험에 통과하여 소원하던 ~가 되었다.

20. 장병 (　　　　　)
①군사를 거느려 통솔하는 것. ②장교와 사병의 통칭.
¶ 일선 국군~을 위문하다.

♣ 다음 낱말 풀이에 알맞은 한자(漢字)를 쓰시오.   ➡ 정답은 241쪽

1. 장래 (　　　　　　　)
다가올 앞날.
¶ ~에 대비하여 저축을 하다.

2. 저속 (　　　　　　　)
①낮고 속됨. ②깊거나 고상하지 못하고 천박함.
¶ ~한 문학 작품은 읽지 마라.

3. 저속 (　　　　　　　)
저속도의 준말.
¶ ~으로 비행하다.

4. 저질 (　　　　　　　)
질이 낮음.
¶ ~의 상품을 만들어 팔다니….

5. 저공 (　　　　　　　)
고도가 낮은 공중.
¶ ~비행을 하였다.

6. 고저 (　　　　　　　)
높고 낮음. 높낮이.
¶ 음의 ~와 장단을 잘 들어보아라.

7. 적국 (　　　　　　　)
적대 관계에 있는 나라.
¶ 이 사람은 ~의 간첩이 틀림없다.

8. 적군 (　　　　　　　)
적국의 군대.
¶ ~을 무찌르다.

9. 적수 (　　　　　　　)
재주나 실력이 서로 비슷한 수준에 있는 경쟁자.
¶ 어린 것이 어찌 어른의 ~가 되겠느냐.

10. 적지 (　　　　　　　)
적의 땅.
¶ ~에 몰래 들어가다.

11. 대적 (　　　　　　　)
①적과 맞서는 것. ②서로 맞서서 겨루는 것
¶ 그와 ~할 사람이 없다

12. 유전 (　　　　　　　)
석유가 나는 곳.
¶ 해저 ~을 개발하다.

13. 화전민 (　　　　　　　)
화전을 일구어 농사를 짓는 사람.
¶ 계속되는 흉년으로 많은 백성들이 ~이 되었다.

14. 전원주택 (　　　　　　　)
대도시 근교에 자연과 접하면서 전원 생활을 맛볼 수 있도록 지은 단독 주택.
¶ 도시 생활을 접고 ~으로 이사 간다.

15. 절교 (　　　　　　　)
서로 교제를 끊음.
¶ 이제부터는 너와 ~하겠다.

16. 절망 (　　　　　　　)
모든 희망이 끊어짐.
¶ ~의 구렁에 빠지다.

17. 절명 (　　　　　　　)
목숨이 끊어짐.
¶ 그 사람은 교통사고로 심하게 다쳐 병원으로 가는 도중 ~하고 말았다

18. 오언절구 (　　　　　　　)
기(起)·승(承)·전(轉)·결(結)의 네 구로 된 오언시.
¶ 그 한시는 ~의 형식으로 되어 있다.

19. 접견 (　　　　　　　)
공식적으로 맞아들여 만나 보는 것.
¶ 대통령이 외국 사절(使節)을 ~하다.

20. 접근 (　　　　　　　)
가까이 함.
¶ 이곳은 민간인 ~ 금지구역입니다.

♣ **다음 낱말 풀이에 알맞은 한자(漢字)를 쓰시오.** ➡ 정답은 241쪽

1. 접착 (   )
   착 달라붙음.
   ¶ ~제를 이용해 떨어진 장식을 붙였다.

2. 접수 (   )
   ①받음. ②권력으로써 강제적으로 인수(引受)하는 것.
   ¶ 점령군이 방송국을 ~하다.

3. 접합 (   )
   한데 대어 붙이는 것.
   ¶ 철골 구조는 여러 부재를 이어 주는 ~이 있게 된다.

4. 정치 (   )
   ①국가 권력을 획득하고 유지하며 행사하기 위하여 벌이는 여러 가지 활동. ②통치자나 위정자가 국민을 위하여 시행하는 여러 가지의 일.
   ¶ ~를 잘하려면 국민의 마음을 읽어야 한다.

5. 정권 (   )
   정치를 하는 권력.
   ¶ 평화적인 ~ 교체가 이루어지다.

6. 정국 (   )
   정치의 국면(局面).
   ¶ 어수선한 ~을 타개하다.

7. 정당 (   )
   정치에 대한 주의·주장이나 정책이 일치하는 사람들이 그 정치 이상을 실현하기 위하여 조직하는 단체.
   ¶ 나는 이번 선거에 J ~을 지지한다.

8. 정부 (   )
   ①국가의 정책을 집행하는 행정부. ②특히, 행정부를 가리키는 말.
   ¶ 이번 재해는 ~의 책임이다.

9. 정도 (   )
   알맞은 한도.
   ¶ 음식을 ~껏 먹어라.

10. 공정 (   )
    작업이 되어 가는 정도.
    ¶ 학교 신축 공사가 90%의 ~을 보이고 있다.

11. 일정 (   )
    그 날에 할 일. 그 분량이나 순서.
    ¶ 오늘의 경기~을 알려드리겠습니다.

12. 정독 (   )
    자세히 읽음.
    ¶ 한 번을 읽더라도 ~을 해야 한다.

13. 정력 (   )
    심신(心身)의 활동력. 기운.
    ¶ ~을 바쳐 그 일을 했다.

14. 정신 (   )
    ①사람의 뇌의 활동에 의해 일어나는 고차원적 관념이나 사고의 작용 또는 영역. ②사물을 느끼고 생각하는 능력. ③사물의 근본적인 의의나 사상. ④마음의 자세나 태도.
    ¶ 건전한 ~은 건전한 신체로부터 시작한다.

15. 정성 (   )
    온갖 성의를 다하려는 참되고 거짓이 없는 마음.
    ¶ ~이 지극하다.

16. 정미소 (   )
    방앗간.
    ¶ 정류소는 버스가 멈추는 곳이고, ~는 방앗간이다.

17. 제도 (   )
    정해진 법규.
    ¶ 입시~의 잦은 변경으로 학생들이 몹시 혼란스러워 한다.

18. 제정 (   )
    만들어 정함.
    ¶ 새로운 법률이 ~되었다.

♣ 다음 낱말 풀이에 알맞은 한자(漢字)를 쓰시오.   ➡ 정답은 241쪽

1. 제동　(　　　　　　)
운동을 멈추게 함.
¶ ~장치 고장으로 사고가 났다.

2. 제약　(　　　　　　)
①사물의 성립에 필요한 조건 또는 규정.
②어떤 조건을 붙여 제한함.
¶ 단체 생활에는 여러 가지 ~이 있기 마련이다.

3. 제한　(　　　　　　)
①한계나 범위를 정함. ②일정한 한계나 범위를 넘지 못하게 함.
¶ 연령~으로 그 영화를 볼 수 없었다.

4. 제도　(　　　　　　)
도면이나 도안을 그려 만듦.
¶ ~기는 보관 중에 녹이 슬게 되는 경우가 있으므로 잘 닦아서 사용해야 한다.

5. 제약　(　　　　　　)
약을 만듦.
¶ ~ 회사에 취직하다.

6. 제조　(　　　　　　)
①공장 등에서 큰 규모로 물건을 만드는 것.
¶ 자동차의 ~과정은 복잡하다.

7. 제철소　(　　　　　　)
제철을 하는 곳.
¶ 우리나라 최초로 포항에 ~가 건립되었다.

8. 제거　(　　　　　　)
덜어서 없애 버림.
¶ 불순물을 ~하다.

9. 제대　(　　　　　　)
현역 군인이 규정된 연한이 차거나 그 밖의 일로 복무 해제되어 예비역에 편입되는 일.
¶ 만기~가 얼마 남지 않았다.

10. 제명　(　　　　　　)
이름을 빼어 버림.
¶ 그 모임에서 ~당했다.

11. 제외　(　　　　　　)
어떤 범위 밖에 두어 한데 셈치지 아니함.
¶ 이자는 ~하고 원금만 다오.

12. 제야　(　　　　　　)
①섣달 그믐날 밤.
②양력 12월 31일 밤.
¶ ~의 종소리를 듣기 위해 종로로 갔다.

13. 제전　(　　　　　　)
①제사를 지내는 의식.
②성대히 열리는 예술·문화·체육 등의 행사.
¶ 민속 예술 ~이 오늘부터 서울 남산에서 열린다.

14. 제천　(　　　　　　)
하늘에 제사 지냄.
¶ ~의식을 마니산 정상에서 드렸다.

15. 제기　(　　　　　　)
제사 때 쓰는 그릇.
¶ 탕기는 탕과 국을 담는 ~로서 여러 모양의 것이 있다.

16. 제례　(　　　　　　)
제사의 예절.
¶ 가정의례준칙에서는 ~는 부모와 조부모등 2대 봉사만 하도록 권장하고 있다.

17. 제단　(　　　　　　)
제사를 지내는 단.
¶ 정성을 들여서 ~을 쌓다.

18. 교제　(　　　　　　)
사람과 사람이 서로 사귐.
¶ 형은 지금 어떤 여자와 ~ 중이다.

217

♣ **다음 낱말 풀이에 알맞은 한자(漢字)를 쓰시오.**   ▶ 정답은 242쪽

1. 국제 (					)
①나라와 나라 사이의 관계. ②여러 나라 사이에 통용하는 것. ③여러 나라를 포괄하는 것.
¶ 이 물건은 ~ 규격에 맞추어 만들어졌다.

2. 실제 (					)
①있는 그대로.
②거짓이나 상상이 아니고 현실적으로.
¶ 광고는 거창했지만 ~ 약효는 별로다.

3. 제기 (					)
①의견이나 문제를 내어 놓는 것.
②소송 따위를 일으키는 것
¶ 소송을 ~하다.

4. 제시 (					)
①어떤 내용·문제·의사 따위를 말이나 글로 나타내어 보이는 것. ②증명하는 문서나 물건 등을 내어 보이는 것.
¶ 해결책을 ~하다.

5. 제안 (					)
의안(議案)을 냄.
¶ 그는 오랜만에 건설적인 ~을 했다.

6. 제의 (					)
의논이나 의안을 냄.
¶ 협상을 ~하다.

7. 제출 (					)
의견이나 안건·문안 따위를 내어 놓음.
¶ 계획서를 ~하다.

8. 제주 (					)
제주도.
¶ 바람 부는 ~에는 돌도 많지만, ….

9. 구제 (					)
어려운 처지에 있는 사람을 도와줌.
¶ 난민을 ~하다.

10. 경제 (					)
①인간이 공동생활을 하는 데에 필요한 재화(財貨)를 획득·이용하는 활동을 함.
②시간·노력·비용 등이 적게 드는 것.
¶ ~ 활동이 위축되다.

11. 경세제민 (					)
세상을 다스리고 백성을 구제함.
¶ 경제발전을 십년 이십년 늦추더라도 생명을 죽이지 않는 ~의 지혜가 요구된다.

12. 조기 (					)
이른 시기. 이른 때.
¶ ~교육의 열풍으로 사회가 시끄럽다.

13. 조기 (					)
아침에 일찍 일어남.
¶ 오늘은 ~축구회가 있는 날이다.

14. 조산 (					)
달이 차기 전에 지레 낳음.
¶ 임신중독증 등이 있는 산모는 ~하기 쉽다.

15. 조속 (					)
이르고 빠름.
¶ ~히 해결해야 할 문제가 산더미이다.

16. 조퇴 (					)
직장이나 학교 같은 데서, 끝나는 시간이 되기 전에 일찍 돌아감.
¶ 몸이 아파 학교를 ~하다.

17. 조언 (					)
곁에서 말을 거들거나 일깨워 줌.
¶ ~과 격려를 아끼지 않다.

18. 조수 (					)
어떤 사람의 일을 도와주는 사람.
¶ 화물차 ~로 일하다.

218

♣ 다음 낱말 풀이에 알맞은 한자(漢字)를 쓰시오.   ▶ 정답은 242쪽

1. 조연 (   )
연극이나 영화 따위에서, 주역(主役)을 도와서 연기함.
¶ 그 작품에서 ~을 맡다.

2. 구조 (   )
위험한 상태에 있는 사람을 도와서 구원함.
¶ 소방관들은 인명 ~작업도 한다.

3. 공조 (   )
여러 사람이 함께 도와줌.
¶ ~체제로 많은 일을 해 냈다.

4. 조림 (   )
나무를 심거나 씨를 뿌려 숲을 만듦.
¶ 이 산의 상록수들은 모두 인공적으로 ~되었다.

5. 조성 (   )
①인공적·인위적으로 이루어 만드는 것.
②분위기·상황 따위를 생겨나게 만드는 것.
¶ 맨땅 운동장에 잔디를 ~하는 것은 학생들의 정서함양과 체력증진에 좋다.

6. 조작 (   )
무슨 일을 지어내거나 꾸며 냄.
¶ 사건을 ~하다.

7. 조화 (   )
종이나 헝겊 따위로 꽃과 똑같은 형태로 만든 물건.
¶ 이것은 생화가 아니고 ~이다.

8. 조형 (   )
어떤 형상이나 형태를 만듦.
¶ 그 작품은 가상적 ~을 중심으로 하여 표현하고 있다.

9. 조류 (   )
척추동물의 한 강(綱). 몸은 깃털로 덮이고 날개가 있으며, 다리가 둘이고 입이 부리로 되어 있음.
¶ 독수리는 ~에 속한다.

10. 길조 (   )
사람에게 어떤 길한 일이 생김을 미리 알려 준다는 새.
¶ 황새가 마을에 날아들자 사람들은 ~가 나타났다고 좋아했다.

11. 백조 (   )
오릿과의 물새. 온몸이 순백색이어서 아름답고 몸이 큼.
¶ 그 아이의 피부는 ~같이 하얗다.

12. 불사조 (   )
이집트 신화에 나오는 신비한 새. 500~600년마다 한 번 스스로 향나무를 쌓아 불을 피워 불에 타 죽고 그 재 속에서 다시 어린 새가 되어 나타난다고 함.
¶ 에미야! 맥을 잃지 말고 ~처럼 일어나야 한다.

13. 존경 (   )
남의 훌륭한 행위나 인격 따위를 높여 공경함.
¶ 제자들로부터 ~을 받다.

14. 존귀 (   )
지위나 신분 따위가 높고 귀함.
¶ 그는 ~한 신분의 사람이다.

15. 존중 (   )
①지위나 신분 따위가 높고 귀함. ②높고 귀함.
¶ 인명(人命)을 ~하다.

16. 지존 (   )
①임금 높이어 일컫는 말. ②더없이 존귀함.
¶ ~에게 예의를 다하다.

17. 자존심 (   )
제 몸이나 품위를 스스로 높이 가지는 마음.
¶ 그날 일로 ~이 무척 상했다.

18. 종가 (   )
한 문중에서 맏이로만 이어 온 큰집.
¶ 전통음식의 발굴과 보급을 위해 ~의 맏며느리들을 찾아 나서기로 했다고 한다.

219

♣ 다음 낱말 풀이에 알맞은 한자(漢字)를 쓰시오.   ▶ 정답은 242쪽

1. 종손 (　　　　　)
   종가의 맏손자, 또는 종가의 대를 이을 자손.
   ¶ 너는 우리 집안의 ~이다.

2. 종족 (　　　　　)
   성과 본이 같은 겨레붙이.
   ¶ 옛날에는 같은 ~끼리 모여 살았다.

3. 종친 (　　　　　)
   ①동성동본으로 유복친(有服親) 안에 들지 않는 일가붙이. ②임금의 친족.
   ¶ ~회가 있으니 빠지지 말고 모여 주십시오.

4. 종교 (　　　　　)
   신이나 초인간적 존재를 인도자로 섬기고 일정한 의식에 따라 예배하며, 그 믿음을 통해 인간 생활의 고뇌를 해결하고 삶의 궁극적 의미를 추구하는 일.
   ¶ 우리 나라는 ~의 자유가 있다.

5. 주행 (　　　　　)
   주로 동력으로 움직이는 탈것이 달려감.
   ¶ 이 곳에서는 ~속도를 줄여야 한다.

6. 주력 (　　　　　)
   달리는 힘.
   ¶ 노루는 개보다 ~이 좋은 편이다.

7. 주자 (　　　　　)
   ①달리는 사람. ②야구에서, 아웃 되지 않고 누(壘)에 나가 있는 사람.
   ¶ 400m 릴레이의 마지막 ~로 뛰었다.

8. 주마간산 (　　　　　)
   달리는 말 위에서 산천을 구경한다는 뜻으로 바삐 서둘러 대강대강 보고 지나침을 이르는 말.
   ¶ 여기가 나와 아들의 ~으로 돌아본 역사기행 종착점이다.

9. 죽도 (　　　　　)
   대로 만든 칼.
   ¶ ~는 현대인의 인격수양 및 체력단련을 위한 도구로 사용되고 있다.

10. 죽세공 (　　　　　)
    대를 재료로 하는 공예.
    ¶ 전남 담양지방은 ~이 발달하였다.

11. 죽마고우 (　　　　　)
    대말을 타고 함께 놀던 친구란 뜻으로 어릴 때부터 같이 놀며 자란 오랜 벗을 이름.
    ¶ 영수와는 ~다.

12. 준칙 (　　　　　)
    준거할 기준이 되는 규칙.
    ¶ 가정의례~를 잘 지켜야 겠다.

13. 준비 (　　　　　)
    미리 마련하여 갖춤.
    ¶ 행사를 위해 ~위원회가 소집되었다.

14. 기준 (　　　　　)
    기본이 되는 표준.
    ¶ 채점 ~이 궁금합니다.

15. 수준 (　　　　　)
    사물의 일정한 표준이나 정도.
    ¶ 그 도시는 생활~이 높다.

16. 평준 (　　　　　)
    ①수준기(水準器)를 써서 재목·위치 등을 수평으로 하는 일. ②사물을 균일하도록 조정함.
    ¶ 올해부터 고등학교 ~화(化)가 시행된다.

17. 중생 (　　　　　)
    많은 사람들.
    ¶ ~을 구원하다.

18. 중론 (　　　　　)
    여러 사람의 의론.
    ¶ ~이 일치하다.

♣ 다음 낱말 풀이에 알맞은 한자(漢字)를 쓰시오.　　▶ 정답은 242쪽

1. 관중 (　　　　　)
구경거리를 보려고 모인 군중. 구경꾼
¶ 경기장에는 많은 ~이 모여들었다.

2. 대중 (　　　　　)
수많은 여러 사람.
¶ 그는 ~적 인기를 누리고 있다.

3. 민중 (　　　　　)
다수의 일반 국민.
¶ ~의 힘으로 민주주의가 되었다.

4. 증가 (　　　　　)
수나 양이 많아짐.
¶ 차량 통행이 ~하다

5. 증강 (　　　　　)
더 늘려 강화함.
¶ 병력을 ~하다.

6. 증산 (　　　　　)
생산량이 늚, 또는 늘림.
¶ 쌀 수확량이 작년보다 ~되다.

7. 증감 (　　　　　)
늚과 줆. 늘림과 줄임
¶ 이 도시는 다른 도시에 비해 인구~이 심하다.

8. 증진 (　　　　　)
점점 더하여 가거나 나아감.
¶ 체력을 ~시키다.

9. 지배 (　　　　　)
①자기의 의사대로 복종시켜 다스리는 것. ②외부의 요인이 사람의 생각이나 행동을 규정하고 속박하는 것.
¶ 유교는 조선 사회를 ~한 사상이다.

10. 지국 (　　　　　)
본사나 본국의 관리 하에 각 지방에 설치되어 그 지역의 업무를 맡아보는 곳.
¶ 우리 동네에 P신문사~이 설치되었다.

11. 지점 (　　　　　)
본점에서 갈라져 나온 가게.
¶ M은행의 ~이 새로 생겼습니다.

12. 지급 (　　　　　)
돈이나 물품 따위를 내줌.
¶ 설날 특별 상여금(賞與金)을 ~하다.

13. 지장 (　　　　　)
일을 하는 데 거치적거리는 장애.
¶ 지하철 공사가 교통에 큰 ~을 주고 있다.

14. 지극 (　　　　　)
어떠한 정도나 상태 따위가 극도에 이르러 더할 나위 없음.
¶ 효성이 ~하다.

15. 지당 (　　　　　)
이치에 꼭 맞음.
¶ ~하신 분부이십니다.

16. 동지 (　　　　　)
이십사절기의 하나. 대설(大雪)과 소한(小寒) 사이로, 12월 22일경임.
¶ ~에는 팥죽을 먹는다.

17. 지성감천 (　　　　　)
지극한 정성에 하늘이 감동하는 것.
¶ ~이더니 너의 효심이 어머니를 살렸구나!

18. 지망 (　　　　　)
뜻하여 바람.
¶ 정치가를 ~하다.

19. 지사 (　　　　　)
국가·사회를 위하여 제 몸을 바쳐 일하려는 드높은 뜻을 가진 사람.
¶ 애국~의 활동으로 독립이 빨리 왔다.

♣ 다음 낱말 풀이에 알맞은 한자(漢字)를 쓰시오.   ➡ 정답은 242쪽

1. 지원 (   )

   지극히 바람.
   ¶ 국어 국문학과를 ~하다.

2. 지조 (   )

   곧은 뜻과 절조(節操).
   ¶ 어려움 속에서 ~를 지키다

3. 의지 (   )

   생각. 뜻.
   ¶ ~를 관철(貫徹)하다.

4. 지시 (   )

   가리켜 보임. 일러서 시킴.
   ¶ ~ 사항을 이행하다.

5. 지정 (   )

   가리켜 정함. 가려내어 정함.
   ¶ ~좌석에 앉았다.

6. 지향 (   )

   일정한 목표를 정하여 나아감.
   ¶ 복지 국가를 ~하다.

7. 지명타자 (   )

   야구에서, 투수를 대신하여 공격하는 타격 전문의 타자.
   ¶ ~로 마운드에 서다.

8. 직분 (   )

   ①직무상의 본분. ②마땅히 해야 할 본분.
   ¶ 맡은 ~을 성실히 이행하다.

9. 직업 (   )

   생계를 위하여 일상적으로 하는 일.
   ¶ ~소개소를 찾아가다.

10. 직원 (   )

    직장에서 일정한 직무를 맡아보는 사람.
    ¶ 동료~의 문병을 가다.

11. 직위 (   )

    직무상의 지위.
    ¶ 우리 회사에서 ~가 높은 분이다.

12. 직무 (   )

    맡아서 하는 일.
    ¶ 손님을 안내하는 일이 그의 ~다.

13. 진실 (   )

    거짓이 없이 바르고 참됨.
    ¶ 그는 무뚝뚝하기는 하지만 ~한 사람이다.

14. 진가 (   )

    진짜와 가짜.
    ¶ 이 작품이 진짜인지 가짜인지 ~(=진위)를 알려 주시오.

15. 진가 (   )

    참된 값어치.
    ¶ 전통 예술의 ~를 보여 주다.

16. 진리 (   )

    참된 도리.
    ¶ ~를 깨닫다.

17. 진선미 (   )

    진과 선과 미를 아울러 이르는 말로, 이상(理想)에 합치된 아름다운 상태.
    ¶ 미인 대회에서 ~가 가려졌다.

18. 진보 (   )

    사물의 내용이나 정도가 차츰차츰 나아지거나 나아가는 일.
    ¶ 과학의 ~로 그 병을 고쳤다.

19. 진로 (   )

    앞으로 나아가는 길.
    ¶ 부모님과 함께 ~를 상의하다.

20. 진학 (   )

    학문의 길에 나아가 배움. 상급 학교에 감.
    ¶ 대학교에 ~하다.

♣ 다음 낱말 풀이에 알맞은 한자(漢字)를 쓰시오.　　➡ 정답은 242쪽

1. 진퇴양난　(　　　　　　　)
이러기도 어렵고 저러기도 어려운 매우 난처한 처지에 놓여 있음을 이르는 말
¶ 적의 침입으로 ~에 빠졌다.

2. 차남　(　　　　　　　)
둘째 아들.
¶ ~으로 태어났다.

3. 차관　(　　　　　　　)
행정부에서, 장관을 보좌하고 그를 대리할 수 있는 보조 기관 또는 공무원.
¶ 이번에 ~으로 임명되었다.

4. 차장　(　　　　　　　)
장(長)의 다음 자리나 지위.
¶ ~으로 승진하다.

5. 차례　(　　　　　　　)
①여럿을 각각 선후(先後)로 구분하여 벌인 것. 순서. ②물건이나 재물 따위를 여럿으로 노늘 때, 어떤 사람에게 해당하는 몫.
¶ 이번에는 네가 노래할 ~다.

6. 차선　(　　　　　　　)
최선의 다음 정도.
¶ ~을 택하다.

7. 감찰　(　　　　　　　)
①감시하고 감독함. ②공무상의 비위(非違)나 비행(非行)에 대하여 조사 또는 감독하는 일.
¶ 요즘은 특별~기간이니 조심하세요.

8. 고찰　(　　　　　　　)
사물을 뚜렷이 밝히기 위하여, 깊이 생각하여 살핌.
¶ ~하여 밝히다.

9. 불찰　(　　　　　　　)
잘 살피지 아니한 잘못.
¶ 모두가 내 ~인데 누구를 탓하겠소.

10. 성찰　(　　　　　　　)
자신이 한 일을 돌이켜 보고 깊이 생각함.
¶ 지난날의 삶을 깊이 ~하다.

11. 경찰　(　　　　　　　)
공공의 안녕·질서를 유지하기 위하여 국가 권력으로 국민에게 명령·강제하는 행정 작용.
¶ 수상한 사람을 ~에 신고하다.

12. 창립　(　　　　　　　)
처음으로 세움.
¶ 오늘은 회사~기념일이다.

13. 창안　(　　　　　　　)
처음으로 생각해 냄.
¶ 그 물건의 ~자이다.

14. 창시　(　　　　　　　)
처음 시작하거나 제창함.
¶ 최제우는 동학을 ~하였다.

15. 창작　(　　　　　　　)
①처음으로 만들어 냄. ②예술 작품, 특히 문예 작품을 독창적으로 짓는 것
¶ 이것은 ~이 아니라 번안이다.

16. 창조　(　　　　　　　)
①새로운 것을 고안하여 만드는 것. ②조물주가 우주를 처음 만드는 것.
¶ ~정신이 뛰어난 그가 만들었다.

17. 처소　(　　　　　　　)
사람이 거처하는 곳.
¶ ~를 옮기다.

18. 처리　(　　　　　　　)
정리하여 치우거나 마무리를 지음.
¶ 사건을 ~하다.

♣ 다음 낱말 풀이에 알맞은 한자(漢字)를 쓰시오.   ➡ 정답은 242쪽

1. 처녀 (   )
①아직 결혼하지 아니한 여자. ②일이나 행동을 처음으로 함.
¶ ~와 총각이 만나 사랑을 하다.

2. 처벌 (   )
책벌이나 형벌에 처함. 처형.
¶ 범법자를 ~하다.

3. 거처 (   )
간 곳이나 가는 곳.
¶ ~를 알려주세요.

4. 청구 (   )
내놓거나 주기를 요구함.
¶ 물품을 ~하다.

5. 청약 (   )
인수 계약을 신청하는 일.
¶ 국민주를 ~하다.

6. 청원 (   )
일이 이루어지도록 청하고 원함.
¶ 학교 신설을 정부에 ~하다.

7. 요청 (   )
아주 필요하여 청함, 또는 그런 청.
¶ 구원을 ~하다.

8. 자청 (   )
자기 스스로 청함.
¶ 그는 고생을 ~했다.

9. 총기 (   )
소총이나 권총 따위 무기를 통틀어 이르는 말.
¶ 우리나라에서 민간인은 ~를 소지할 수 없다.

10. 총살 (   )
총으로 쏘아 죽임.
¶ 한국전쟁 때 아버지는 ~당하셨다.

11. 총포 (   )
총.
¶ ~소지자는 꼭 신고를 해야 한다.

12. 총성 (   )
총소리.
¶ ~이 울리자 새 한 마리가 하늘에서 땅으로 떨어졌다.

13. 장총 (   )
길이가 긴 총. 단총에 대하여, 소총(小銃)을 이르는 말.
¶ 방글라데시 경찰은 ~을 가지고 있지만, 실제로는 사용하지 않는다.

14. 총장 (   )
어떠한 조직체에서, 사무 전체를 관리하는 최고 행정 책임 직위.
¶ 대학~에 선출되다.

15. 총무 (   )
어떠한 기관이나 단체에서, 전체적이며 일반적인 사무.
¶ 이번 일의 ~는 김선생님이 맡아 주세요.

16. 총원 (   )
전체의 인원.
¶ ~의 6할밖에 참석하지 않았다.

17. 총회 (   )
전원의 모임.
¶ 정기 주주~가 다음달에 열린다.

18. 총리 (   )
①전체를 모두 관리하는 것. ②국무 총리의 준말.
¶ ~의 불참으로 회의가 연기 되었다.

19. 축재 (   )
재물을 모음.
¶ 부정~는 옳지 않다.

♣ 다음 낱말 풀이에 알맞은 한자(漢字)를 쓰시오.   ▶ 정답은 242쪽

1. 저축   (   )
   절약해 모아 둠.
   ¶ 창고에 ~되었던 곡식이다.

2. 축성   (   )
   성을 쌓는 것.
   ¶ 화성은 정조 때 ~되었다.

3. 축조   (   )
   제방이나 담을 쌓아 만듦.
   ¶ 제방을 ~하다.

4. 건축   (   )
   건물을 만드는 일.
   ¶ 아파트를 ~하다.

5. 충성   (   )
   ①나라에 몸과 마음을 다 바치는 것.
   ②직장에, 또는 상관 등에게 몸과 마음을 바쳐 봉사하는 것.
   ¶ 나라에 ~하고 부모님께 효도한다.

6. 충효   (   )
   충성과 효도.
   ¶ ~정신을 마음에 늘 새기며 살아야 한다.

7. 충고   (   )
   고치도록 타이름.
   ¶ 과음을 삼가도록 ~하다.

8. 충언역이   (   )
   충고의 말은 귀에 거슬린다는 뜻으로 바르게 타이르는 말일수록 듣기 싫어함을 이름.
   ¶ 백제 충신 성충의 ~를 의자왕은 듣지 않았다.

9. 충치   (   )
   이의 단단한 조직이 미생물에 침해되어 상한 이.
   ¶ ~가 생기지 않도록 잠자리에 들기 전에는 꼭 양치질을 해라.

10. 충해   (   )
    해충으로 입은 농작물의 피해.
    ¶ ~를 방지하다.

11. 해충   (   )
    사람이나 농작물에 해가 되는 벌레를 통틀어 이르는 말.
    ¶ ~을 박멸하다.

12. 취득   (   )
    자기의 것으로 함.
    ¶ 장물을 ~하다.

13. 취소   (   )
    지우거나 물러서 없앰.
    ¶ 약속을 ~하다.

14. 취재   (   )
    재료나 제재(題材)를 찾아서 얻음.
    ¶ ~활동을 활발하게 한 결과이다.

15. 쟁취   (   )
    싸워서 빼앗아 가짐.
    ¶ 민주주의를 ~하다.

16. 측량   (   )
    ①기계를 써서 길이·넓이·거리·높이·깊이 등을 재어 헤아리는 것.
    ¶ 그의 속마음을 ~할 길이 없다.

17. 측정   (   )
    ①재어서 정하는 것. ②추측하여 결정하는 것.
    ③일정한 양을 기준으로 하여, 같은 종류의 다른 양들의 크기를 재는 것.
    ¶ 길이를 ~하다.

18. 계측   (   )
    물건의 무게·길이·부피 등을 재어 계산하는 것.
    ¶ 터널~에서 암반 터널의 경우 인접한 암반의 변위를 위주로 하는 ~을 수행하는 것이 바람직하다.

♣ 다음 낱말 풀이에 알맞은 한자(漢字)를 쓰시오.   ▶ 정답은 242쪽

1. 측우기 (   )
비가 온 분량을 측정하는 데 쓰는 기구.
¶ 조선 세종 때 제작되어 전국적으로 사용된 ~는 장영실 선생의 작품이다.

2. 치안 (   )
국가 사회의 안녕과 질서를 유지·보전하는 것
¶ 시내의 ~을 담당하다.

3. 치수 (   )
수리 시설을 하여 물길을 바로잡음.
¶ 올해 ~사업을 봄에 할 예정이다.

4. 정치 (   )
①국가 권력을 획득하고 유지하며 행사하기 위하여 벌이는 여러 가지 활동. ②통치자가 국민들의 이해관계의 대립을 조정하고, 국가의 정책과 목적을 실현시키는 일.
¶ ~에 뛰어들다.

5. 퇴치 (   )
물리쳐서 없애 버림.
¶ 해충을 ~하다.

6. 불치 (   )
병이 낫지 아니함.
¶ ~의 병에 걸리다.

7. 치중 (   )
무엇에 중점을 둠.
¶ 주요 과목에 ~하여 공부하다.

8. 설치 (   )
①기계나 장치 등을 달거나 매거나 붙이거나 하여 놓아두는 것. ②베풀어 마련하는 것.
¶ 소비자 보호 센터를 ~하다.

9. 배치 (   )
알맞은 자리에 나누어 앉힘. 알맞은 자리에 나누어 둠.
¶ 적재적소에 인력을 ~하다.

10. 안치 (   )
잘 모시어 둠.
¶ 불상을 법당에 ~하다.

11. 위치 (   )
①자리나 처소. ②사회적인 자리
¶ 냇가로 야영 ~를 옮기다.

12. 치과 (   )
이를 전문으로 치료·연구하는 의학의 한 분과.
¶ 이가 상해서 ~에 다니고 있다.

13. 치약 (   )
이를 닦는 데 쓰는 약품.
¶ 옛날 사람들은 이를 닦는데 ~대신 소금을 사용했다.

14. 충치 (   )
이의 단단한 조직이 미생물에 침해되어 상한 이.
¶ 단 음식을 먹고 이를 닦지 않으면 ~가 생긴다.

15. 침공 (   )
침범하여 공격함.
¶ 테러를 뿌리 뽑겠다고 미국은 아프가니스탄을 ~하였다.

16. 침입 (   )
침범하여 들어오거나 들어감.
¶ 더 이상 불법~하지 마세요.

17. 남침 (   )
북쪽에서 남쪽을 침략함.
¶ 한국전쟁은 북한의 ~으로 시작되었다.

18. 불가침 (   )
침범할 수 없음.
¶ 상호 ~ 조약을 맺었다.

19. 쾌감 (   )
상쾌하고 좋은 느낌.
¶ 짜릿한 ~을 느낀다.

♣ **다음 낱말 풀이에 알맞은 한자(漢字)를 쓰시오.**   ➡ 정답은 242쪽

1. 쾌락 (   )
   한 기분이 좋고 즐거움.
   ¶ ~을 추구하다.

2. 쾌활 (   )
   명랑하고 활발함.
   ¶ 오랜만에 만난 두 사람은 ~하게 얘기를 주고받았다.

3. 명쾌 (   )
   분명하여 시원스러움.
   ¶ 그가 말을 하면 ~하여 쉽게 이해된다.

4. 완쾌 (   )
   병이 완전히 나음.
   ¶ 빠른 ~로 그는 퇴원을 한다.

5. 태도 (   )
   ①몸을 가지는 모양이나 맵시. ②어떤 대상을 대하는 입장이나 관점.
   ¶ 찬성인지 반대인지 ~를 분명히 해라.

6. 태세 (   )
   정신적·육체적으로 갖추어진 태도와 자세.
   ¶ 물샐틈없는 경계(警戒) ~를 하였다.

7. 사태 (   )
   일의 되어 가는 형편이나 상태.
   ¶ ~가 호전되다.

8. 생태 (   )
   생물이 자연계에서 생활하고 있는 모습.
   ¶ 개미의 ~를 관찰하다.

9. 형태 (   )
   사물의 생긴 모양. 생김새.
   ¶ 동물의 ~를 관찰중이다.

10. 통치 (   )
    도맡아 다스림.
    ¶ 일제의 한국 식민지 ~는 총칼을 앞세운 무단 ~를 기본 성격으로 하였다.

11. 통계 (   )
    일정한 집단에서의 개개의 요소가 갖는 수치의 분포나 그 분포의 특징을 나타내는 수치의 총체. 한데 몰아서 셈함.
    ¶ 인구 동태에 대한 ~를 내다.

12. 전통 (   )
    어떤 집단이나 공동체에서, 지난날로부터 이어 내려오는 사상·관습·행동 따위의 양식(樣式).
    ¶ 널뛰기는 우리의 ~놀이이다.

13. 평화통일 (   )
    전쟁에 아닌 평화적인 방법으로 이룩되는 통일.
    ¶ 우리는 북한과 ~을 원한다.

14. 퇴거 (   )
    ①물러감. ②거주를 옮김.
    ¶ ~신고를 하여라.

15. 퇴직 (   )
    현직(現職)에서 물러남. 직장을 그만둠.
    ¶ 선생님은 학교를 ~하신 후 창작 활동을 하신다.

16. 퇴원 (   )
    병원에서 나옴.
    ¶ ~ 수속을 밟다.

17. 전진후퇴 (   )
    앞으로 나아가고 뒤로 물러남.
    ¶ 움직이는 주제를 촬영할 때는 ~ 기법을 구사할 수 없다.

18. 파고 (   )
    ①파도의 높이. ②비유적으로 쓰여, 어떤 관계에서의 긴장의 정도.
    ¶ 중동 지역을 둘러싸고 긴장의 ~가 높아지다.

19. 파동 (   )
    ①물결의 움직임. ②사회적으로 어떤 현상이 퍼져 주위에 그 영향이 미치는 일.
    ¶ 수면(水面)에 ~이 일다.

♣ 다음 낱말 풀이에 알맞은 한자(漢字)를 쓰시오.　　➡ 정답은 242쪽

1. 인파　(　　　　　　　)
많이 모여 움직이는 사람의 모양을 파도에 비유하여 이르는 말.
¶ 몰려드는 ~를 헤치며 앞으로 나아가다.

2. 전파　(　　　　　　　)
적외선 이상의 파장을 가지는 전자기파.
¶ ~탐지기를 이용해 조사를 했다.

3. 풍파　(　　　　　　　)
①바람과 물결. ②어지럽고 험한 분란.
¶ 갖은 ~를 다 겪다.

4. 파격　(　　　　　　　)
오랜 관례나 관행이나 틀을 깨뜨리는 일.
¶ 입사 1년 만에 과장 발탁이라니 대단한 ~이군.

5. 파국　(　　　　　　　)
어떤 판국이 결판이 남.
¶ 경제적 ~에 직면하다.

6. 파산　(　　　　　　　)
가산을 모두 날려 버림.
¶ 화재(火災)로 ~하다.

7. 타파　(　　　　　　　)
깨뜨려 버림.
¶ 미신을 ~하다.

8. 포고　(　　　　　　　)
①일반에게 널리 알림. ②국가의 결정적 의사를 공식적으로 일반에게 알리는 일.
¶ 적국에게 전쟁을 ~하다.

9. 포교　(　　　　　　　)
종교를 널리 폄.
¶ ~활동을 열심히 했다.

10. 보시　(　　　　　　　)
절이나 중 또는 가난한 이 등에게 돈이나 물품을 베풂.
¶ 장기이식은 사회에 사랑의 불씨를 점화시킨 생명의 ~인 셈이다.

11. 분포　(　　　　　　　)
여기저기 흩어져 널리 퍼져 있음.
¶ 이 꽃은 우리나라 남부에 ~한다.

12. 포목점　(　　　　　　　)
베나 무명 따위를 파는 가게.
¶ 일반적으로 한복은 예단을 준비하면서 이불 가게나 ~에서 맞추는 경우가 많습니다.

13. 포용　(　　　　　　　)
①휩싸서 넣음. ②남을 너그럽게 감싸 받아들임.
¶ 윗사람은 아랫사람의 조그마한 잘못쯤은 ~할 줄 알아야 한다.

14. 내포　(　　　　　　　)
어떤 개념의 내용이 되는 여러 속성.
¶ 그 말은 여러 가지 뜻을 ~하고 있다.

15. 소포　(　　　　　　　)
조그마하게 포장한 물건.
¶ ~를 부치다.

16. 포문　(　　　　　　　)
대포의 탄알이 나가는 구멍.
¶ 야당은 정부의 실책에 대하여 일제히 ~을 열었다.

17. 포대　(　　　　　　　)
대포 등의 무기로 무장한 군대.
¶ 여기는 전방 ○○ ~입니다.

18. 포병　(　　　　　　　)
육군 병과의 한 가지. 대포 종류로 장비된 군대.
¶ 소련의 ~부대 운용 방식은 다른 국가와 다른 독특한 특징이 있다.

19. 대포　(　　　　　　　)
화약의 힘으로 탄환을 발사하는 화포(火砲).
¶ ~를 쏘다.

♣ 다음 낱말 풀이에 알맞은 한자(漢字)를 쓰시오.   ▶ 정답은 242쪽

1. 포성 (   )
대포를 쏠 때 나는 소리.
¶ ~이 울리다.

2. 폭동 (   )
어떤 집단이 폭력으로 소동을 일으켜서 사회의 안녕을 어지럽히는 일.
¶ ~을 진압하다.

3. 폭행 (   )
난폭한 행동.
¶ 불량배에게 ~을 당하다.

4. 포악 (   )
사납고 악함.
¶ ~한 행동을 서슴치 않았다.

5. 폭풍우 (   )
폭풍과 폭우. 사나운 비바람.
¶ ~가 휘몰아치다.

6. 표결 (   )
투표로써 결정함
¶ 안건을 ~에 부치다.

7. 개표 (   )
투표함을 열고, 투표의 결과를 점검하는 일.
¶ 잠시 후 6시부터 ~에 들어가겠습니다.

8. 득표 (   )
투표에서, 찬성의 표를 얻음.
¶ 각 당(黨)의 ~ 전략을 살펴보도록 하겠습니다.

9. 차표 (   )
차를 탈 수 있는 표. 승차권.
¶ 고향 가는 ~를 예매하다.

10. 매표소 (   )
표를 파는 곳.
¶ 입구에서부터 ~ 까지 30여분 정도 걸어야 한다.

11. 풍년 (   )
농사가 잘된 해.
¶ ~을 기원하다.

12. 풍작 (   )
풍년이 들어 잘된 농사.
¶ ~을 이룬 가을 들판을 보아라.

13. 풍부 (   )
넉넉하고 많음.
¶ 인력자원이 ~하다.

14. 풍성 (   )
넉넉하고 많음.
¶ 오곡이 ~하다.

15. 풍흉 (   )
풍년과 흉년.
¶ 농사의 ~을 점치기도 한다.

16. 한계 (   )
사물의 정하여진 범위.
¶ 인간의 능력엔 ~가 있다.

17. 한정 (   )
제한하여 정함.
¶ 인간의 욕망은 ~이 없다.

18. 한도 (   )
일정하게 정한 정도.
¶ 참는 것도 ~가 있다.

19. 시한 (   )
어떤 일을 하는 데의 시간의 한계.
¶ 예정된 ~을 지키다.

20. 제한 (   )
한계나 범위를 정함
¶ 연설 시간은 10분으로 ~되어 있다.

♣ 다음 낱말 풀이에 알맞은 한자(漢字)를 쓰시오.   ▶ 정답은 242쪽

1. 항해 (　　　　　)
배를 타고 바다를 다님.
¶ 그는 하루도 빠지지 않고 ~일지를 쓰고 있다.

2. 항공 (　　　　　)
공중을 날아서 다님.
¶ 일본은 이제 우주 ~ 기술에서도 미국을 앞지르려고 하고 있다.

3. 항로 (　　　　　)
해로(海路)와 항공로를 두루 이르는 말.
¶ 북극 ~가 개척되었다.

4. 난항 (　　　　　)
①폭풍우나 기타의 나쁜 조건으로 말미암은 어려운 항행. ②일이 순조롭지 못하게 진행되는 것을 비유함.
¶ 협상은 ~을 거듭하고 있다.

5. 운항 (　　　　　)
정해진 항로를 운행함.
¶ 태풍으로 항공기 ~이 전면 중단되었다.

6. 항구 (　　　　　)
바닷가에 배를 댈 수 있도록 시설해 놓은 곳.
¶ ~에 배가 정박하다.

7. 공항 (　　　　　)
항공 수송을 위하여 사용되는 공공용 비행장. 주로 정기 항공기의 발착장을 말함.
¶ 우리나라 국제 ~은 인천에 있다.

8. 개항 (　　　　　)
①항구를 개방하여 외국 선박의 출입을 허가하는 것. ②새로 항구나 공항을 열어 업무를 보는 것.
¶ 인천항이 ~ 된 것은 1883년 1월이다.

9. 군항 (　　　　　)
해군 함정의 근거지로서 특수한 시설을 해 놓은 항구.
¶ 진해는 ~도시이다.

10. 출항 (　　　　　)
배가 항구를 떠남.
¶ ~ 시기는 아직 정해지지 않았다.

11. 해결 (　　　　　)
사건이나 문제 따위를 잘 처리함.
¶ 문제가 원만하게 ~되다.

12. 해법 (　　　　　)
①수학에서, 문제를 푸는 법. ②해내기 어렵거나 곤란한 일을 푸는 방법.
¶ 늦은 감이 있지만 이제는 수돗물 바이러스의 검출 진위의 ~을 찾을 때가 되었다.

13. 해설 (　　　　　)
알기 쉽게 풀어서 설명함.
¶ 입시 문제를 ~하다.

14. 해답 (　　　　　)
풀어서 밝히거나 답함.
¶ ~을 구하다.

15. 이해 (　　　　　)
①사리를 분별하여 앎. ②말이나 글의 뜻을 깨쳐 앎.
¶ 친구들에게 ~를 구하고 자리에서 먼저 일어섰다.

16. 향기 (　　　　　)
기분 좋은 냄새.
¶ 은은한 커피~가 내 코끝을 스며들었다.

17. 향료 (　　　　　)
좋은 향기를 내는 데 쓰이는 물질.
¶ 고대 유럽에서는 꽃을 원료로 한 ~가 많았고, 동양에서는 수목을 원료로 한 ~가 많았다.

18. 향수 (　　　　　)
화장품의 하나.
¶ 옷에 ~를 뿌리다.

19. 암향 (　　　　　)
그윽하게 풍기는 향기.
¶ ~이라 하여 매화와 난초의 은은한 향을 말한다.

230

♣ **다음 낱말 풀이에 알맞은 한자(漢字)를 쓰시오.**   ➡ 정답은 242쪽

1. 향원익청   (   )

   향기는 멀어질수록 맑아진다.
   ¶ 수묵화에서 연꽃을 그리면 화제(畵題)는 대개 ~이다.

2. 향토   (   )

   시골. 고향.
   ¶ 우리 삼촌은 ~ 사학자이시다.

3. 향리   (   )

   태어나서 자라난 고향의 마을. 고향.
   ¶ ~에 다녀와서 떠나 살아도 마음 한 쪽은 당신 곁인데 늘상 나는 반쪽으로 살아온 것 같다.

4. 향약   (   )

   조선 시대에 권선징악과 상부상조를 목적으로 만든, 향촌의 자치 규약.
   ¶ ~은 1519년(중종 14)에 조광조가 널리 실시하려 하였으나, 그의 실각으로 성공하지 못하였다.

5. 경향   (   )

   서울과 시골.
   ¶ ~각지에서 많은 사람이 모여들었다.

6. 고향   (   )

   태어나서 자란 곳.
   ¶ 너의 ~은 어디냐?

7. 허공   (   )

   텅 빈 공중.
   ¶ 멍하니 ~만 바라보다.

8. 허실   (   )

   ①거짓과 참. ②공허(空虛)와 충실(充實).
   ¶ 그 이야기의 ~을 증빙할 만한 자료가 없다.

9. 허례   (   )

   겉으로만 꾸민 예절.
   ¶ 한국인의 ~허식은 비단 국내 생활에서 끝나는 게 아니다.

10. 허약   (   )

    몸이나 세력 따위가 약함.
    ¶ 몸이 ~하다.

11. 허무   (   )

    ①아무것도 없고 텅 빈 것. ②덧없음. 무상함.
    ¶ 삶에 대한 ~를 느끼다.

12. 경험   (   )

    실지로 보고 듣고 겪는 일.
    ¶ 그 방면으로 ~이 풍부한 사람이다.

13. 시험   (   )

    ①지식 수준이나 기술의 숙달 정도 따위를, 문제를 내거나 실지로 시키거나 하는 일정한 절차에 따라 알아봄. ②어떤 사물의 기능·능력·성능 따위를 실지로 경험하여 봄.
    ¶ 기계의 성능을 ~해 보다.

14. 실험   (   )

    ①실제로 시험하는 것. ②새로운 형식이나 방법을 시도하는 일.
    ¶ 약의 효능을 ~하다.

15. 체험   (   )

    몸소 경험함.
    ¶ 돈을 주고도 못 살 귀중한 ~을 하다.

16. 효험   (   )

    일이나 작용의 좋은 보람.
    ¶ 고려 인삼의 ~이 최고야!

17. 현명   (   )

    어질고 사리에 밝음
    ¶ 그는 슬기롭고 ~한 사람이다.

18. 현인   (   )

    어질고 총명하여 성인 다음가는 사람. 현자(賢者).
    ¶ 하늘은 한 사람을 ~으로 만들어 대중을 가르치게 했다.

19. 현모   (   )

    어진 어머니.
    ¶ 아무나 ~가 되는 것은 아니다.

231

♣ 다음 낱말 풀이에 알맞은 한자(漢字)를 쓰시오.   ▶ 정답은 243쪽

1. 성현   (   )
   성인과 현인.
   ¶ ~의 가르침을 잊지 말아야 한다.

2. 현량과   (   )
   조선 중종 때 경학(經學)에 밝고 덕행이 높은 사람을 뽑아 쓰기 위해 보이던 과거.
   ¶ 그는 이번에 ~에 뽑혔다.

3. 혈기   (   )
   피와 기운.
   ¶ ~가 왕성하다.

4. 혈맥   (   )
   피가 도는 줄기.
   ¶ 산의 ~이 잘려져 나간 곳이다.

5. 혈세   (   )
   가혹한 조세.
   ¶ ~ 때문에 살기가 어렵다.

6. 혈육   (   )
   부모·자식·형제·자매 들.
   ¶ 이 세상에 ~이라곤 동생 하나뿐이다.

7. 혈통   (   )
   같은 핏줄을 타고난 겨레붙이의 계통.
   ¶ 왕가의 ~을 이어야 한다.

8. 협조   (   )
   남이 하는 일을 거들어 줌.
   ¶ 환경 정화 사업에 ~하다.

9. 협정   (   )
   협의하여 결정함.
   ¶ 양국 간에 평화~을 맺다.

10. 협의   (   )
    여럿이 모여 의논함.
    ¶ ~ 사항을 알리다.

11. 협회   (   )
    어떤 목적을 위하여 회원들이 협력하여 설립하고 유지하는 회.
    ¶ 출판 문화 ~가 창립되었다.

12. 농협   (   )
    농업 협동 조합의 준말.
    ¶ 올 벼농사는 ~에서 모두 수매한다.

13. 혜서   (   )
    남이 보내어 준 편지를 높이어 이르는 말.
    ¶ 편지의 높임말을 ~라 한다.

14. 은혜   (   )
    자연이나 남에게서 받는 고마운 혜택.
    ¶ ~를 모르는 자는 짐승만도 못하다.

15. 천혜   (   )
    하늘이 베풀어 준 은혜, 곧 자연의 은혜.
    ¶ 이 땅은 ~자원의 보고(寶庫)이다.

16. 호주   (   )
    ①한 집안의 주장이 되는 사람. ②한 집안의 호주권을 가지고 가족을 거느리는 사람.
    ¶ 돌아가시면서 ~상속을 원하셨습니다.

17. 호구   (   )
    호수(戶數)와 식구.
    ¶ 통계청에서 ~조사를 나왔습니다.

18. 호수   (   )
    집의 수효. 세대의 수효.
    ¶ 분양~ 내역을 살펴보면….

19. 가가호호   (   )
    각 집. 또는, 모든 집.
    ¶ ~ 찾아다니며 물건을 팔다.

♣ 다음 낱말 풀이에 알맞은 한자(漢字)를 쓰시오.   ➡ 정답은 243쪽

1. 호출 (   )
불러냄.
¶ 상사의 ~을 받고 달려가다.

2. 호명 (   )
이름을 부름.
¶ ~을 하면 손을 들어 주세요.

3. 호응 (   )
호소에 마주 응하는 것.
¶ 1970년대에 새마을 운동은 국민들의 많은 ~을 받았다.

4. 호형호제 (   )
형이라고 부르고 아우라고 부른다는 뜻으로 친형제처럼 가깝게 지냄을 이르는 말
¶ 두 사람은 ~하는 사이다.

5. 호국 (   )
나라를 지킴.
¶ ~영령의 뜻을 이어받아 나라를 사랑해야 한다.

6. 호송 (   )
①보호하여 보내는 것. ②죄인 따위를 감시하면서 데려가는 것.
¶ 범인을 차량으로 ~하다.

7. 양호 (   )
①기르고 보호하는 일. ②학교에서 학생의 건강이나 위생에 대하여 돌보아 주는 일.
¶ 새로 ~선생이 오셨다.

8. 자연보호 (   )
인류의 생활 환경인 자연을 훼손하지 않고 좋은 상태로 가꾸고 보살펴 본래의 모습으로 보존하려 하는 일.
¶ 사람은 ~, 자연은 사람보호!

9. 화물 (   )
운반할 수 있는 물품의 총칭.
¶ ~을 실어 나를 때는 떨어지지 않도록 조심해야 한다.

10. 금화 (   )
금으로 만든 돈. 금돈.
¶ 해저 유물 가운데 ~가 발견되었다.

11. 미화 (   )
미국의 화폐. 단위는 달러(dollar)
¶ ~ 100달러를 바꾸고 싶은데요.

12. 백화점 (   )
일상생활에 필요한 온갖 상품을 각 부문별로 나누어 파는 대규모의 현대식 상점
¶ ~이 들어서면서 그 가게의 매출이 감소하기 시작했다.

13. 확고 (   )
태도나 상황 따위가 확실하고 굳음.
¶ ~한 결심을 누가 막겠느냐?

14. 확실 (   )
틀림이 없음.
¶ 그 사람이 정말 ~하냐?

15. 확보 (   )
확실하게 보유함.
¶ 인원을 ~하다.

16. 확신 (   )
굳게 믿음.
¶ 나는 그의 결백을 ~한다.

17. 확인 (   )
확실히 알아봄. 확실히 인정함.
¶ 사실 여부를 ~하다.

18. 회답 (   )
물음에 대하여 대답함.
¶ ~을 받고서 기뻐 어찌할 바를 몰랐다.

19. 회로 (   )
돌아오는 길. 귀로. 전기회로의 준말.
¶ 컴퓨터를 포함한 모든 전자 ~ 내부는 직류 전원이 필요하다

♣ 다음 낱말 풀이에 알맞은 한자(漢字)를 쓰시오.   ▶ 정답은 243쪽

1. 회복 (　　　　　　)
이전의 상태로 돌아옴.
¶ 신뢰를 ~하는 게 중요하다.

2. 기사회생 (　　　　　　)
중병으로 죽을 뻔하다가 다시 살아남.
¶ 벼랑 끝까지 내몰렸던 <박하사탕>이 ~한 것은 관객의 지지를 바탕으로 높은 객석 점유율을 유지한 것이 결정적인 요인으로 꼽힌다.

3. 흡연 (　　　　　　)
담배를 피움.
¶ 최근 여성 ~ 인구가 늘고 있다.

4. 흡입 (　　　　　　)
빨아들임.
¶ 산소를 ~시키다.

5. 흡수 (　　　　　　)
①빨아들이는 것. ②외부에 있는 것을 내부로 모아 들이는 것.
¶ 스펀지가 물기를 ~하다.

6. 흡혈동물 (　　　　　　)
딴 동물의 피를 빨아 먹고 사는 동물.
¶ 박쥐는 ~이란 누명까지 쓰고 있다.

7. 흥망 (　　　　　　)
흥하는 일과 망하는 일.
¶ 나라의 ~을 보면서 반평생을 살았다.

8. 흥미 (　　　　　　)
①흥을 느끼는 재미. ②관심을 가지는 감정.
¶ ~를 느끼기 시작하다.

9. 흥기 (　　　　　　)
①떨치고 일어나는 것. ②세력이 왕성해지는 것.
¶ 몽고족이 새로이 ~하여 거대한 세력을 형성하였다.

10. 부흥 (　　　　　　)
쇠(衰)하였던 것이 다시 일어남.
¶ 많은 국민들은 경제~을 원하고 있다.

11. 신흥 (　　　　　　)
새로 일어남.
¶ ~재벌이 나타나 많은 돈을 쓰기 시작했다.

12. 희망 (　　　　　　)
이루거나 얻고자 기대하고 바람.
¶ ~에 넘치다.

13. 희구 (　　　　　　)
바라며 구함.
¶ 자유를 ~하다.

14. 만강 (　　　　　　)
웃어른의 신상이 아주 평안함.
¶ 존당께서는 기력이 ~하시온지요.

15. 황동 (　　　　　　)
놋쇠.
¶ 제사지내는 그릇을 ~으로 제작하였다.

16. 청동기 (　　　　　　)
구리와 주석을 주성분으로 하고 아연·납·인 등을 섞은 합금의 통칭인 청동으로 주조한 기구.
¶ 구석기 시대 ⇒ 신석기 시대 ⇒ ~ 시대 ⇒ 철기시대

【정답】 - 한자어 독음 쓰기

▶ 164쪽

1.가령 2.가정 3.가면 4.가등기 5.가도
6.가로등 7.가로수 8.가두행진 9.감산 10.감산
11.감량 12.감원 13.감소 14.감독 15.감시
16.감방 17.강복 18.건강 19.강당 20.강사
21.강론 22.강의 23.강연회 24.개인 25.개별
26.개체 27.개성 28.개인기 29.검사 30.검산
31.검문 32.검사 33.검찰 34.결석 35.결식
36.결례 37.결항 38.결격 39.결백 40.고결
41.불결 42.순결 43.청결 44.경과 45.경제
46.경서 47.경로 48.경험 49.경고 50.경구
51.경비 52.경보 53.경찰 54.경계 55.경내
56.국경 57.사경 58.심경 59.경사 60.경축
61.국경일 62.계원 63.계장 64.계수 65.관계
66.고향 67.고장 68.고인 69.고국 70.고사
71.호감 72.호의 73.호오 74.애호 75.우호
76.관직 77.고관 78.법관 79.장관 80.구명
81.연구 82.구절 83.문구 84.구두

▶ 165쪽

1.구인 2.구구절절 3.구직 4.구애 5.급구
6.요구 7.궁녀 8.궁중 9.궁합 10.궁체
11.왕궁 12.권세 13.권력 14.권리 15.권익
16.권문세가 17.극동 18.극소수 19.태극기 20.극락왕생
21.금연 22.금물 23.금지 24.금식 25.통금
26.기립 27.기동 28.기공 29.기안 30.기구
31.기관 32.난방 33.난류 34.온난화 35.난해
36.난공불락 37.노기 38.난형난제 39.노력 40.난민보호
41.노색 42.노호 43.단독 44.노발대발 45.단과
46.단어 47.단원 48.단위 49.단정 50.단말
51.단적 52.단오 53.단군 54.단념 55.단속
56.단식 57.단절 58.달성 59.달관 60.달인
61.달필 62.통달 63.담당 64.담보 65.당권
66.담임교사 67.당수 68.당원 69.당쟁 70.야당
71.대동 72.온대 73.지대 74.화산대 75.열대림
76.대상 77.대열 78.대원 79.군대 80.입대
81.도입 82.도출 83.인도 84.독약

▶ 166쪽

1.독소 2.독초 3.독성 4.독살 5.감독
6.독전 7.기독교 8.동상 9.금은동 10.두량
11.두유 12.북두칠성 13.두만강 14.종두득두 15.득실
16.득표 17.득의 18.득세 19.소득 20.등화가친
21.전등 22.풍전등화 23.나열 24.등하불명 25.신라
26.오백나한 27.양가 28.양국 29.양면 30.양반
31.양친 32.고려 33.미려 34.고구려 35.연결
36.연발 37.연승 38.연휴 39.연타 40.열거
41.열강 42.열차 43.녹음 44.녹취 45.기록
46.녹화방송 47.논설 48.논리 49.논문 50.논단
51.결론 52.유보 53.유념 54.유의 55.유임
56.유학 57.율법 58.율동 59.음율 60.이율배반
61.만기 62.만족 63.만원 64.만월 65.금맥
66.만장일치 67.동맥 68.명맥 69.모근 70.일맥상통
71.불모지 72.이모작 73.목동 74.구우일모 75.목장
76.목사 77.무사 78.목민심서 79.무기 80.무력
81.무술 82.무용 83.업무 84.시무식

▶ 167쪽

1.미래 2.무실역행 3.미정 4.미만 5.미개
6.미안 7.의미 8.조미료 9.밀림 10.밀도
11.밀집 12.밀담 13.밀약 14.박사 15.박애
16.박학다식 17.방공 18.방비 19.방충 20.방화
21.방수 22.방문 23.각방 24.감방 25.난방
26.신방 27.방문 28.방미 29.방중 30.방한
31.방북 32.배경 33.배반 34.배후 35.배신자
36.배상 37.경배 38.예배 39.세배 40.재배
41.배급 42.배달 43.배열 44.배치 45.배합
46.벌목 47.벌초 48.벌채 49.북벌 50.살벌
51.벌금 52.벌칙 53.상벌 54.천벌 55.처벌
56.벽지 57.벽보 58.벽화 59.방벽 60.절벽
61.변경 62.강변 63.등변 64.신변 65.해변
66.보행 67.보병 68.보도 69.보수 70.오십보백보
71.보안 72.보전 73.보존 74.보호 75.보답
76.보고 77.보도 78.결초보은 79.보물 80.보석
81.보화 82.가보 83.국보 84.복습

▶ 168쪽

1.부활 2.부흥 3.광복 4.반복 5.행정부
6.부원군 7.부인 8.삼부요인 9.부덕 10.부녀자
11.부사 12.부부유별 13.부식 14.부업 15.부상
16.부작용 17.부강 18.부국강병 19.부자 20.부귀공명
21.불교 22.불당 23.불경 24.불심 25.성불
26.비리 27.비명 28.시비곡직 29.비상구 30.비관
31.비보 32.비운 33.비원 34.비행 35.비상
36.비품 37.비축 38.유비무환 39.구비 40.빈부
41.빈민 42.빈약 43.빈혈 44.청빈 45.사원
46.산사 47.통도사 48.대흥사 49.사택 50.사감
51.객사 52.관사 53.축사 54.사제 55.사표
56.교사 57.출사 58.의사 59.사과 60.사의
61.사절 62.사죄 63.감사 64.사육제 65.살기
66.쇄도 67.살생 68.살해 69.상쇄 70.독상
71.병상 72.온상 73.평상 74.상태 75.죄상
76.현상 77.답장 78.상장 79.상념 80.가상
81.감상 82.공상 83.사상 84.상비

▶ 169쪽

1.상용 2.상록 3.상설 4.상식 5.설립
6.설문 7.설정 8.설치 9.설령 10.성문
11.성벽 12.만리장성 13.성남 14.성대 15.성업
16.성행 17.풍성 18.전성기 19.성실 20.성금
21.열성 22.성심성의 23.행성 24.금성 25.유성
26.북극성 27.성경 28.성당 29.성자 30.성지
31.성현 32.성악 33.발성 34.변성 35.음성
36.성명서 37.세공 38.세밀 39.세분 40.세심
41.세금 42.세입 43.관세 44.국세 45.세무사
46.세력 47.세도 48.득세 49.승세 50.전세
51.소박 52.소재 53.소질 54.평소 55.엽록소
56.담소 57.냉소 58.소문만복래 59.고소 60.소제
61.청소 62.속담 63.속물 64.속설 65.속세
66.민속 67.속보 68.속개 69.속행 70.속출
71.상속 72.송금 73.송별 74.송년 75.수비
76.송구영신 77.수위 78.수절 79.수칙 80.수호신
81.수금 82.수용 83.수익 84.수집

▶ 170쪽

1.수입 2.수강 3.수난 4.수상 5.수신
6.수험생 7.수업 8.교수 9.전수 10.수신
11.수양 12.수행 13.수학 14.순결 15.순도
16.순금 17.순모 18.순종 19.승복 20.승인
21.전승 22.승정원 23.시력 24.시야 25.시찰
26.감시 27.근시 28.시정 29.시비 30.시인
31.시공 32.시시비비 33.시상 34.시설 35.시행
36.실시 37.시인 38.시상 39.시집 40.동시
41.한시 42.시도 43.시식 44.시음 45.시합
46.시험 47.자식 48.안식처 49.휴식 50.자강불식
51.신고 52.신고식 53.신청 54.출생신고 55.심야
56.심산 57.심해 58.심화학습 59.안과 60.안목
61.착안 62.안하무인 63.암묵 64.암기 65.암산
66.암시 67.명암 68.압력 69.압인 70.강압
71.압승 72.혈압 73.액체 74.액화 75.혈액
76.양모 77.백양 78.산양 79.우양 80.여전
81.결여 82.여의 83.여담 84.여력

▶ 171쪽

1.여생 2.여념 3.여백 4.역경 5.역류
6.역설 7.역행 8.반역 9.연구 10.연구생
11.연수 12.연구소 13.연기 14.연초 15.금연
16.무연탄 17.연사 18.연설 19.연기 20.연습
21.주연 22.영광 23.허영심 24.예술 25.예능
26.곡예 27.공예 28.서예 29.오답 30.오보
31.오산 32.오인 33.정오 34.옥색 35.옥체
36.백옥 37.옥동자 38.왕복 39.왕래 40.우왕좌왕
41.왕년 42.가요 43.농요 44.동요 45.민요
46.속요 47.용기 48.용량 49.내용 50.허용
51.사원 52.선원 53.요원 54.인원 55.정원
56.원만 57.원탁 58.원형 59.원심 60.단원
61.위성 62.위병 63.호위 64.위생복 65.위민
66.위주 67.위정자 68.인위적 69.육류 70.육식
71.육질 72.육안 73.육체 74.은공 75.은사
76.은혜 77.은덕 78.보은 79.음양 80.음지
81.음흉 82.광음 83.촌음 84.응답

▶ **172쪽**

1.응시 2.응용 3.대응 4.반응 5.의거
6.의사 7.의무 8.의리 9.정의 10.의결
11.의논 12.의장 13.의원 14.의제 15.이동
16.이주 17.이민 18.이식 19.국익 20.익자삼우
21.이익 22.다다익선 23.인수 24.인용 25.인하
26.인출 27.인력 28.인장 29.인도 30.해인사
31.인식 32.인가 33.인정 34.시인 35.오인
36.장벽 37.고장 38.보장 39.장군 40.장졸
41.장교 42.장병 43.장래 44.저속 45.저속
46.저질 47.저공 48.고저 49.적국 50.적군
51.적수 52.적지 53.대적 54.화전민 55.유전
56.전원주택 57.절교 58.절망 59.절명 60.오언절구
61.접견 62.접근 63.접착 64.접수 65.접합
66.정치 67.정권 68.정국 69.정당 70.정부
71.정도 72.공정 73.일정 74.정독 75.정력
76.정신 77.정성 78.정미소 79.제도 80.제정
81.제동 82.제약 83.제한 84.제도

▶ **174쪽**

1.동지 2.지망 3.지사 4.지원 5.지조
6.의지 7.지시 8.지정 9.지향 10.지명타자
11.직업 12.직원 13.직위 14.직무 15.진실
16.진가 17.진가 18.진리 19.진선미 20.진보
21.진로 22.진퇴양난 23.진학 24.차남 25.차관
26.차장 27.차례 28.차선 29.감찰 30.고찰
31.불찰 32.성찰 33.경찰 34.창립 35.창안
36.창시 37.창작 38.창조 39.처소 40.처리
41.처녀 42.처벌 43.거처 44.청구 45.청약
46.청원 47.요청 48.자청 49.총기 50.총살
51.총포 52.총성 53.장총 54.총장 55.총무
56.총원 57.총회 58.총리 59.축재 60.저축
61.축성 62.축조 63.건축 64.충성 65.충효
66.충언역이 67.충고 68.충치 69.충해 70.해충
71.취득 72.취소 73.취재 74.쟁취 75.측량
76.측정 77.계측 78.측우기 79.치안 80.치수
81.정치 82.퇴치 83.불치 84.치중

▶ **173쪽**

1.제약 2.제조 3.제철소 4.제거 5.제대
6.제명 7.제외 8.제야 9.제전 10.제천
11.제기 12.제례 13.제단 14.교제 15.국제
16.실제 17.제기 18.제시 19.제안 20.제의
21.제출 22.제주 23.구제 24.경세제민 25.경제
26.조기 27.조기 28.조산 29.조속 30.조퇴
31.조언 32.조수 33.조연 34.구조 35.공조
36.조림 37.조성 38.조작 39.조화 40.조형
41.조류 42.길조 43.백조 44.불사조 45.존경
46.존귀 47.존중 48.지존 49.자존심 50.종가
51.종손 52.종족 53.종친 54.종교 55.주행
56.주력 57.주자 58.주마간산 59.죽도 60.죽마고우
61.죽세공 62.준칙 63.준비 64.기준 65.수준
66.평준 67.중생 68.중론 69.관중 70.대중
71.민중 72.증가 73.증강 74.증산 75.증감
76.증진 77.지배 78.지국 79.지점 80.지급
81.지장 82.지극 83.지당 84.지성감천

▶ **175쪽**

1.설치 2.배치 3.안치 4.위치 5.치과
6.치약 7.충치 8.침공 9.침입 10.남침
11.불가침 12.쾌감 13.쾌락 14.쾌활 15.명쾌
16.완쾌 17.태도 18.태세 19.사태 20.생태
21.형태 22.통치 23.통계 24.평화통일 25.전통
26.퇴거 27.퇴직 28.전진후퇴 29.퇴원 30.파고
31.파동 32.인파 33.전파 34.풍파 35.파격
36.파국 37.파산 38.타파 39.포고 40.포교
41.보시 42.분포 43.포목점 44.포용 45.내포
46.소포 47.포문 48.포대 49.포병 50.대포
51.포성 52.폭동 53.폭행 54.포악 55.폭풍우
56.표결 57.개표 58.득표 59.차표 60.매표소
61.풍년 62.풍작 63.풍부 64.풍성 65.풍흉
66.한계 67.한정 68.한도 69.시한 70.제한
71.항해 72.항공 73.항로 74.난항 75.운항
76.항구 77.공항 78.개항 79.군항 80.출항
81.해결 82.해법 83.해설 84.해답

▶ *176쪽*

1.이해 2.향기 3.향료 4.향수 5.암향
6.향원익청 7.향토 8.향리 9.향약 10.경향
11.고향 12.허공 13.허실 14.허례 15.허약
16.허무 17.경험 18.시험 19.실험 20.체험
21.효험 22.현명 23.현인 24.현모 25.성현
26.현량과 27.혈기 28.혈맥 29.혈세 30.혈육
31.혈통 32.협조 33.협정 34.협의 35.협회
36.농협 37.혜정 38.은혜 39.천혜 40.호주
41.호구 42.가가호호 43.호수 44.호출 45.호명
46.호형호제 47.호응 48.호국 49.호송 50.자연보호
51.양호 52.화물 53.금화 54.미화 55.백화점
56.확고 57.확실 58.확보 59.확신 60.확인
61.회답 62.회로 63.회복 64.기사회생 65.흡연
66.흡입 67.흡수 68.흡혈동물 69.흥망 70.흥미
71.흥기 72.부흥 73.신흥 74.희망 75.희구
76.만강 77.황동 78.청동기

【정답】 - 한자어 쓰기

▶ 177쪽
1.假令 2.假定 3.假面 4.假登記 5.街道
6.街路燈 7.街路樹 8.街頭行進 9.減算 10.減産
11.減量 12.減員 13.減少 14.監督 15.監視
16.監房 17.康福 18.健康 19.講堂

▶ 178쪽
1.講士 2.講論 3.講義 4.講演會 5.個人
6.個別 7.個體 8.個性 9.個人技 10.檢査
11.檢算 12.檢問 13.檢事 14.檢察 15.缺席
16.缺食 17.缺禮 18.缺航

▶ 179쪽
1.缺格 2.潔白 3.高潔 4.不潔 5.純潔
6.淸潔 7.經過 8.經濟 9.經書 10.經路
11.經驗 12.警告 13.警句 14.警備 15.警報
16.警察 17.境界 18.境內

▶ 180쪽
1.國境 2.死境 3.心境 4.慶事 5.慶祝
6.國慶日 7.係員 8.係長 9.係數 10.關係
11.故鄕 12.故障 13.故人 14.故國 15.故事
16.攻防 17.攻守 18.强攻 19.先攻

▶ 181쪽
1.速攻 2.官職 3.高官 4.法官 5.長官
6.究明 7.硏究 8.句節 9.文句 10.句讀
11.句句節節 12.求人 13.求職 14.求愛 15.急求
16.要求 17.宮女 18.宮中 19.宮合

▶ 182쪽
1.宮體 2.王宮 3.權勢 4.權力 5.權利
6.權益 7.權門勢家 8.極東 9.極少數 10.太極旗
11.極樂往生 12.禁煙 13.禁物 14.禁止 15.禁食
16.通禁 17.起立 18.起動 19.起工

▶ 183쪽
1.起案 2.器具 3.器官 4.暖房 5.暖流
6.溫暖化 7.難解 8.難攻不落 9.難民保護 10.難兄難弟
11.努力 12.怒氣 13.怒色 14.怒號 15.怒發大發
16.單獨 17.單科 18.單語 19.單元

▶ 184쪽
1.單位 2.端正 3.端末 4.端的 5.端午
6.檀君 7.斷念 8.斷續 9.斷食 10.斷絶
11.達成 12.達觀 13.達人 14.達筆 15.通達
16.擔當 17.擔保 18.擔任敎師 19.黨權

▶ 185쪽
1.黨首 2.黨員 3.黨爭 4.野黨 5.帶同
6.溫帶 7.地帶 8.火山帶 9.熱帶林 10.隊商
11.隊列 12.隊員 13.軍隊 14.入隊 15.導入
16.導出 17.引導 18.毒藥

▶ 186쪽
1.毒素 2.毒草 3.毒性 4.毒殺 5.監督
6.督戰 7.基督敎 8.銅賞 9.金銀銅 10.斗量
11.北斗七星 12.豆油 13.豆滿江 14.種豆得豆 15.得失
16.得票 17.得意 18.得勢

▶ 187쪽
1.所得 2.電燈 3.燈火可親 4.風前燈火 5.燈下不明
6.羅列 7.新羅 8.五百羅漢 9.兩家 10.兩國
11.兩面 12.兩班 13.兩親 14.高麗 15.美麗
16.高句麗 17.連結

▶ 188쪽
1.連發 2.連勝 3.連休 4.連打 5.列擧
6.列强 7.列車 8.錄音 9.錄取 10.記錄
11.錄畵放送 12.論說 13.論理 14.論文 15.論壇
16.結論 17.留保 18.留念 19.留意

▶ 189쪽
1.留任 2.留學 3.律法 4.律動 5.音律
6.二律反背 7.滿期 8.滿足 9.滿員 10.滿月
11.滿場一致 12.金脈 13.動脈 14.命脈 15.一脈相通
16.毛根 17.不毛地 18.二毛作

190쪽
1.九牛一毛 2.牧童 3.牧場 4.牧師 5.牧民心書
6.武士 7.武器 8.武力 9.武術 10.武勇
11.業務 12.始務式 13.務實力行 14.未來 15.未定
16.未滿 17.未開 18.未安 19.意味

191쪽
1.調味料 2.密林 3.密度 4.密集 5.密談
6.密約 7.博士 8.博愛 9.博學多識 10.防空
11.防備 12.防蟲 13.防火 14.防水 15.房門
16.各房 17.監房 18.暖房 19.新房 20.訪問

192쪽
1.訪美 2.訪中 3.訪韓 4.訪北 5.背景
6.背反 7.背後 8.背信者 9.拜上 10.敬拜
11.禮拜 12.歲拜 13.再拜 14.配給 15.配達
16.配列 17.配置 18.配合 19.伐木 20.伐草

193쪽
1.伐採 2.北伐 3.殺伐 4.罰金 5.罰則
6.賞罰 7.天罰 8.處罰 9.壁紙 10.壁報
11.壁畫 12.防壁 13.絕壁 14.邊境 15.江邊
16.等邊 17.身邊 18.海邊 19.步行

194쪽
1.步兵 2.步道 3.五十步百步 4.保守 5.保安
6.保全 7.保存 8.保護 9.報答 10.報告
11.報道 12.結草報恩 13.寶物 14.寶石 15.寶貨
16.家寶 17.國寶 18.復習 19.復活

195쪽
1.復興 2.光復 3.反復 4.行政府 5.府院君
6.三府要人 7.婦人 8.婦德 9.婦女子 10.夫婦有別
11.副使 12.副食 13.副業 14.副賞 15.副作用
16.富強 17.富者 18.富國強兵

196쪽
1.富貴功名 2.佛教 3.佛堂 4.佛經 5.佛心
6.成佛 7.非理 8.非命 9.非常口 10.是非曲直
11.悲觀 12.悲報 13.悲運 14.悲願 15.飛行]
16.飛上 17.備品 18.備蓄 19.具備

197쪽
1.有備無患 2.貧富 3.貧民 4.貧弱 5.貧血
6.淸貧 7.寺院 8.山寺 9.通度寺 10.大興寺
11.舍宅 12.舍監 13.客舍 14.官舍 15.畜舍
16.師弟 17.師表 18.敎師 19.出師

198쪽
1.醫師 2.謝意 3.謝絕 4.謝罪 5.感謝
6.謝肉祭 7.殺氣 8.殺到 9.殺生 10.殺害
11.相殺 12.獨床 13.病床 14.溫床 15.平床
16.狀態 17.罪狀 18.現狀 19.答狀

199쪽
1.賞狀 2.想念 3.假想 4.感想 5.空想
6.思想 7.常備 8.常用 9.常綠 10.常設
11.常識 12.設立 13.設問 14.設定 15.設置
16.設令 17.城門 18.城壁 19.城南

200쪽
1.萬里長城 2.盛大 3.盛業 4.盛行 5.豊盛
6.全盛期 7.誠實 8.誠金 9.熱誠 10.誠心誠意
11.行星 12.金星 13.流星 14.北極星 15.聖經
16.聖堂 17.聖者 18.聖地

201쪽
1.聖賢 2.聲樂 3.發聲 4.變聲 5.音聲
6.聲明書 7.細工 8.細密 9.細分 10.細心
11.稅金 12.稅入 13.關稅 14.國稅 15.稅務士
16.勢力 17.勢道 18.得勢 19.勝勢

202쪽
1.戰勢 2.素朴 3.素材 4.素質 5.平素
6.葉綠素 7.談笑 8.冷笑 9.苦笑 10.笑門萬福來
11.掃除 12.淸掃 13.俗談 14.俗物 15.俗說
16.俗世 17.民俗 18.續報 19.續開

203쪽
1.續行 2.續出 3.相續 4.送金 5.送別
6.送年 7.送舊迎新 8.守備 9.守衛 10.守節
11.守則 12.守護神 13.收金 14.收容 15.收益
16.收集 17.收入 18.受講 19.受難 20.受賞

204쪽
1. 受信　2. 受驗生　3. 授業　4. 敎授　5. 傳授
6. 修身　7. 修養　8. 修行　9. 修學　10. 純潔
11. 純度　12. 純金　13. 純毛　14. 純種　15. 承服
16. 承認　17. 傳承　18. 承政院　19. 視力

205쪽
1. 視野　2. 視察　3. 監視　4. 近視　5. 是正
6. 是非　7. 是認　8. 是是非非　9. 施工　10. 施賞
11. 施設　12. 施行　13. 實施　14. 詩人　15. 詩想
16. 詩集　17. 童詩　18. 漢詩　19. 試圖

206쪽
1. 試食　2. 試飮　3. 試合　4. 試驗　5. 子息
6. 休息　7. 安息處　8. 自强不息　9. 申告　10. 申請
11. 申告式　12. 出生申告　13. 深夜　14. 深山　15. 深海
16. 深化學習　17. 眼科　18. 眼目　19. 着眼

207쪽
1. 眼下無人　2. 暗默　3. 暗記　4. 暗算　5. 暗示
6. 明暗　7. 壓力　8. 壓印　9. 强壓　10. 壓勝
11. 血壓　12. 液體　13. 液化　14. 血液　15. 羊毛
16. 白羊　17. 山羊　18. 牛羊　19. 如前

208쪽
1. 缺如　2. 如意　3. 百聞不如一見　4. 餘談　5. 餘力
6. 餘生　7. 餘念　8. 餘白　9. 逆境　10. 逆流
11. 逆說　12. 逆行　13. 反逆　14. 硏究　15. 硏修
16. 硏究生　17. 硏究所　18. 煙氣

209쪽
1. 煙草　2. 禁煙　3. 無煙炭　4. 演士　5. 演說
6. 演技　7. 演習　8. 主演　9. 榮光　10. 虛榮心
11. 藝術　12. 藝能　13. 曲藝　14. 工藝　15. 書藝
16. 誤答　17. 誤報　18. 誤算

210쪽
1. 誤認　2. 正誤　3. 玉色　4. 玉體　5. 白玉
6. 玉童子　7. 往復　8. 往來　9. 往年　10. 右往左往
11. 歌謠　12. 農謠　13. 童謠　14. 民謠　15. 俗謠
16. 容器　17. 容量　18. 內容

211쪽
1. 許容　2. 社員　3. 船員　4. 要員　5. 人員
6. 定員　7. 圓滿　8. 圓卓　9. 圓形　10. 圓心
11. 團圓　12. 衛星　13. 衛兵　14. 護衛　15. 衛生服
16. 爲民　17. 爲主　18. 爲政者

212쪽
1. 人爲的　2. 肉類　3. 肉食　4. 肉質　5. 肉眼
6. 肉體　7. 恩功　8. 恩師　9. 恩惠　10. 報恩
11. 陰陽　12. 陰地　13. 陰凶　14. 光陰　15. 寸陰
16. 應答　17. 應試　18. 應用　19. 對應

213쪽
1. 反應　2. 義擧　3. 義士　4. 義務　5. 義理
6. 正義　7. 議決　8. 議論　9. 議長　10. 議員
11. 議題　12. 移動　13. 移住　14. 移民　15. 移植
16. 國益　17. 利益　18. 益者三友　19. 多多益善

214쪽
1. 引受　2. 引用　3. 引下　4. 引出　5. 引力
6. 印章　7. 印度　8. 海印寺　9. 認識　10. 認可
11. 認定　12. 是認　13. 誤認　14. 障壁　15. 故障
16. 保障　17. 將軍　18. 將卒　19. 將校　20. 將兵

215쪽
1. 將來　2. 低俗　3. 低速　4. 低質　5. 低空
6. 高低　7. 敵國　8. 敵軍　9. 敵手　10. 敵地
11. 對敵　12. 油田　13. 火田民　14. 田園住宅　15. 絕交
16. 絕望　17. 絕命　18. 五言絕句　19. 接見　20. 接近

216쪽
1. 接着　2. 接收　3. 接合　4. 政治　5. 政權
6. 政局　7. 政黨　8. 政府　9. 程度　10. 工程
11. 日程　12. 精讀　13. 精力　14. 精神　15. 精誠
16. 精米所　17. 制度　18. 制定

217쪽
1. 制動　2. 制約　3. 制限　4. 製圖　5. 製藥
6. 製造　7. 製鐵所　8. 除去　9. 除隊　10. 除名
11. 除外　12. 除夜　13. 祭典　14. 祭天　15. 祭器
16. 祭禮　17. 祭壇　18. 交際

218쪽
1.國際　2.實際　3.提起　4.提示　5.提案
6.提議　7.提出　8.濟州　9.救濟　10.經濟
11.經世濟民　12.早期　13.早起　14.早産　15.早速
16.早退　17.助言　18.助手

219쪽
1.助演　2.救助　3.共助　4.造林　5.造成
6.造作　7.造花　8.造形　9.鳥類　10.吉鳥
11.白鳥　12.不死鳥　13.尊敬　14.尊貴　15.尊重
16.至尊　17.自尊心　18.宗家

220쪽
1.宗孫　2.宗族　3.宗親　4.宗敎　5.走行
6.走力　7.走者　8.走馬看山　9.竹刀　10.竹細工
11.竹馬故友　12.準則　13.準備　14.基準　15.水準
16.平準　17.衆生　18.衆論

221쪽
1.觀衆　2.大衆　3.民衆　4.增加　5.增强
6.增産　7.增減　8.增進　9.支配　10.支局
11.支店　12.支給　13.支障　14.至極　15.至當
16.冬至　17.至誠感天　18.志望　19.志士

222쪽
1.志願　2.志操　3.意志　4.指示　5.指定
6.指向　7.指名打者　8.職分　9.職業　10.職員
11.職位　12.職務　13.眞實　14.眞假　15.眞價
16.眞理　17.眞善美　18.進步　19.進路　20.進學

223쪽
1.進退兩難　2.次男　3.次官　4.次長　5.次例
6.次善　7.監察　8.考察　9.不察　10.省察
11.警察　12.創立　13.創案　14.創始　15.創作
16.創造　17.處所　18.處理

224쪽
1.處女　2.處罰　3.去處　4.請求　5.請約
6.請願　7.要請　8.自請　9.銃器　10.銃殺
11.銃砲　12.銃聲　13.長銃　14.總長　15.總務
16.總員　17.總會　18.總理　19.蓄財

225쪽
1.貯蓄　2.築城　3.築造　4.建築　5.忠誠
6.忠孝　7.忠告　8.忠言逆耳　9.蟲齒　10.蟲害
11.害蟲　12.取得　13.取消　14.取材　15.爭取
16.測量　17.測定　18.計測

226쪽
1.測雨器　2.治安　3.治水　4.政治　5.退治
6.不治　7.置重　8.設置　9.配置　10.安置
11.位置　12.齒科　13.齒藥　14.蟲齒　15.侵攻
16.侵入　17.南侵　18.不可侵　19.快感

227쪽
1.快樂　2.快活　3.明快　4.完快　5.態度
6.態勢　7.事態　8.生態　9.形態　10.統治
11.統計　12.傳統　13.平和統一　14.退去　15.退職
16.退院　17.前進後退　18.波高　19.波動

228쪽
1.人波　2.電波　3.風波　4.破格　5.破局
6.破産　7.打破　8.布告　9.布敎　10.布施
11.分包　12.布木店　13.包容　14.內包　15.小包
16.砲門　17.砲隊　18.砲兵　19.大砲

229쪽
1.砲聲　2.暴動　3.暴行　4.暴惡　5.暴風雨
6.票決　7.開票　8.得票　9.車票　10.賣票所
11.豊年　12.豊作　13.豊富　14.豊盛　15.豊凶
16.限界　17.限定　18.限度　19.時限　20.制限

230쪽
1.航海　2.航空　3.航路　4.難航　5.運航
6.港口　7.空港　8.開港　9.軍港　10.出港
11.解決　12.解法　13.解說　14.解答　15.理解
16.香氣　17.香料　18.香水　19.暗香

231쪽
1.香遠益淸　2.鄕土　3.鄕里　4.鄕約　5.京鄕
6.故鄕　7.虛空　8.虛實　9.虛禮　10.虛弱
11.虛無　12.經驗　13.試驗　14.實驗　15.體驗
16.效驗　17.賢明　18.賢人　19.賢母

➡ 232쪽

1.聖賢　2.賢良科　3.血氣　4.血脈　5.血稅
6.血肉　7.血統　8.協助　9.協定　10.協議
11.協會　12.農協　13.惠書　14.恩惠　15.天惠
16.戶主　17.戶口　18.戶數　19.家家戶戶

➡ 233쪽

1.呼出　2.呼名　3.呼應　4.呼兄呼弟　5.護國
6.護送　7.養護　8.自然保護　9.貨物　10.金貨
11.美貨　12.百貨店　13.確固　14.確實　15.確保
16.確信　17.確認　18.回答　19.回路

➡ 234쪽

1.回復　2.起死回生　3.吸煙　4.吸入　5.吸收
6.吸血動物　7.興亡　8.興味　9.興起　10.復興
11.新興　12.希望　13.希求　14.萬康　15.黃銅
16.靑銅器

♣ **다음 반의어**(反義語 = 뜻이 서로 반대되거나 상대인 한자)**를 써 보시오.**

단어	한자			
• 가감(加減) : 더하거나 덞.	加 減 더할 가 / 덜 감	더할 가 / 덜 감		
• 경향(京鄕) : 서울과 시골.	京 鄕 서울 경 / 시골 향	서울 경 / 시골 향		
• 고저(高低) : 높낮이.	高 低 높을 고 / 낮을 저	높을 고 / 낮을 저		
• 공방(攻:防) : 적을 치는 일과 막는 일.	攻 防 칠 공 / 막을 방	칠 공 / 막을 방		
• 공수(攻:守) : 공격과 수비.	攻 守 칠 공 / 지킬 수	칠 공 / 지킬 수		
• 관민(官民) : 관리와 국민.	官 民 벼슬 관 / 백성 민	벼슬 관 / 백성 민		
• 단속(斷:續) : 끊어졌다 이어졌다 함.	斷 續 끊을 단 / 이을 속	끊을 단 / 이을 속		
• 득실(得失) : 얻음과 잃음.	得 失 얻을 득 / 잃을 실	얻을 득 / 잃을 실		

♣ **다음 반의어**(反義語 = 뜻이 서로 반대되거나 상대인 한자)**를 써 보시오.**

• 내왕(來往) : 오고 가고 함.	來 往 올 래　갈 왕	올 래　갈 왕	
• 명암(明暗) : 밝음과 어둠.	明 暗 밝을 명　어두울 암	밝을 명　어두울 암	
• 문무(文武) : 문관과 무관. 학식과 전략.	文 武 글월 문　호반 무	글월 문　호반 무	
• 반상(班常) : 양반과 상사람.	班 常 양반 반　상민 상	양반 반　상민 상	
• 부부(夫婦) : 남편과 아내.	夫 婦 지아비 부　지어미 부	지아비 부　지어미 부	
• 빈부(貧富) : 가난함과 　부유함.	貧 富 가난할 빈　부자 부	가난할 빈　부자 부	
• 사제(師弟) : 스승과 제자.	師 弟 스승 사　제자 제	스승 사　제자 제	
• 상벌(賞罰) : 상과 벌.	賞 罰 상줄 상　벌할 벌	상줄 상　벌할 벌	

♣ **다음 반의어(反義語 = 뜻이 서로 반대되거나 상대인 한자)를 써 보시오.**

• 수수(授受) : 주고받고 함.	授 受 줄 수 / 받을 수	줄 수 / 받을 수	
• 수지(收支) : 수입과 지출.	收 支 거둘 수 / 줄 지	거둘 수 / 줄 지	
• 순역(順:逆) : 순종과 거역.	順 逆 순할 순 / 거스를 역	순할 순 / 거스를 역	
• 시비(是:非) : 잘잘못.	是 非 옳을 시 / 아닐 비	옳을 시 / 아닐 비	
• 옥석(玉石) : 옥과 돌.	玉 石 구슬 옥 / 돌 석	구슬 옥 / 돌 석	
• 왕복(往:復) : 갔다가 돌아옴.	往 復 갈 왕 / 돌아올 복	갈 왕 / 돌아올 복	
• 음양(陰陽) : 음과 양.	陰 陽 그늘 음 / 볕 양	그늘 음 / 볕 양	
• 자지(自至) : 어느 시점이나 지점으로부터 이르는 시간이나 거리.	自 至 부터 자 / 이를 지	부터 자 / 이를 지	

♣ 다음 반의어(反義語 = 뜻이 서로 반대되거나 상대인 한자)를 써 보시오.

단어	한자			
• 장병(將:兵) : 장교와 사병.	將 兵 장수 장 / 병사 병	장수 장 / 병사 병		
• 장졸(將:卒) : 장수와 병졸.	將 卒 장수 장 / 군사 졸	장수 장 / 군사 졸		
• 정오(正:誤) : 바름과 그릇됨.	正 誤 바를 정 / 그르칠 오	바를 정 / 그르칠 오		
• 진퇴(進:退) : 앞으로 나아감과 뒤로 물러남.	進 退 나아갈 진 / 물러날 퇴	나아갈 진 / 물러날 퇴		
• 진가(眞假) : 진짜와 가짜.	眞 假 참 진 / 거짓 가	참 진 / 거짓 가		
• 집배(集配) : 모음과 분배함.	集 配 모을 집 / 나눌 배	모을 집 / 나눌 배		
• 증감(增減) : 늘림과 줄임.	增 減 더할 증 / 덜 감	더할 증 / 덜 감		
• 풍흉(豊凶) : 풍년과 흉년.	豊 凶 풍년 풍 / 흉년 흉	풍년 풍 / 흉년 흉		

♣ **다음 반의어(反義語 = 뜻이 서로 반대되거나 상대인 한자)를 써 보시오.**

• 출결(出缺) : 출석과 결석.	出 缺 날 출 빠질 결	날 출 빠질 결	
• 한난(寒暖) : 추움과 따뜻함.	寒 暖 찰 한 따뜻할 난	찰 한 따뜻할 난	
• 허실(虛實) : 거짓과 참.	虛 實 빌 허 옹골찰 실	빌 허 옹골찰 실	
• 흥망(興亡) : 잘 되어 일어남과 못 되어 없어짐.	興 亡 일 흥 망할 망	일 흥 망할 망	

♣ **다음 동의어**(同義語 = 뜻이 같거나 비슷한 한자)**를 써 보시오.**

단어	한자					
• 가요(歌謠) : 노래의 속칭.	歌 謠					
	노래 가	노래 요	노래 가	노래 요		
• 감시(監視) : 주의하여 지켜봄.	監 視					
	볼 감	볼 시	볼 감	볼 시		
• 건강(健:康) : 몸에 탈이 없고 튼튼함.	健 康					
	굳셀 건	몸튼튼할 강	굳셀 건	몸튼튼할 강		
• 경계(境界) : 사물이 어떠한 기준에 의하여 분간되는 한계.	境 界					
	지경 경	지경 계	지경 경	지경 계		
• 공허(空虛) : 텅 빔.	空 虛					
	빌 공	빌 허	빌 공	빌 허		
• 과오(過:誤) : 잘못이나 허물.	過 誤					
	허물 과	그르칠 오	허물 과	그르칠 오		
• 구비(具備) : 빠짐없이 갖춤.	具 備					
	갖출 구	갖출 비	갖출 구	갖출 비		
• 구제(救:濟) : 불행이나 재해를 만난 사람을 도와줌	救 濟					
	구원할 구	건질 제	구원할 구	건질 제		

♣ **다음 동의어(同義語 = 뜻이 같거나 비슷한 한자)를 써 보시오.**

• 극단(極端) : 맨 끄트머리.	極 端 다할 극 / 끝 단	다할 극 / 끝 단	
• 기예(技藝) : 기술상의 재주.	技 藝 재주 기 / 재주 예	재주 기 / 재주 예	
• 단절(斷:絶) : 관계를 끊음.	斷 絶 끊을 단 / 끊을 절	끊을 단 / 끊을 절	
• 도달(到:達) : 목적한 것에 이름.	到 達 이를 도 / 통달할 달	이를 도 / 통달할 달	
• 말단(末端) : 맨 끄트머리.	末 端 끝 말 / 끝 단	끝 말 / 끝 단	
• 보고(報:告) : 알려 바침.	報 告 알릴 보 / 고할 고	알릴 보 / 고할 고	
• 보수(保:守) : 보전하여 지킴.	保 守 지킬 보 / 지킬 수	지킬 보 / 지킬 수	
• 부차(副:次) : 두 번째.	副 次 버금 부 / 버금 차	버금 부 / 버금 차	

♣ 다음 동의어(同義語 = 뜻이 같거나 비슷한 한자)를 써 보시오.

단어	한자			
• 불사(佛寺) : 절.	佛 寺 부처 불 · 절 사	부처 불 · 절 사		
• 사상(思:想) : 판단·추리를 거쳐 생긴 의식 내용.	思 想 생각 사 · 생각 상	생각 사 · 생각 상		
• 사옥(舍屋) : 집.	舍 屋 집 사 · 집 옥	집 사 · 집 옥		
• 사택(舍宅) : 기업체나 기관에서 근무하는 직원을 위한 살림집.	舍 宅 집 사 · 집 택	집 사 · 집 택		
• 상념(想:念) : 마음속에 품은 여러 가지 생각.	想 念 생각 상 · 생각 념	생각 상 · 생각 념		
• 소박(素:朴) : 꾸밈이나 거짓이 없이 순수한 그대로임.	素 朴 질박할 소 · 순박할 박	질박할 소 · 순박할 박		
• 순결(純潔) : 마음과 몸이 깨끗함.	純 潔 순수할 순 · 깨끗할 결	순수할 순 · 깨끗할 결		
• 시설(施:設) : 어떤 목적을 위해 건물 따위의 설비를 하는 일.	施 設 베풀 시 · 베풀 설	베풀 시 · 베풀 설		

♣ 다음 동의어(同義語 = 뜻이 같거나 비슷한 한자)를 써 보시오.

단어	한자			
• 시험(試驗) : 재능·실력·신앙 등을 실지로 경험하여 봄.	試 시험할 시	驗 시험할 험	시험할 시	시험할 험
• 신고(申告) : 해당 기관에 일정한 사실을 알리는 일.	申 알릴 신	告 고할 고	알릴 신	고할 고
• 안목(眼:目) : 사물을 보고 분별하는 견식.	眼 눈 안	目 눈 목	눈 안	눈 목
• 연구(研:究) : 일이나 사물에 대하여 깊이 있게 조사하고 생각함.	研 연구할 연	究 연구할 구	연구할 연	연구할 구
• 연속(連續) : 끊이지 아니하고 죽 이음.	連 이을 련	續 이을 속	이을 련	이을 속
• 온난(溫暖) : 날씨가 따뜻함.	溫 따뜻할 온	暖 따뜻할 난	따뜻할 온	따뜻할 난
• 육신(肉身) : 육체.	肉 고기 육	身 몸 신	고기 육	몸 신
• 은혜(恩惠) : 베풀어 주는 혜택.	恩 은혜 은	惠 은혜 혜	은혜 은	은혜 혜

♣ **다음 동의어**(同義語 = 뜻이 같거나 비슷한 한자)**를 써 보시오.**

• 음성(音聲) : 목소리. 말소리.	音 聲			
	소리 음 / 소리 성	소리 음 / 소리 성		
• 의논(議論) : 서로 의견을 주고받음.	議 論			
	의논할 의 / 논할 론	의논할 의 / 논할 론		
• 의지(意:志) : 어떠한 목적을 실현하려는 마음.	意 志			
	뜻 의 / 뜻 지	뜻 의 / 뜻 지		
• 재화(財貨) : 돈이나 그 밖의 값나가는 물건.	財 貨			
	재물 재 / 재물 화	재물 재 / 재물 화		
• 저축(貯:蓄) : 절약하여 모아둠.	貯 蓄			
	쌓을 저 / 쌓을 축	쌓을 저 / 쌓을 축		
• 정류(停留) : 멎어 섬.	停 留			
	머무를 정 / 머무를 류	머무를 정 / 머무를 류		
• 정성(精誠) : 참되고 성실한 마음.	精 誠			
	정성 정 / 정성 성	정성 정 / 정성 성		
• 정치(政治) : 권력의 획득·유지 및 행사 따위에 관한 여러 현상.	政 治			
	정사 정 / 다스릴 치	정사 정 / 다스릴 치		

♣ 다음 동의어(同義語 = 뜻이 같거나 비슷한 한자)를 써 보시오.

단어	한자			
• 제작(製:作) : 물건이나 예술 작품을 만듦.	製 作 지을 제 / 지을 작	/ 지을 제 / 지을 작		
• 제조(製:造) : 만듦.	製 造 지을 제 / 지을 조	/ 지을 제 / 지을 조		
• 존중(尊重) : 높이고 중히 여김.	尊 重 높을 존 / 중히여길 중	/ 높을 존 / 중히여길 중		
• 증가(增加) : 더 늘어서 많아짐.	增 加 더할 증 / 더할 가	/ 더할 증 / 더할 가		
• 지극(至極) : 더없이 극진함.	至 極 지극할 지 / 극진할 극	/ 지극할 지 / 극진할 극		
• 처소(處:所) : 거처하는 곳.	處 所 곳 처 / 곳 소	/ 곳 처 / 곳 소		
• 퇴거(退:去) : 물러감. 거주를 옮김.	退 去 물러날 퇴 / 갈 거	/ 물러날 퇴 / 갈 거		
• 협화(協和) : 서로 협력하여 화합함.	協 和 화할 협 / 화할 화	/ 화할 협 / 화할 화		

♣ **다음 동의어**(同義語 = 뜻이 같거나 비슷한 한자)**를 써 보시오.**

• 희망(希望) : 앞일에 대한 소원.	希 望						
	바랄 **희**	바랄 **망**	바랄 **희**	바랄 **망**			
• 희원(希願) : 바라고 원함.	希・願						
	바랄 **희**	원할 **원**	바랄 **희**	원할 **원**			

♣ **다음 동음이의어**(同音異義語 = 소리는 같으나 뜻이 다른 한자어)**를 써 보시오.**

단어	한자					
• 감산(減:算) : 뺄셈.	減	算				
	덜 감	셈 산	덜 감	셈 산		
• 감산(減:産) : 생산이 줆.	減	産				
	덜 감	낳을 산	덜 감	낳을 산		
• 과실(果:實) : 먹을 수 있는 나무 열매.	果	實				
	실과 과	열매 실	실과 과	열매 실		
• 과실(過:失) : 잘못이나 허물.	過	失				
	허물 과	잃을 실	허물 과	잃을 실		
• 국사(國史) : 한 나라의 역사.	國	史				
	나라 국	사기 사	나라 국	사기 사		
• 국사(國師) : 임금의 스승으 로 삼던 덕이 높은 중.	國	師				
	나라 국	스승 사	나라 국	스승 사		
• 대결(代:決) : 대리로 결재함.	代	決				
	대신 대	결단할 결	대신 대	결단할 결		
• 대결(對:決) : 양자가 맞서서 우열 같은 것을 결정함.	對	決				
	대할 대	결단할 결	대할 대	결단할 결		

♣ **다음 동음이의어**(同音異義語 = 소리는 같으나 뜻이 다른 한자어)**를 써 보시오.**

• 역사(力士) : 뛰어나게 힘이 센 사람.	力士 힘 력 / 선비 사	힘 력 / 선비 사		
• 역사(歷史) : 인류 사회의 과거에 있어서의 변천·흥망의 기록.	歷史 지날 력 / 사기 사	지날 력 / 사기 사		
• 사후(事:後) : 일이 지난 뒤.	事後 일 사 / 뒤 후	일 사 / 뒤 후		
• 사후(死:後) : 죽은 후.	死後 죽을 사 / 뒤 후	죽을 사 / 뒤 후		
• 식수(食水) : 먹는 물.	食水 먹을 식 / 물 수	먹을 식 / 물 수		
• 식수(植樹) : 나무를 심음.	植樹 심을 식 / 나무 수	심을 식 / 나무 수		
• 실신(失身) : 절개를 지키지 않음.	失身 잃을 실 / 몸 신	잃을 실 / 몸 신		
• 실신(失神) : 정신을 잃음.	失神 잃을 실 / 정신 신	잃을 실 / 정신 신		

♣ 다음 동음이의어(同音異義語 = 소리는 같으나 뜻이 다른 한자어)를 써 보시오.

단어	한자			
• 우군(右:軍) : 오른쪽에 배치된 군대.	右軍			
	오른 우 / 군사 군	오른 우 / 군사 군		
• 우군(友:軍) : 자기 편의 군대.	友軍			
	벗 우 / 군사 군	벗 우 / 군사 군		
• 자신(自身) : 자기. 제 몸.	自身			
	스스로 자 / 몸 신	스스로 자 / 몸 신		
• 자신(自信) : 자기의 능력이나 가치를 확신함.	自信			
	스스로 자 / 믿을 신	스스로 자 / 믿을 신		
• 조기(早:期) : 이른 시기.	早期			
	이를 조 / 기약할 기	이를 조 / 기약할 기		
• 조기(早:起) : 아침에 일찍 일어남.	早起			
	이를 조 / 일어날 기	이를 조 / 일어날 기		
• 진가(眞假) : 진짜와 가짜.	眞假			
	참 진 / 거짓 가	참 진 / 거짓 가		
• 진가(眞價) : 참된 값어치.	眞價			
	참 진 / 값 가	참 진 / 값 가		

♣ 다음 한자성어(漢字成語)의 독음(讀音)을 쓰시오. ▶정답은 275쪽

1. 家家戶戶 (   )
   집집마다.

2. 街頭行進 (   )
   거리에서 여러 사람이 대오를 지어 걸어나감.

3. 不舍晝夜 (   )
   낮과 밤을 쉬지 아니함.

4. 可視光線 (   )
   육안으로 볼 수 있는 보통 광선.

5. 家電製品 (   )
   상품이나 제품으로서의 가정용 전기 기기.

6. 家庭敎育 (   )
   가정에서 집안 어른들의 일상 생활을 통해 자녀가 받는 영향과 교화.

7. 家和萬事成 (   )
   집안이 화목하면 모든 일이 다 잘 되어 감.

8. 試金石 (   )
   사람이나 사물의 능력·가치 등을 판단하는 기준.

9. 各人各色 (   )
   각 사람이 모두 다름.

10. 間接選擧 (   )
    선거권자가 먼저 선거 위원을 선정하고, 그 선거 위원이 다시 당선자를 선거하는 일.

11. 感情論理 (   )
    논리적인 것처럼 보이지만, 실제로는 감정적 요인에 의한 관념이 연결되어, 사고가 진행되고 판단이 내려지는 일.

12. 江邊道路 (   )
    강변을 따라서 낸 도로.

13. 見利思義 (   )
    눈앞에 이익이 보일 때, 의리를 생각함.

14. 見聞一致 (   )
    보고 들은 바가 꼭 같음.

15. 見物生心 (   )
    물건을 보면 가지고 싶은 욕심이 생김.

16. 見危致命 (   )
    나라가 위급할 때 제 몸을 나라에 바침.

17. 見敵必殺 (   )
    적을 보면 반드시 죽인다는 뜻.

18. 決死反對 (   )
    목숨을 내어 걸고 반대함.

19. 結義兄弟 (   )
    남남끼리 형제의 의를 맺음.

20. 結草報恩 (   )
    죽어 혼령이 되어도 은혜를 잊지 않고 갚음.

21. 經世濟民 (   )
    세상을 다스리고 백성을 구제함.

22. 輕敵必敗 (   )
    적을 업신여기면 반드시 패함.

23. 敬天愛人 (   )
    하늘을 공경하고 사람을 사랑함.

24. 古代神話 (   )
    옛 시대부터 어떤 신격(神格)으로 전승되어 온 설화.

25. 故事成語 (   )
    옛적부터 내려오는 유서 깊은 일이나, 그것을 표현한 어구로 완성된 말.

♣ 다음 한자성어(漢字成語)의 독음(讀音)을 쓰시오.　　　▶정답은 275쪽

1. 高速道路　（　　　　　）
자동차가 고속도로 달릴 수 있도록 넓고 평탄하게 만든 자동차 전용 도로. 하이웨이.

2. 高低長短　（　　　　　）
높고 낮음과 길고 짧음.

3. 古典文學　（　　　　　）
옛날의 문예 작품으로서 지금까지 어떤 가치를 띠고 전하여 오는 문학.

4. 固定觀念　（　　　　　）
자연히 마음이 그리로 가서 항상 의식에 고착되어 있는 관념.

5. 固定不變　（　　　　　）
고정하여 변함이 없음.

6. 高足弟子　（　　　　　）
학식과 품행이 뛰어난 제자.

7. 公開放送　（　　　　　）
청취자나 시청자를 초대하여 방송 실황을 공개해 가며 하는 방송.

8. 公共場所　（　　　　　）
일반 사회의 여러 사람과 관계된 장소.

9. 空理空論　（　　　　　）
실천이 따르지 않는 헛된 이론.

10. 公立學校　（　　　　　）
지방 자치 단체가 지방비로 설립 유지하는 학교.

11. 公明正大　（　　　　　）
공명하고 떳떳함.

12. 空前絶後　（　　　　　）
비교할 만한 것이 이전에도 없고 이후에도 없음. 전무후무(前無後無).

13. 公正去來　（　　　　　）
독점 거래나 암거래가 아닌 공정한 거래.

14. 公衆道德　（　　　　　）
사회의 여러 사람을 위하는 사람으로서 마땅히 지켜야 할 도덕상의 의리.

15. 公衆電話　（　　　　　）
여러 사람이 수시로 요금을 내고 쓸 수 있도록 한 전화.

16. 公平無私(사)（　　　　　）
공평하고 사사로움이 없음.

17. 過失致死　（　　　　　）
잘못한 행위로 인하여 사람을 죽게 함.

18. 廣開土王　（　　　　　）
고구려의 19대왕. 생존시 칭호는 영락대왕. 재위시 광대한 영토를 확보 했는데 남(南)으로는 한강선(漢江線), 서(西)로는 요하 이동(以東), 북(北)으로는 송화강과 동북(東北)으로는 시베리아에 이르는 땅을 경영하였다. 대왕의 능은 만주 집안현에 있으며, 그 비석에 생애와 업적이 적혀 있다.

19. 光陰如流　（　　　　　）
세월의 가는 것이 물의 흐름처럼 빠름.

20. 敎外別傳　（　　　　　）
석가모니의 깨달음의 도를 마음에서 마음으로 전하는 일. 이심전심(以心傳心)

21. 交友以信　（　　　　　）
벗을 사귐에 믿음으로써 함. 세속오계(世俗五戒)의 하나.

22. 交通信號　（　　　　　）
사람의 왕복이나 자동차의 운행상 번잡한 거리에서 신호를 나타내는 표시.

23. 交通安全　（　　　　　）
교통에 탈 없이 하는 일.

♣ 다음 한자성어(漢字成語)의 독음(讀音)을 쓰시오.   ▶정답은 275쪽

1. 敎學相長　(　　　　　)
가르치고 배움은 서로 성장하도록 돕는다는 뜻.

2. 句句節節　(　　　　　)
구절 구절마다.

3. 九死一生　(　　　　　)
죽을 고비를 여러 차례 겪고 겨우 살아남.

4. 九牛一毛　(　　　　　)
많은 가운데서 가장 적은 것의 비유.

5. 九重深處　(　　　　　)
문이 겹겹이 달린 깊은 대궐. 구중궁궐(九重宮闕).

6. 君師父一體　(　　　　　)
임금·스승·아버지의 은혜는 같다는 뜻.

7. 君臣有義　(　　　　　)
임금과 신하 간의 도리는 의리에 있음.

8. 君子三樂　(　　　　　)
심성(心性)이 어질고 덕행(德行)이 높아 남의 스승이 될 만한 사람의 세가지 즐거움이란 뜻으로 첫째는 부모님이 모두 계시고 형제가 무고한 것, 둘째는 하늘과 사람에게 부끄러워할 것이 없는 것, 셋째는 천하의 영재(英才)를 얻어서 교육하는 것을 말한다.

9. 權門勢家　(　　　　　)
관위가 높고 권세 있는 집안.

10. 權不十年　(　　　　　)
권세는 10년을 못 간다는 말. 화무십일홍(花無十日紅).

11. 極樂往生　(　　　　　)
죽어서 극락정토(極樂淨土)에 가서 태어남. 편안히 죽음.

12. 極惡無道　(　　　　　)
지극히 악하고도 도의심이 없음.

13. 近視眼的　(　　　　　)
사물을 전체적으로 보지 않고 부분적으로만 보는 것.

14. 金科玉條　(　　　　　)
금과 옥같이 귀중히 여기어 신봉(信奉)하는 법칙이나 규정.

15. 今始初聞　(　　　　　)
이제야 비로소 처음으로 들음.

16. 起死回生　(　　　　　)
중병으로 죽을 뻔하다가 살아나 회복함.

17. 落落長松　(　　　　　)
가지가 축축 길게 늘어지고 키가 큰 소나무.

18. 難攻不落　(　　　　　)
공격하기가 어려워 좀처럼 함락되지 않음.

19. 難民保護　(　　　　　)
곤경에 빠진 사람을 돌보아 지켜줌.

20. 難兄難弟　(　　　　　)
누구를 형이라 아우라 하기 어렵다는 뜻으로, 두 사물의 낫고 못함을 분간하기 어려움의 비유.

21. 南男北女　(　　　　　)
우리 나라에서, 남쪽 지방은 남자 잘나고, 북쪽 지방은 여자가 아름답다는 말.

22. 男女老少　(　　　　　)
남자와 여자와 늙은이와 젊은이. 곧, 모든 사람.

23. 男女有別　(　　　　　)
남녀의 사이에는 분별이 있음.

24. 南海大橋　(　　　　　)
우리 나라 최초의 현수교(懸垂橋)로, 남해도를 육지인 하동군과 연결시킨 다리.

♣ 다음 한자성어(漢字成語)의 독음(讀音)을 쓰시오. ▶정답은 275쪽

1. 冷血動物　(　　　　)
   외계의 온도에 따라 체온이 변하는 동물. 인정이 없고 냉혹한 사람의 비유.

2. 怒發大發　(　　　　)
   몹시 노함.

3. 綠水靑山　(　　　　)
   푸른 물과 푸른 산.

4. 錄音放送　(　　　　)
   라디오 방송에서 녹음한 소리를 재생(再生) 방송함.

5. 論功行賞　(　　　　)
   공적의 유무·대소를 의논하여 각각 알맞은 상을 주는 일.

6. 農業用水　(　　　　)
   농작물의 생육에 필요한 물을 인공적으로 공급하는 용수.

7. 能文能筆　(　　　　)
   문장과 글씨에 모두 능란함.

8. 能小能大　(　　　　)
   모든 일에 두루 능함.

9. 多多益善　(　　　　)
   많을수록 더욱 좋음.

10. 多聞多讀　(　　　　)
    많이 듣고, 읽음.

11. 多事多難　(　　　　)
    여러 가지로 일이 많은 데다 어려움도 많음.

12. 多才多能　(　　　　)
    재주가 많고 능력이 풍부함.

13. 多情多感　(　　　　)
    감수성이 예민해 느끼는 바가 많음.

14. 檀君王儉　(　　　　)
    한국의 국조(國祖)로 받드는 태초의 임금. 고조선 시대의 정치적·종교적 통치자의 이름.

15. 團體活動　(　　　　)
    개인이 아닌 집단적으로 하는 행동.

16. 擔任敎師　(　　　　)
    한 반의 학생을 담당하여 지도하고 모든 일을 처리하는 선생.

17. 代代孫孫　(　　　　)
    대대로 내려오는 자손.

18. 大量生産　(　　　　)
    한 공장에서 동질·동형의 상품을 기계력에 의하여 많은 분량으로 만들어 냄.

19. 大明天地　(　　　　)
    아주 밝은 세상.

20. 大書特筆　(　　　　)
    특히 드러나게 큰 글자로 씀.

21. 大逆無道　(　　　　)
    임금과 나라에 큰 죄가 되는 짓으로 인도(人道)에 몹시 어그러짐.

22. 大義名分　(　　　　)
    사람이 지켜야 할 절의(節義)와 분수.

23. 大韓民國　(　　　　)
    우리 나라의 국호(國號).

24. 德治主義　(　　　　)
    도덕적으로 눈뜨지 않은 사람을 지도 교화함을 정치의 요체로 하는 중국의 옛 정치 사상.

25. 道學君子　(　　　　)
    도덕에 관한 학문을 닦아 덕행이 높은 사람.

♣ 다음 한자성어(漢字成語)의 독음(讀音)을 쓰시오.　　▶정답은 275쪽

1. 獨不將軍　（　　　　）
　무엇이나 혼자 처리 하는 사람.

2. 同苦同樂　（　　　　）
　같이 고생하고 같이 즐김.

3. 同期同窓　（　　　　）
　같은 시기에 같은 학교에서 배움.

4. 同門修學　（　　　　）
　한 스승 밑에서 같이 배움.

5. 東西古今　（　　　　）
　동양이나 서양에 있어서의 예나 지금.

6. 東西南北　（　　　　）
　동쪽·서쪽·남쪽·북쪽. 사방(四方).

7. 同化作用　（　　　　）
　생물체가 체외에서 취한 물질에 화학변화를 가한 다음, 자기 몸에 필요한 화학 구조물로 바꾸는 일.

8. 登場人物　（　　　　）
　무대나 영화 장면에 또는, 작품에 나타나는 인물.

9. 燈下不明　（　　　　）
　등잔 밑이 어둡다는 뜻으로, 가까이 있는 것이 도리어 알아내기 어려움을 이르는 말.

10. 燈火可親　（　　　　）
　가을 밤은 등불을 가까이 하여 글 읽기에 심(心氣)가 좋다는 뜻.

11. 馬耳東風　（　　　　）
　남의 말을 귀담아 듣지 않고 곧 흘려 버림을 이르는 말.

12. 萬古不變　（　　　　）
　오랜 세월을 두고 변하지 아니함.

13. 萬端情話　（　　　　）
　여러 가지 정다운 이야기.

14. 萬里長城　（　　　　）
　중국 북쪽에 있는 긴 성. 진시황이 흉노족의 침입을 막기 위하여 크게 증축하였음.

15. 滿面春色　（　　　　）
　얼굴에 가득히 차 있는 기쁜 빛.

16. 萬病通治　（　　　　）
　약효가 여러 가지 병을 모두 고칠 수 있음.

17. 萬事如意　（　　　　）
　모든 일이 뜻과 같이 됨.

18. 滿場一致　（　　　　）
　회장(會場)에 모인 여러 사람의 뜻이 한결 같음.

19. 名山大川　（　　　　）
　이름난 산과 큰 내.

20. 牧民心書　（　　　　）
　조선 정조때 다산 정약용 선생이 쓴, 임금이나 고을원이 백성을 다스리는 데 있어서 마음에 새겨두어야 할 내용의 책.

21. 無男獨女　（　　　　）
　아들 없는 집안의 외동딸.

22. 無念無想　（　　　　）
　무아(無我)의 경지에 이르러 일체의 상념이 없음.

23. 無不通知　（　　　　）
　무슨 일이든지 다 통하여 환히 앎.

24. 無事通過　（　　　　）
　아무일 없이 통하여 지나가거나 옴.

25. 無所不知　（　　　　）
　모르는 것이 없음.

26. 無所不能　（　　　　）
　능통하지 않는 것이 없음.

♣ 다음 한자성어(漢字成語)의 독음(讀音)을 쓰시오.　　　▶정답은 275쪽

1. 無所不爲　(　　　　)
못할 일이 없음.

2. 務實力行　(　　　　)
참되고 실속 있도록 힘써 실행함.

3. 聞一知十　(　　　　)
한 가지를 들으면 열을 미루어 앎.

4. 門前成市　(　　　　)
권세가나 부자가 되어 집 앞이 방문객으로 시장을 이루다시피 함.

5. 物各有主　(　　　　)
물건에는 제각기 임자가 있음.

6. 物心兩面　(　　　　)
물적(物的)·심적(心的)의 양면.

7. 美風良俗　(　　　　)
아름답고 좋은 풍속.

8. 民主主義　(　　　　)
주권이 국민에게 속하며 국민에 의해 국민을 위하여 정치를 행하는 주의.

9. 博學多識　(　　　　)
학문이 넓고 식견이 많음.

10. 半信半疑　(　　　　)
반쯤은 믿고 반쯤은 의심함.

11. 拜金主義　(　　　　)
돈을 최고의 것으로 여기는 주의.

12. 倍達民族　(　　　　)
우리 민족의 일컬음. 배달겨레.

13. 百科事典　(　　　　)
학술·기예·가정·사회 등 모든 분야에 걸친 사항을 간명하고도 상식적으로 한 책에 모아 풀이해서 만든 사전.

14. 百年大計　(　　　　)
먼 뒷날까지에 걸친 큰 계획.

15. 百年河淸　(　　　　)
중국의 황하가 항상 흐리어 맑을 때가 없다는 말로, 아무리 오래 되어도 사물이 이루어지기 어렵다는 뜻.

16. 百萬大軍　(　　　　)
썩 많은 수의 큰 군대.

17. 白面書生　(　　　　)
글만 읽고 세상 일에 경험이 없는 사람.

18. 百聞不如一見(　　　　)
백 번 듣는 것이 한번 보는 것만 못하다는 뜻으로, 무엇이든지 실지로 경험해야 확실히 앎.

19. 百發百中　(　　　　)
총·활 등이 겨눈 곳에 꼭꼭 들어맞음. 하는 일마다 실패 없이 잘됨.

20. 百倍謝禮　(　　　　)
몹시 고마워 거듭거듭 사례함.

21. 白雪公主　(　　　　)
독일의 그림 형제가 수록한 설화 속의 주인공.

22. 白衣民族　(　　　　)
한국 민족의 일컬음.

23. 白衣從軍　(　　　　)
벼슬이 없는 사람으로 군대를 따라 전장으로 감.

24. 白衣天使　(　　　　)
간호사의 미칭(美稱).

25. 百戰老將　(　　　　)
세상의 온갖 풍파를 다 겪은 사람의 비유.

26. 百害無益　(　　　　)
해는 되어도 이로울 것은 전혀 없음.

♣ 다음 한자성어(漢字成語)의 독음(讀音)을 쓰시오.　　▶정답은 275쪽

1. 別無神通　（　　　　　）
   별로 신통할 것이 없음.

2. 別有天地　（　　　　　）
   속된 세상과는 아주 다른 세상.

3. 兵家常事　（　　　　　）
   전쟁에서 이기고 지는 것은 보통 있는 일로, 실패는 흔히 있는 일이니 낙심할 것이 없다는 말.

4. 步武堂堂　（　　　　　）
   걸음걸이가 씩씩하고 버젓함.

5. 奉仕活動　（　　　　　）
   남을 위해 활동함.

6. 富國強兵　（　　　　　）
   부유한 나라와 강한 군대.

7. 富貴功名　（　　　　　）
   재산이 많고 지위가 높으며 공을 세워 이름을 떨침.

8. 夫婦有別　（　　　　　）
   오륜(五倫)의 하나로, 부부 사이에 서로 침범치 못할 인륜의 구별이 있음.

9. 父子有親　（　　　　　）
   오륜의 하나로, 아버지와 아들 사이의 도(道)는 친애에 있음.

10. 父傳子傳　（　　　　　）
    대대로 아비가 아들에게 전함. 부전자승(父傳子承).

11. 不知不識間　（　　　　　）
    생각지도 알지도 못하는 사이.

12. 北斗七星　（　　　　　）
    큰곰자리에서 가장 뚜렷하게 보이는 국자 모양의 일곱 별.

13. 不可思議　（　　　　　）
    사람의 생각으로는 미루어 헤아릴 수 없이 이상야릇함.

14. 不可抗力　（　　　　　）
    인간의 힘으로는 어찌할 수 없는 힘.

15. 不勞所得　（　　　　　）
    근로하지 않고 얻는 소득.

16. 不老長生　（　　　　　）
    늙지 않고 오래 삶.

17. 不問可知　（　　　　　）
    묻지 않아도 알 수 있음.

18. 不問曲直　（　　　　　）
    옳고 그른 것을 묻지 않음.

19. 不問則藥　（　　　　　）
    묻지 않는 것이 곧 약이 됨.

20. 不事二君　（　　　　　）
    한 사람이 두 임금을 섬기지 아니함.

21. 不要不急　（　　　　　）
    필요하지도 급하지도 아니함.

22. 不遠千里　（　　　　　）
    천리를 멀다 여기지 않음.

23. 不協和音　（　　　　　）
    서로 뜻이 맞지 않아서 일어나는 충돌.

24. 非常事態　（　　　　　）
    심상치 않은 사태.

25. 非一非再　（　　　　　）
    한두 번이 아님.

26. 氷炭不相容　（　　　　　）
    사물이 서로 화합하기 어려움을 일컫는 말.

27. 士農工商　（　　　　　）
    선비·농부·공장(工匠)·상인의 네 가지 계급.

265

♣ 다음 한자성어(漢字成語)의 독음(讀音)을 쓰시오.　　　　▶정답은 275쪽

1. 事大思想　（　　　　　）
세력이 강한 나라 또는 사람을 붙좇아 의지하려는 사상.

2. 事大主義　（　　　　　）
일정한 주의가 없이 세력이 강한 나라나 사람을 붙좇아 자신의 존립을 유지하려는 주의.

3. 四面春風　（　　　　　）
늘 좋은 얼굴로 남을 대하여 누구에게나 호감을 사는 일.

4. 事事件件　（　　　　　）
모든 일. 온갖 사건.

5. 死生決斷　（　　　　　）
죽고 삶을 돌보지 않고 끝장을 냄

6. 死生有命　（　　　　　）
죽고 사는 것이 하늘에 달려 있음. 죽고 삶이 타고난 운명에 매였음.

7. 四時長春　（　　　　　）
사철 어느 때나 늘 봄과 같음. 늘 잘 지냄.

8. 四時春風　（　　　　　）
누구에게나 늘 좋은 낯으로 대하며 무사 태평한 사람의 일컬음.

9. 事實無根　（　　　　　）
근거가 없는 일. 전혀 사실과 다른 일.

10. 事有終始　（　　　　　）
일에는 처음과 끝이 있음.

11. 事親以孝　（　　　　　）
세속오계(世俗五戒)의 하나로, 어버이를 섬김에 효도로써 함.

12. 四通五達　（　　　　　）
길이나 교통망 등이 이리저리 사방으로 통함.

13. 事必歸(ㄲ)正　（　　　　　）
만사(萬事)는 반드시 정리(正理)로 돌아감.

14. 四海兄弟　（　　　　　）
온 천하 사람이 다 형제와 같다는 뜻으로, 친밀히 이르는 말.

15. 死後藥方文　（　　　　　）
일이 터지고 난 뒤에야 예방책을 내놓음.

16. 山高水長　（　　　　　）
인자(仁者)나 군자(君子)의 덕이 뛰어남을 높은 산이 솟고 큰 강이 흐르는 데 비유한 말.

17. 山戰水戰　（　　　　　）
세상 일에 대하여 온갖 어려움을 겪고 고비를 넘김.

18. 三府要人　（　　　　　）
행정부·사법부·입법부의 수장(首長)을 말함.

19. 三三五五　（　　　　　）
삼사인 또는 오륙인이 떼를 지어 다니거나 무슨 일을 하는 모양.

20. 三十六計　（　　　　　）
어려운 때에는 도망하여 몸을 보전함이 상책임.

21. 三位一體　（　　　　　）
세 가지의 것이 서로 연관·통합하여 목적하는 것이 하나가 되는 일.

22. 三寒四溫　（　　　　　）
겨울철에 한국·만주·중국 등지에서 추운 날씨가 약 3일 계속되다가 다음에 따뜻한 날씨가 4일 가량 계속되는 주기적 기후 현상.

23. 生年月日　（　　　　　）
출생한 해와 달과 날.

24. 生老病死　（　　　　　）
인생이 겪는 네 가지 고통으로, 낳음·늙음·병듦·죽음을 말함.

♣ 다음 한자성어(漢字成語)의 독음(讀音)을 쓰시오.   ▶정답은 275쪽

1. 生面不知　(　　　　)
　서로 만나 본 일이 없어 도무지 모르는 사람.

2. 生死苦樂　(　　　　)
　삶과 죽음과 고통스러움과 즐거움.

3. 先見之明　(　　　　)
　일을 미리 짐작하는 밝은 지혜.

4. 善男善女　(　　　　)
　착한 남자와 여자.

5. 先史時代　(　　　　)
　고고학상 시대 구분의 하나로, 문헌적 사료가 전혀 없는 시대.

6. 說往說來　(　　　　)
　서로 변론하여 말로 옥신각신함.

7. 誠心誠意　(　　　　)
　참된 마음과 정성스러운 뜻.

8. 世界大戰　(　　　　)
　20세기 전반기에 있었던 두 차례의 큰 전쟁.

9. 世上萬事　(　　　　)
　세상에서 일어나는 온갖 일.

10. 歲月如流　(　　　　)
　세월이 흐르는 물과 같다는 말로, 세월이 빨리 흘러감을 뜻하는 말.

11. 少年少女　(　　　　)
　아직 완전히 성숙하지 않은 아동기 후반의 남녀.

12. 笑門萬福來　(　　　　)
　웃음꽃 피는 집안에 온갖 복이 옴.

13. 速戰速決　(　　　　)
　지구전을 피하고 결전으로써 속히 판가름하려는 일.

14. 送舊迎新　(　　　　)
　묵은해를 보내고 새해를 맞음.

15. 修學旅行　(　　　　)
　학생들이 실제로 보고 들어서 지식을 넓힐 수 있도록 교사의 인솔 하에 학교에서 행하는 여행.

16. 宿願事業　(　　　　)
　오래 전부터 소원했던 사업.

17. 市道邑面　(　　　　)
　행정구역을 나눈 이름.

18. 是非曲直　(　　　　)
　옳고 그르고 굽고 곧음.

19. 是是非非　(　　　　)
　공평무사하게 옳은 것은 옳다고 찬성하고 그른 것은 그르다고 반대함.

20. 始終如一　(　　　　)
　처음부터 끝까지 변함없이 한결같음.

21. 信賞必罰　(　　　　)
　상벌을 공정·엄중히 하는 일.

22. 身土不二　(　　　　)
　사람의 육체와 그 사람이 태어난 고장에서 생산된 농작물을 먹는 것은 떼려야 뗄 수 없는 밀접한 관련이 있다는 말.

23. 實事求是　(　　　　)
　사실에 토대를 두어 진리를 탐구하는 일.

24. 深化學習　(　　　　)
　학습을 깊이 있게 함.

25. 十年知己　(　　　　)
　오래 전부터 사귀어 온 친구.

26. 十二指腸　(　　　　)
　소장(小腸)의 일부로, 소화작용에 필요한 쓸개즙과 이자액이 주입됨.

♣ 다음 한자성어(漢字成語)의 독음(讀音)을 쓰시오.   ▶정답은 275쪽

1. 十中八九   (   )
   열 가운데 여덟이나 아홉이 됨. 거의 다 됨을 가리키는 말.

2. 惡事千里   (   )
   나쁜 일은 곧 세상에 알려짐.

3. 安分知足   (   )
   편안한 마음으로 제 분수를 지키며 만족함을 앎.

4. 安貧樂道   (   )
   구차한 중에도 편안한 마음으로 도(道)를 즐김.

5. 安全事故   (   )
   공장 따위에서, 안전 교육의 망각 또는 일상의 부주의로 인하여 일어나는 사고.

6. 眼下無人   (   )
   사람을 업신여기고 교만함.

7. 愛國愛族   (   )
   제 나라와 제 민족을 사랑함.

8. 愛他主義   (   )
   다른 사람의 행복의 증진을 도덕상 행위의 표준으로 삼는 주의 또는 입장.

9. 弱肉强食   (   )
   약한 것은 강한 것에게 먹힘.

10. 良藥苦口   (   )
    효험이 좋은 약은 입에 쓰다는 뜻으로, 충언(忠言)은 귀에 거슬리나 자신에게 이롭다는 말.

11. 漁父之利   (   )
    쌍방이 다투는 틈을 타서 제3자가 애쓰지 않고 가로챈 이득.

12. 語不成說   (   )
    말이 조금도 사리에 맞지 않음.

13. 億萬長者   (   )
    몇 억대의 재산을 가진 사람.

14. 言語道斷   (   )
    말문이 막힌다는 뜻으로, 어이가 없어 이루 말로 나타낼 수 없음을 이르는 말.

15. 言行一致   (   )
    하는 말과 행동이 같음.

16. 與民同樂   (   )
    임금이 백성과 함께 즐김.

17. 年末年始   (   )
    세밀과 해가 바뀌어 시작되는 시점.

18. 初志不變   (   )
    처음에 품은 뜻이나 의지가 변하지 않음.

19. 連戰連勝   (   )
    싸울 때마다 잇따라 이김.

20. 五百羅漢   (   )
    석가의 제자인 오백 사람의 공덕을 갖춘 성자(聖者).

21. 五十步百步 (   )
    차이가 있기는 있으나, 본질적으로 매일반이라는 뜻.

22. 五言絶句   (   )
    다섯 글자가 한 구를 이뤄 총 4구 20자로 된 한시.

23. 溫故知新   (   )
    옛 것을 연구해 새 지식이나 견해를 찾아냄.

24. 樂山樂水   (   )
    산수(山水)를 좋아함.

25. 右往左往   (   )
    바른쪽으로 갔다 왼쪽으로 갔다 하며 종잡지 못함.

26. 牛耳讀經   (   )
    쇠귀에 경 읽기와 같음.

27. 爲國忠節   (   )
    나라를 위한 충성스러운 절개.

♣ 다음 한자성어(漢字成語)의 독음(讀音)을 쓰시오. ▶정답은 276쪽

1. 有口無言　(　　　　)
   입은 있으나 할 말이 없다는 뜻으로, 변명이나 항변할 말이 없음.

2. 類萬不同　(　　　　)
   많은 것이 모두 서로 같지 않음. 분수에 맞지 않음.

3. 有名無實　(　　　　)
   이름만 있고 그 실상은 없음.

4. 有備無患　(　　　　)
   준비가 있으면 근심할 것이 없음.

5. 類類相從　(　　　　)
   동류끼리 서로 내왕하며 사귐.

6. 陸海空軍　(　　　　)
   육군·해군·공군.

7. 爲人設官　(　　　　)
   사람을 위해 일부러 벼슬자리를 마련함.

8. 陰德陽報　(　　　　)
   음덕을 쌓으면 남이 알게 행복을 받는다는 뜻.

9. 意味深長　(　　　　)
   말이나 글의 뜻이 매우 깊음.

10. 耳目口鼻　(　　　　)
    귀·눈·입·코.

11. 以實直告　(　　　　)
    사실 그대로 고함.

12. 以心傳心　(　　　　)
    말이나 글에 의존하지 않고, 마음에서 마음으로 전함. 교외별전(敎外別傳).

13. 以熱治熱　(　　　　)
    열은 열로써 다스림.

14. 二律背反　(　　　　)
    서로 모순 되는 두 개의 명제.

15. 二重三重　(　　　　)
    두 겹 세 겹으로 겹침.

16. 益者三友　(　　　　)
    사귀어서 자기에게 유익한 세 벗. 곧, 정직한 벗·신의 있는 벗·지식 있는 벗.

17. 因果應報　(　　　　)
    사람이 짓는 선악의 인업(因業)에 응하여 과보가 있음.

18. 人命在天　(　　　　)
    사람의 살고 죽음은 하늘에 매여 있음.

19. 人事不省　(　　　　)
    정신을 잃고 의식을 모름.

20. 人死留名　(　　　　)
    사람은 죽어도 이름은 남겨진다는 말로, 그 삶이 헛되지 않으면 아름다운 이름은 길이 남는다는 말.

21. 人山人海　(　　　　)
    사람이 헤아릴 수 없이 많이 모인 상태.

22. 人相着衣　(　　　　)
    사람의 생김새와 옷차림.

23. 人海戰術　(　　　　)
    극히 많은 병력을 투입하여 그 수의 힘으로 전선을 분단·돌파하는 공격법.

24. 一擧兩得　(　　　　)
    한 가지 일을 하여 두 가지 이익을 얻음. 일석이조(一石二鳥).

25. 一口二言　(　　　　)
    한 입으로 두 가지 말을 함. 곧, 이랬다저랬다 함.

26. 一望無際　(　　　　)
    아득하게 끝없이 멀어서, 눈을 가리는 것이 없음.

♣ 다음 한자성어(漢字成語)의 독음(讀音)을 쓰시오.　　　▶정답은 276쪽

1. 一脈相通　(　　　　　)
솜씨·성격 등이 서로 통함.

2. 一問一答　(　　　　　)
한 번 묻는데 대해 한 번 대답함.

3. 一方通行　(　　　　　)
비유적으로, 어느 한 쪽에서 다른 쪽에의 전달만이 이루어지고 그 반대의 전달이 이루어지지 않는 일.

4. 一石二鳥　(　　　　　)
한 가지 일을 하여 두 가지 이익을 얻음. 일거양득(一擧兩得).

5. 一言半句　(　　　　　)
한 마디의 말과 한 구절의 반.

6. 一葉知秋　(　　　　　)
나뭇잎 하나가 떨어짐을 보고 가을이 옴을 안다는 뜻으로, 한 가지 일을 보고 장차 있을 수 있는 일을 미리 짐작함.

7. 一日三省　(　　　　　)
하루에 세 번 자기를 돌아보는 것으로, 남을 위해 계획한 일을 진실되게 하였는가·벗과 사귐에 믿음이 있었는가·전해받은 것을 익히지 않았는가를 말함.

8. 一日如三秋　(　　　　　)
하루가 삼 년 같음. 일일삼추(一日三秋).

9. 一字千金　(　　　　　)
글자 한 자에 천금의 값어치가 있음.

10. 一長一短　(　　　　　)
장점도 있고 단점도 있음.

11. 一朝一夕　(　　　　　)
하루 아침·하루 저녁처럼 짧은 시일.

12. 一進一退　(　　　　　)
한 번 나아감과 한 번 물러섬.

13. 一致團結　(　　　　　)
여럿이 한 덩어리로 굳게 뭉침.

14. 立身出世　(　　　　　)
입신하여 세상에 이름을 들날림.

15. 立地條件　(　　　　　)
구비하여야 할 입지의 자연적 조건.

16. 立春大吉　(　　　　　)
입춘을 맞이하여 길운을 기원하는 글.

17. 自強不息　(　　　　　)
스스로 힘써 쉬지 않음.

18. 自古以來　(　　　　　)
예로부터 내려오는.

19. 自給自足　(　　　　　)
자기의 수요를 자기가 생산하여 충당함.

20. 自問自答　(　　　　　)
제가 묻고 제가 답함.

21. 自手成家　(　　　　　)
물려받은 재산이 없는 사람이 제 힘으로 한 살림을 이룩함.

22. 自業自得　(　　　　　)
제가 저지른 일의 과보를 제가 받음.

23. 自然保護　(　　　　　)
동식물이나 광물 등 특정한 자연물 또는 지역의 자연경관을 보호하여 자연을 본래의 모습으로 보존하려는 일.

24. 自由世界　(　　　　　)
자유로운 세계.

25. 自由自在　(　　　　　)
어떤 범위 내에서 구속제한됨이 없이 마음대로 할 수 있음.

♣ 다음 한자성어(漢字成語)의 독음(讀音)을 쓰시오. ▶정답은 276쪽

1. 子子孫孫 (   )
   자손의 여러 대.

2. 自重自愛 (   )
   자신을 소중히 하고 사랑함.

3. 自初至終 (   )
   처음부터 끝까지 이르는 동안.

4. 自他共認 (   )
   자기나 남들이 다같이 인정함.

5. 作心三日 (   )
   결심이 사흘을 가지 못함.

6. 赤手單身 (   )
   맨손과 홀몸. 곧 가진 재산이나 일가붙이가 없음.

7. 電光石火 (   )
   극히 짧은 시간. 아주 신속한 동작.

8. 前近代的 (   )
   현대적이 못되고 그 앞 시대의 색채를 벗어나지 못함.

9. 前代未聞 (   )
   이제까지 들은 적이 없음.

10. 傳來童話 (   )
    전해 내려오는 어린이를 대상으로 하는 이야기.

11. 前無後無 (   )
    전에도 없었고 앞으로도 없음.

12. 展示效果 (   )
    소비 지출이 자신의 소득 수준에 따르지 않고 타인의 모방에 의하여 증대되는 사회적·심리적 효과.

13. 田園住宅 (   )
    시골이나 교외에 지은 주택.

14. 全知全能 (   )
    무엇이나 다 알고 무엇이나 행하는 신의 능력.

15. 前進後退 (   )
    앞으로 나아가고 뒤로 물러섬.

16. 電話番號 (   )
    각 전화기마다 매겨 있는 번호.

17. 前後左右 (   )
    앞뒤쪽과 왼쪽과 오른쪽. 사방(四方).

18. 絶體絶命 (   )
    앞으로 나아갈 수도, 뒤로 물러날 수도 없이 꼼짝할 수 없는 궁지에 빠짐. 진퇴양난(進退兩難).

19. 正當防衛 (   )
    급박 부당한 침해에 대해, 자기 또는 타인의 권리를 방어하기 위하여 부득이 행하는 가해 행위.

20. 正三角形 (   )
    각 변의 길이가 똑같은 삼각형.

21. 正正堂堂 (   )
    태도나 수단이 공정하고 떳떳함.

22. 朝變夕改 (   )
    아침 저녁으로 뜯어 고침.

23. 從軍記者 (   )
    전쟁터에 나가 전투 상황을 보도하는 기자.

24. 種豆得豆 (   )
    콩 심은데 콩나고 팥 심은데 팥이 남.

25. 主權在民 (   )
    국가의 주권이 국민에게 있음.

26. 走馬看山 (   )
    달리는 말 위에서 산천을 구경한다는 뜻으로, 바쁘고 어수선하여 되는 대로 휙휙 지나쳐 봄의 비유.

27. 晝夜長川 (   )
    밤낮으로 쉬지 않고 잇따라서.

♣ 다음 한자성어(漢字成語)의 독음(讀音)을 쓰시오.　　　▶정답은 276쪽

1. 竹馬故友　　(　　　　)
   어렸을 때부터의 친한 벗.

2. 衆口難防　　(　　　　)
   뭇사람의 말을 이루 막기가 어려움.

3. 重言復言　　(　　　　)
   안전을 유지하는 일.
   ¶ 이번 일은 ~을 철저히 유지해야 한다.

4. 指名打者　　(　　　　)
   야구에서, 투수 대신 지명된 타격 전문의 타자.

5. 至誠感天　　(　　　　)
   지극한 정성에 하늘이 감동함.

6. 知音　　(　　　　)
   타는 악기의 곡조를 잘 알아주듯이 마음이 서로 통하는 친한 벗.

7. 地下車道　　(　　　　)
   땅 아래로 낸 차가 다니는 도로.

8. 知行一致　　(　　　　)
   아는 것과 실행하는 것이 일치함.

9. 知行合一　　(　　　　)
   지(知)와 행(行)은 병진해야 한다는 설.

10. 盡(진)人事待天命(　　　　)
    사람으로서 할 일을 다하고 하늘의 명을 기다림.

11. 盡(진)忠報國　(　　　　)
    충성을 다하여 나라의 은혜를 갚음.

12. 進退兩難　　(　　　　)
    앞으로 나아갈 수도, 뒤로 물러날 수도 없이 꼼짝할 수 없는 궁지에 빠짐. 절체절명(絶體絶命).

13. 千軍萬馬　　(　　　　)
    썩 많은 군사와 말.

14. 千萬多幸　　(　　　　)
    매우 다행함.

15. 千變萬化　　(　　　　)
    한없이 변화함.

16. 千不當萬不當(　　　　)
    조금도 가당치 않음.

17. 天上天下　　(　　　　)
    우주의 사이.

18. 天然記念物　(　　　　)
    동식물·광물·지질 그 밖의 천연물이 특유·진귀하거나 또는 드물어서 법률로써 지정·보존하는 것.

19. 天人共怒　　(　　　　)
    누구나 분노할 만큼 증오스러움. 또 도저히 용납될 수 없음의 비유.

20. 天災地變　　(　　　　)
    지진·홍수 따위의 자연의 재앙.

21. 天下無敵　　(　　　　)
    세상에 대적할 만한 사람이 없음.

22. 天下第一　　(　　　　)
    세상에서 견줄 만한 것이 없음.

23. 靑山別曲　　(　　　　)
    지은이, 연대 미상의 고려 속요로, 고려 후기 거듭되는 전란과 혼란으로 인해 삶의 터전을 상실한 유랑민의 처지를 노래함.

24. 靑山流水　　(　　　　)
    막힘 없이 썩 잘하는 말의 비유.

25. 淸風明月　　(　　　　)
    맑은 바람과 밝은 달.

26. 體育大會　　(　　　　)
    각종 운동을 통하여 건강의 증진·유지를 꾀하려는 운동회.

♣ 다음 한자성어(漢字成語)의 독음(讀音)을 쓰시오.   ▶정답은 276쪽

1. 草家三間　（　　　　　）
   썩 작은 초가.

2. 初等學校　（　　　　　）
   학령 아동에게 초등 교육을 가르치는 학교.

3. 草綠同色　（　　　　　）
   이름은 다르나 따지고 보면 한 가지 것이라는 말.

4. 草食動物　（　　　　　）
   풀을 주식물로 하는 포유동물.

5. 秋風落葉　（　　　　　）
   가을 바람에 흩어져 떨어지는 낙엽이란 뜻으로, 세력 등이 낙엽처럼 시들어 우수수 떨어짐의 비유.

6. 春夏秋冬　（　　　　　）
   봄·여름·가을·겨울의 네 철.

7. 出生申告　（　　　　　）
   사람이 출생했음을 관청에 제출하여 알림.

8. 出將入相　（　　　　　）
   나가서는 장수가 되고 들어와서는 재상이 됨.

9. 忠言逆耳　（　　　　　）
   충직한 말은 귀에 거슬려 불쾌함.

10. 他山之石　（　　　　　）
    다른 사람의 하찮은 언행일지라도 자기의 지덕(知德)을 연마하는데에 도움이 된다는 말.

11. 卓上空論　（　　　　　）
    실천성이 없는 허황한 이론.

12. 特活活動　（　　　　　）
    학교 교육의 정규 교과목 이외의 특별 교육 활동.

13. 八道江山　（　　　　　）
    우리 나라 전국의 산수.

14. 八方美人　（　　　　　）
    어느 모로 보나 아름다운 여인. 여러 방면에 능한 사람.

15. 敗家亡身　（　　　　　）
    가산을 없애고 몸을 망침.

16. 平價切下　（　　　　　）
    화폐 단위의 가치를 내리는 일. 평가절상(平價切上).

17. 平地風波　（　　　　　）
    뜻밖에 분쟁이 일어남의 비유.

18. 平和統一　（　　　　　）
    무력적인 전쟁에 의하지 않고 평화적인 방법으로 수행하는 통일.

19. 表音文字　（　　　　　）
    말의 소리를 기호로 나타낸 글자.

20. 表意文字　（　　　　　）
    그림에 의해서나, 사물의 형상을 그대로 베껴서 시각에 의해 사상·뜻을 전달하는 문자.

21. 風前燈火　（　　　　　）
    매우 위급한 자리에 놓여 있음을 가리키는 말.

22. 下等動物　（　　　　　）
    진화의 정도가 낮아서 체제가 간단한 원시적 동물.

23. 寒冷前線　（　　　　　）
    따뜻하고 가벼운 기단 밑에 차고 무거운 기단이 깔린 불연속선.

24. 海水浴場　（　　　　　）
    해수욕하기에 알맞은 환경과 설비가 되어 있는 곳.

25. 行動擧止　（　　　　　）
    몸을 움직여 하는 모든 짓.

26. 行方不明　（　　　　　）
    간 곳이 분명하지 않음.

♣ 다음 한자성어(漢字成語)의 독음(讀音)을 쓰시오.　　　▶정답은 276쪽

1. 行雲流水　(　　　　　　)
　떠가는 구름과 흐르는 물. 일이 막힘이 없거나, 마음씨가 시원하고 씩씩함의 비유.

2. 香遠益淸　(　　　　　　)
　연꽃 향기를 비유한 말로, 향기는 멀수록 더욱 맑음.

3. 虛送歲月　(　　　　　　)
　하는 일 없이 세월만 헛되이 보냄.

4. 血脈相通　(　　　　　　)
　혈맥이 서로 통함. 곧, 혈육 관계가 있음.

5. 兄弟姉(자)妹(매)(　　　　　　)
　형제와 자매.

6. 形形色色　(　　　　　　)
　가지각색.

7. 湖南地方　(　　　　　　)
　우리 나라의 전라 남북도의 호칭.

8. 好衣好食　(　　　　　　)
　잘 입고 잘 먹음.

9. 呼兄呼弟　(　　　　　　)
　서로 형이니 아우니 하고 부른다는 뜻으로, 가까운 친구사이를 일컫는 말.

10. 火力發電　(　　　　　　)
　석탄이나 기름을 때어서 만든 증기의 힘을 이용하여 발전기를 돌려 전기를 일으키는 일.

11. 花無十日紅(홍)(　　　　　　)
　열흘 붉은 꽃이 없음의 뜻으로, 한 번 성한 것은 얼마 못가서 반드시 쇠해짐.

12. 確固不動　(　　　　　　)
　확고하여 흔들리거나 움직이지 않음.

13. 訓民正音　(　　　　　　)
　백성을 가르치는 바른 소리라는 뜻으로, 조선 세종대왕이 정인지·성삼문·신숙주 등의 도움으로 세종 25년(1443)에 창제하여 세종 28년에 반포한 28자의 우리 나라 글자의 명칭.

14. 吸血動物　(　　　　　　)
　외부로부터 다른 동물의 피를 빨아먹고 사는 동물의 총칭.

15. 角者無齒　(　　　　　　)
　뿔이 있는 자는 이가 없다는 말로, 한 사람이 모든 복이나 재주를 겸하지 못함을 이름.

【정답】 - 한자성어 독음 쓰기

▶ **259쪽**
1.가가호호 2.가두행진 3.불사주야 4.가시광선
5.가전제품 6.가정교육 7.가화만사성 8.시금석
9.각인각색 10.간접선거 11.감정논리 12.강변도로
13.견리사의 14.견문일치 15.견물생심 16.견위치명
17.견적필살 18.결사반대 19.결의형제 20.결초보은
21.경세제민 22.경적필패 23.경천애인 24.고대신화
25.고사성어

▶ **260쪽**
1.고속도로 2.고저장단 3.고전문학 4.고정관념
5.고정불변 6.고족제자 7.공개방송 8.공공장소
9.공리공론 10.공립학교 11.공명정대 12.공전절후
13.공정거래 14.공중도덕 15.공중전화 16.공평무사
17.과실치사 18.광개토왕 19.광음여류 20.교외별전
21.교우이신 22.교통신호 23.교통안전

▶ **261쪽**
1.교학상장 2.구구절절 3.구사일생 4.구우일모
5.구중심처 6.군사부일체 7.군신유의 8.군자삼락
9.권문세가 10.권불십년 11.극락왕생 12.극악무도
13.근시안적 14.금과옥조 15.금시초문 16.기사회생
17.낙락장송 18.난공불락 19.난민보호 20.난형난제
21.남남북녀 22.남녀노소 23.남녀유별 24.남해대교

▶ **262쪽**
1.냉혈동물 2.노발대발 3.녹수청산 4.녹음방송
5.논공행상 6.농업용수 7.능문능필 8.능소능대
9.다다익선 10.다문다독 11.다사다난 12.다재다능
13.다정다감 14.단군왕검 15.단체활동 16.담임교사
17.대대손손 18.대량생산 19.대명천지 20.대서특필
21.대역무도 22.대의명분 23.대한민국 24.덕치주의
25.도학군자

▶ **263쪽**
1.독불장군 2.동고동락 3.동기동창 4.동문수학
5.동서고금 6.동서남북 7.동화작용 8.등장인물
9.등하불명 10.등화가친 11.마이동풍 12.만고불변
13.만단정화 14.만리장성 15.만면춘색 16.만병통치
17.만사여의 18.만장일치 19.명산대천 20.목민심서
21.무남독녀 22.무념무상 23.무불통지 24.무사통과
25.무소부지 26.무소불능

▶ **264쪽**
1.무소불위 2.무실역행 3.문일지십 4.문전성시
5.물각유주 6.물심양면 7.미풍양속 8.민주주의
9.박학다식 10.반신반의 11.배금주의 12.배달민족
13.백과사전 14.백년대계 15.백년하청 16.백만대군
17.백면서생 18.백문불여일견 19.백발백중 20.백배사례
21.백설공주 22.백의민족 23.백의종군 24.백의천사
25.백전노장 26.백해무익

▶ **265쪽**
1.별무신통 2.별유천지 3.병가상사 4.보무당당
5.봉사활동 6.부국강병 7.부귀공명 8.부부유별
9.부자유친 10.부전자전 11.부지불식간 12.북두칠성
13.불가사의 14.불가항력 15.불로소득 16.불로장생
17.불문가지 18.불문곡직 19.불문칙약 20.불사이군
21.불요불급 22.불원천리 23.불협화음 24.비상사태
25.비일비재 26.빙탄불상용 27.사농공상

▶ **266쪽**
1.사대사상 2.사대주의 3.사면춘풍 4.사사건건
5.사생결단 6.사생유명 7.사시장춘 8.사시춘풍
9.사실무근 10.사유종시 11.사친이효 12.사통오달
13.사필귀정 14.사해형제 15.사후약방문 16.산고수장
17.산전수전 18.삼부요인 19.삼삼오오 20.삼십육계
21.삼위일체 22.삼한사온 23.생년월일 24.생로병사

▶ **267쪽**
1.생면부지 2.생사고락 3.선견지명 4.선남선녀
5.선사시대 6.설왕설래 7.성심성의 8.세계대전
9.세상만사 10.세월여류 11.소년소녀 12.소문만복래
13.속전속결 14.송구영신 15.수학여행 16.숙원사업
17.시도읍면 18.시비곡직 19.시시비비 20.시종여일
21.신상필벌 22.신토불이 23.실사구시 24.심화학습
25.십년지기 26.십이지장

▶ **268쪽**
1.십중팔구 2.악사천리 3.안분지족 4.안빈낙도
5.안전사고 6.안하무인 7.애국애족 8.애타주의
9.약육강식 10.양약고구 11.어부지리 12.어불성설
13.억만장자 14.언어도단 15.언행일치 16.여민동락
17.연말연시 18.초지불변 19.연전연승 20.오백나한
21.오십보백보 22.오언절구 23.온고지신 24.요산요수
25.우왕좌왕 26.우이독경 27.위국충절

▶ **269쪽**
1. 유구무언　2. 유만부동　3. 유명무실　4. 유비무환
5. 유유상종　6. 육해공군　7. 위인설관　8. 음덕양보
9. 의미심장　10. 이목구비　11. 이실직고　12. 이심전심
13. 이열치열　14. 이율배반　15. 이중삼중　16. 익자삼우
17. 인과응보　18. 인명재천　19. 인사불성　20. 인사유명
21. 인산인해　22. 인상착의　23. 인해전술　24. 일거양득
25. 일구이언　26. 일망무제

▶ **270쪽**
1. 일맥상통　2. 일문일답　3. 일방통행　4. 일석이조
5. 일언반구　6. 일엽지추　7. 일일삼성　8. 일일여삼추
9. 일자천금　10. 일장일단　11. 일조일석　12. 일진일퇴
13. 일치단결　14. 입신출세　15. 입지조건　16. 입춘대길
17. 자강불식　18. 자고이래　19. 자급자족　20. 자문자답
21. 자수성가　22. 자업자득　23. 자연보호　24. 자유세계
25. 자유자재

▶ **271쪽**
1. 자자손손　2. 자중자애　3. 자초지종　4. 자타공인
5. 작심삼일　6. 적수단신　7. 전광석화　8. 전근대적
9. 전대미문　10. 전래동화　11. 전무후무　12. 전시효과
13. 전원주택　14. 전지전능　15. 전진후퇴　16. 전화번호
17. 전후좌우　18. 절체절명　19. 정당방위　20. 정삼각형
21. 정정당당　22. 조변석개　23. 종군기자　24. 종두득두
25. 주권재민　26. 주마간산　27. 주야장천

▶ **272쪽**
1. 죽마고우　2. 중구난방　3. 중언부언　4. 지명타자
5. 지성감천　6. 지음　7. 지하차도　8. 지행일치
9. 지행합일　10. 진인사대천명　11. 진충보국　12. 진퇴양난
13. 천군만마　14. 천만다행　15. 천변만화　16. 천부당만부당
17. 천상천하　18. 천연기념물　19. 천인공노　20. 천재지변
21. 천하무적　22. 천하제일　23. 청산별곡　24. 청산유수
25. 청풍명월　26. 체육대회

▶ **273쪽**
1. 초가삼간　2. 초등학교　3. 초록동색　4. 초식동물
5. 추풍낙엽　6. 춘하추동　7. 출생신고　8. 출장입상
9. 충언역이　10. 타산지석　11. 탁상공론　12. 특활활동
13. 팔도강산　14. 팔방미인　15. 패가망신　16. 평가절하
17. 평지풍파　18. 평화통일　19. 표음문자　20. 표의문자
21. 풍전등화　22. 하등동물　23. 한랭전선　24. 해수욕장
25. 행동거지　26. 행방불명

▶ **274쪽**
1. 행운유수　2. 향원익청　3. 허송세월　4. 혈맥상통
5. 형제자매　6. 형형색색　7. 호남지방　8. 호의호식
9. 호형호제　10. 화력발전　11. 화무십일홍　12. 확고부동
13. 훈민정음　14. 흡혈동물　15. 각자무치

활용(活用)학습

● 4급Ⅱ 예상문제(15회분)

제1회 한자능력검정시험 4급Ⅱ 예상문제

(시험시간 : 50분. 시험문항 : 100문제. 합격문항 : 70문제이상) 성명 _____

1. 다음 漢字語의 讀音을 쓰시오.(1~35)

(1) 黨爭   (2) 聖賢
(3) 備品   (4) 試驗
(5) 講士   (6) 財貨
(7) 感想   (8) 假定
(9) 受難   (10) 守衛
(11) 解說   (12) 暗香
(13) 密約   (14) 師表
(15) 天罰   (16) 監督
(17) 悲報   (18) 日程
(19) 尊貴   (20) 實務
(21) 確保   (22) 鄕約
(23) 車票   (24) 盛大
(25) 防備   (26) 溫床
(27) 護國   (28) 背景
(29) 破格   (30) 深夜
(31) 禁物   (32) 任用
(33) 擔保   (34) 吸入
(35) 念願

2. 다음 漢字의 訓과 音을 쓰시오.(36~57)

(36) 興   (37) 除
(38) 羅   (39) 警
(40) 陸   (41) 貧
(42) 息   (43) 戶
(44) 造   (45) 給
(46) 板   (47) 港
(48) 患   (49) 票
(50) 味   (51) 謠
(52) 豆   (53) 處
(54) 俗   (55) 婦
(56) 低   (57) 羊

3. 다음 설명에 맞는 漢字語를 漢字로 쓰시오.(58~77)

(58) 문답(서로 묻고 대답함)
(59) 참가(여러 모임이나 단체에 참여하거나 가입함)
(60) 출세(사회적으로 높이 되거나 유명해 짐)
(61) 흉계(음흉 맞고 모진 꾀)
(62) 여죄(그 죄 이외의 또 다른 죄)
(63) 양서(내용이 좋고 유익한 책)
(64) 교실(학교에서 학생들이 수업을 하는 방)
(65) 원수(국가의 최고 통치권을 가진 사람. 대통령)
(66) 각자(제 각각)
(67) 공석(빈자리)
(68) 별명(딴 이름)
(69) 재산(개인이나 가정 단체가 소유하는 재물)
(70) 도착(목적한 곳에 다다름)
(71) 졸업(일정한 규정이 있는 학업을 마침)
(72) 사용(물건을 씀. 사람을 부리어 씀)
(73) 책망(허물을 들어 꾸짖음)
(74) 발육(생물이 발달하여 크게 자라남)
(75) 등장(무슨 일에 어떠한 사람이 나타남)
(76) 단과(하나의 과목. 하나의 학과나 학부)
(77) 단명(목숨이 짧음)

4. 다음 漢字와 뜻이 反對 또는 相對되는 漢字를 쓰시오.(78~80)

   (78) 加 - (   )   (79) 自 - (   )
   (80) 晝 - (   )

5. 다음 漢字語의 (   )속에 알맞은 漢字를 쓰시오.(81~85)

   (81) (   )草報恩 - 죽어서까지라도 은혜를 잊지 아니하고 갚음.
   (82) 九(   )深處 - 문이 겹겹이 이어진 깊은 궁궐.
   (83) (   )不將軍 - 무슨 일이나 제 생각대로 혼자 처리하는 사람.
   (84) 交友以(   ) - 벗을 사귐에는 신의로써 함.
   (85) (   )者無齒 - 뿔이 있는 자는 이가 없다는 말로, 한 사람이 모든 복이나 재주를 겸하지 못함을 이름.

6. 다음 漢字의 部首로 맞는 것을 골라 그 번호를 쓰시오.(86~88)

   (86) 禁 (   )
        ① 木   ② 示   ③ 一   ④ 十
   (87) 兩 (   )
        ① 一   ② 冂   ③ 雨   ④ 入
   (88) 齒 (   )
        ① 人   ② 止   ③ 齒   ④ 一

7. 다음 漢字와 같은 뜻의 漢字를 (   )속에 넣어 漢字語를 만드시오.(89~91)

   (89) (   )考   (90) 希(   )
   (91) (   )貨

8. 다음 漢字와 소리는 같으나, 뜻이 다른 漢字語를 쓰시오.(92~94)

   (92) 官展. (   ) - 싸움을 직접 살펴봄
   (93) 電氣. (   ) - 사람의 일대기를 기록한 책
   (94) 事後. (   ) - 죽은 후

9. 다음 漢字語의 뜻을 쓰시오.(95~97)

   (95) 背景 :
   (96) 淸貧 :
   (97) 送別 :

10. 다음 漢字의 略字를 쓰시오.(98~100)

    (98) 假   (99) 來
    (100) 禮

▶ 정답은 308쪽

제2회 한자능력검정시험 4급Ⅱ 예상문제

(시험시간 : 50분.   시험문항 : 100문제.   합격문항 : 70문제이상)   성명 _____

1. 다음 漢字語의 讀音을 쓰시오.(1~35)

   (1) 守護   (2) 暴行
   (3) 移住   (4) 賢明
   (5) 素材   (6) 冬至
   (7) 液體   (8) 暖房
   (9) 支給   (10) 築城
   (11) 議題   (12) 義理
   (13) 難解   (14) 出港
   (15) 圓卓   (16) 虛無
   (17) 認可   (18) 硏究
   (19) 送電   (20) 檢事
   (21) 貯蓄   (22) 警告
   (23) 通禁   (24) 暴食
   (25) 祭壇   (26) 列國
   (27) 吸引   (28) 低空
   (29) 共助   (30) 基準
   (31) 衛兵   (32) 試驗
   (33) 純金   (34) 確固
   (35) 公布

2. 다음 漢字의 訓과 音을 쓰시오.(36~57)

   (36) 留   (37) 退
   (38) 限   (39) 權
   (40) 賢   (41) 早
   (42) 步   (43) 熱
   (44) 廣   (45) 創
   (46) 尊   (47) 節
   (48) 曜   (49) 脈
   (50) 移   (51) 施
   (52) 快   (53) 潔
   (54) 香   (55) 絶
   (56) 應   (57) 講

3. 다음 설명에 맞는 漢字語를 漢字로 쓰시오.(58~77)

   (58) 훈화(교훈 또는 훈시하는 말)
   (59) 가수(노래 부르는 일을 직업으로 삼는 사람)
   (60) 유행(새로운 형식이나 취미 따위가 세상에 널리 퍼짐)
   (61) 유래(사물의 내력)
   (62) 본부(어떤 기간이나 단체의 중심이 되는 조직이나 그 조직이 있는 곳)
   (63) 요약(말이나 문장의 요점을 잡아 추림)
   (64) 대국(국력이 강하거나 영토가 넓은 나라)
   (65) 신임(믿고 일을 맡기는 일)
   (66) 촌가(시골 마을에 있는 집)
   (67) 촌수(친족 간에 멀고 가까운 관계를 나타내는 숫자체계)
   (68) 국군(우리나라 군대)
   (69) 집합(한곳으로 모음)
   (70) 부분(전체를 몇으로 나눈 것의 하나하나)
   (71) 선생(학생을 가르치는 사람)
   (72) 화가(그림을 그리는 일을 전문으로 하는 사람)
   (73) 상대(서로 마주보고 있음)
   (74) 천행(하늘이 준 다행)
   (75) 화기(따뜻하고 화창한 날씨)
   (76) 동내(동네 안)
   (77) 발설(입 밖으로 말을 냄)

4. 다음 漢字와 뜻이 反對 또는 相對되는 漢字를 쓰시오.(78~80)

(78) 進 - (　)　　(79) (　) - 凶

(80) 勞 - (　)

5. 다음 漢字語의 (　)속에 알맞는 漢字를 쓰시오.(81~85)

(81) 見(　)生心 - 물건을 보면 갖고 싶은 마음이 생김.

(82) 不(　)千里 - 천리를 멀다고 여기지 아니함.

(83) 天人共(　) - 하늘과 사람이 함께 노함.

(84) 燈火(　)親 - 서늘한 가을 밤은 등불을 가까이 하여 책을 읽기에 좋다는 말.

(85) 卓上空(　) - 현실성이 없는 허황한 이론이나 논의.

6. 다음 漢字의 部首로 맞는 것을 골라 그 번호를 쓰시오.(86~88)

(86) 次 (　)

　①人　②欠　③冫　④水

(87) 缺 (　)

　①目　②員　③貝　④缶

(88) 黨 (　)

　①黑　②灬　③宀　④十

7. 다음 漢字와 같은 뜻의 漢字를 (　)속에 넣어 漢字語를 만드시오.(89~91)

(89) (　)謠　　(90) (　)化

(91) (　)目

8. 다음 漢字와 소리는 같으나 뜻이 다른 漢字語를 쓰시오.(92~94)

(92) 學歷. (　) - 학문의 실력

(93) 圖章. (　) - 무예를 연습하거나 가르치는 곳

(94) 眞假. (　) - 참된 값어치

9. 다음 漢字語의 뜻을 쓰시오.(95~97)

(95) 缺如 :

(96) 純度 :

(97) 復權 :

10. 다음 漢字의 略字를 쓰시오.(98~100)

(98) 經　　　　(99) 應

(100) 對

▶ 정답은 308쪽

제3회 한자능력검정시험 4급Ⅱ 예상문제

(시험시간 : 50분. 시험문항 : 100문제. 합격문항 : 70문제이상)   성명 _____

1. 다음 漢字語의 讀音을 쓰시오.(1~35)

(1) 認定   (2) 潔白
(3) 養護   (4) 尊重
(5) 竹窓   (6) 蓄財
(7) 提出   (8) 實際
(9) 鳥類   (10) 導入
(11) 風波 (12) 羅列
(13) 故鄕 (14) 進路
(15) 權力 (16) 恩德
(17) 檢算 (18) 實測
(19) 入隊 (20) 電燈
(21) 保護 (22) 怒氣
(23) 減産 (24) 指向
(25) 擔任 (26) 處理
(27) 義擧 (28) 溫帶
(29) 單位 (30) 制限
(31) 回收 (32) 近視
(33) 去處 (34) 各房
(35) 引受

2. 다음 漢字의 訓과 音을 쓰시오.(36~57)

(36) 榮   (37) 蓄
(38) 政   (39) 器
(40) 報   (41) 逆
(42) 稅   (43) 識
(44) 寒   (45) 赤
(46) 虛   (47) 修
(48) 吸   (49) 笑
(50) 兩   (51) 眞
(52) 製   (53) 寶
(54) 務   (55) 監
(56) 走   (57) 態

3. 다음 설명에 맞는 漢字語를 漢字로 쓰시오.(58~77)

(58) 지식(배우거나 실천하여 알게 된 명확한 인식이나 이해. 알고 있는 내용)
(59) 선례(앞의 판결을 일컬음)
(60) 우정(친구와 정)
(61) 반기(반대의 뜻을 나타내는 행동이나 표시)
(62) 근본(사물이 생기는 본바탕)
(63) 전개(열리어 벌어짐)
(64) 난국(어려운 고비, 극난한 시국)
(65) 정원(집안에 있는 뜰)
(66) 미술(공간 및 시각의 아름다움을 표현하는 예술)
(67) 장면(어떠한 장소의 겉으로 드러난 면, 또는 그 광경)
(68) 농장(농사를 지을 땅과 여러 시설을 갖춘 곳)
(69) 대등(양쪽이 비슷함)
(70) 개학(방학을 마치고 다시 수업을 시작함)
(71) 자족(스스로 넉넉함을 느낌)
(72) 농약(농작물에 해로운 병균·벌레·잡초 따위를 없애는 데 쓰임)
(73) 백주(대낮)
(74) 조회(학교 등에서 직원과 학생이 수업하기 전에 모여 행하는 아침 인사)

(75) 개점(가게를 처음 엶)

(76) 친족(촌수가 가까운 겨레붙이. 흔히 4촌 이내를 말함)

(77) 백성(일반 국민)

4. 다음 漢字와 뜻이 反對 또는 相對되는 漢字를 쓰시오.(78~80)

(78) (　) - 終　　(79) 將 - (　)

(80) 因 - (　)

5. 다음 漢字語의 (　)속에 알맞는 漢字를 쓰시오.(81~85)

(81) 見(　)思義 - 눈앞에 이익이 보일 때, 의리를 생각함.

(82) 弱肉(　)食 - 약한 것은 강한 것에게 먹힘.

(83) 確(　)不動 - 확고하여 흔들리거나 움직이지 않음.

(84) 敎學(　)長 - 가르치고 배움은 서로 성장하도록 돕는다는 뜻.

(85) 事(　)無根 - 근거가 없는 일. 전혀 사실과 다른 일.

6. 다음 漢字의 部首로 맞는 것을 골라 그 번호를 쓰시오.(86~88)

(86) 製 (　)
　① 刂　② 衣　③ 巾　④ 亠

(87) 受 (　)
　① 又　② 爫　③ 十　④ 冖

(88) 殺 (　)
　① 木　② 又　③ 十　④ 殳

7. 다음 漢字와 같은 뜻의 漢字를 (　)속에 넣어 漢字語를 만드시오.(89~91)

(89) 庭(　)　　(90) 停(　)

(91) (　)惠

8. 다음 漢字와 소리는 같으나, 뜻이 다른 漢字語를 쓰시오.(92~94)

(92) 認定. (　) - 남을 동정하는 마음씨

(93) 紙面. (　) - 땅의 표면

(94) 果實. (　) - 부주의로 저지른 잘못이나 실수

9. 다음 漢字語의 뜻을 쓰시오.(95~97)

(95) 博愛 :

(96) 引導 :

(97) 怒氣 :

10. 다음 漢字의 略字를 쓰시오.(98~100)

(98) 傳　　(99) 數

(100) 當

▶ 정답은 309쪽

제4회 한자능력검정시험 4급Ⅱ 예상문제
(시험시간 : 50분. 시험문항 : 100문제. 합격문항 : 70문제이상)   성명 _____

1. 다음 漢字語의 讀音을 쓰시오. (1~35)

(1) 協會 (2) 隊列
(3) 救助 (4) 增強
(5) 指定 (6) 報恩
(7) 試合 (8) 總長
(9) 怒號 (10) 街道
(11) 斷續 (12) 態度
(13) 好惡 (14) 助演
(15) 職務 (16) 省察
(17) 銃殺 (18) 個別
(19) 制限 (20) 復興
(21) 解決 (22) 運航
(23) 確實 (24) 承服
(25) 假定 (26) 爲民
(27) 警句 (28) 缺格
(29) 論文 (30) 體驗
(31) 呼吸 (32) 配達
(33) 留任 (34) 擔當
(35) 歲拜

2. 다음 漢字의 訓과 音을 쓰시오. (36~57)

(36) 貨 (37) 至
(38) 濟 (39) 惠
(40) 容 (41) 齒
(42) 送 (43) 缺
(44) 實 (45) 最
(46) 着 (47) 血
(48) 程 (49) 掃
(50) 衆 (51) 引
(52) 志 (53) 興
(54) 純 (55) 置
(56) 防 (57) 災

3. 다음 설명에 맞는 漢字語를 漢字로 쓰시오. (58~77)

(58) 악덕(악한 품성)
(59) 가훈(집안의 어른이 그 자녀들에게 주는 교훈)
(60) 독창(혼자서 노래 함. 솔로)
(61) 형편(일이 되어가는 모양이나 경로)
(62) 해외(바다 밖의 다른 나라라는 뜻으로, 외국을 일컫는 말)
(63) 한강(강원도 삼척군에서 시작하여 서울을 지나 서해로 흐르는 강)
(64) 동향(마음의 움직임)
(65) 합계(모두 합친 총계)
(66) 안건(조사하거나 토의해야 할 사항)
(67) 야구(미국에서 발달한 9인조 옥외 경기)
(68) 작별(서로 헤어짐. 이별의 인사를 함)
(69) 활기(활발한 기운이나 기개)
(70) 교양(학식을 바탕으로 배워 닦은 수양)
(71) 신동(재주와 슬기가 남달리 썩 뛰어난 아이)
(72) 이북(우리나라에서 삼팔선을 기준으로 한 북쪽을 보통으로 이르는 말)

(73) 해악(해로움과 악함)

(74) 직면(어떤 사물에 직접 대면함)

(75) 공신(나라에 공로가 있는 신하)

(76) 동창(같은 학교나 같은 스승에게 공부를 한 관계)

(77) 표정(정서를 외모에 드러내어 나타냄)

4. 다음 漢字와 뜻이 反對 또는 相對되는 漢字를 쓰시오.(78~80)

(78) 成 - (   )   (79) (   ) - 防

(80) 遠 - (   )

5. 다음 漢字語의 ( )속에 알맞는 漢字를 쓰시오.(81~85)

(81) 論功行(   ) - 공적의 유무·대소를 의논하여 각각 알맞은 상을 주는 일.

(82) 一石二(   ) - 한 가지 일을 하여 두 가지 이익을 얻음. 일거양득.

(83) 意味(   )長 - 말이나 글의 뜻이 매우 깊음.

(84) 出生申(   ) - 사람이 출생했음을 관청에 제출하여 알림.

(85) 漁父之(   ) - 쌍방이 다투는 틈을 타서 제3자가 애쓰지 않고 가로챈 이득.

6. 다음 漢字의 部首로 맞는 것을 골라 그 번호를 쓰시오.(86~88)

(86) 肉 (   )

　① 人　② 肉　③ 冂　④ 一

(87) 藝 (   )

　① 艹　② 土　③ 乙　④ 云

(88) 盛 (   )

　① 成　② 皿　③ 血　④ 盛

7. 다음 漢字와 같은 뜻의 漢字를 ( )속에 넣어 漢字語를 만드시오.(89~91)

(89) (   )空   (90) 心(   )

(91) (   )潔

8. 다음 漢字와 소리는 같으나, 뜻이 다른 漢字語를 쓰시오.(92~94)

(92) 稅收. (   ) - 얼굴을 씻음

(93) 前後. (   ) - 전쟁이 끝난 뒤

(94) 市場. (   ) - 한 시의 행정을 맡아보는 우두머리

9. 다음 漢字語의 뜻을 쓰시오.(95~97)

(95) 擔保 :

(96) 得意 :

(97) 往年 :

10. 다음 漢字의 略字를 쓰시오.(98~100)

(98) 興   (99) 惡

(100) 聲

▶ 정답은 309쪽

제5회 한자능력검정시험 4급II 예상문제

(시험시간 : 50분. 시험문항 : 100문제. 합격문항 : 70문제이상) 성명 _____

1. 다음 漢字語의 讀音을 쓰시오.(1~35)

(1) 論壇   (2) 空港
(3) 難局   (4) 帶同
(5) 相殺   (6) 訪美
(7) 至極   (8) 街路
(9) 鳥銃   (10) 綠豆
(11) 議決   (12) 軍府
(13) 回復   (14) 玉體
(15) 悲報   (16) 督戰
(17) 銅賞   (18) 指示
(19) 常備   (20) 味感
(21) 希望   (22) 密集
(23) 權勢   (24) 暴利
(25) 友好   (26) 淸貧
(27) 衛生   (28) 支障
(29) 律動   (30) 俗說
(31) 血脈   (32) 罰則
(33) 答狀   (34) 公務
(35) 葉綠素

2. 다음 漢字의 訓과 音을 쓰시오.(36~57)

(36) 誤   (37) 備
(38) 暗   (39) 連
(40) 炭   (41) 煙
(42) 包   (43) 操
(44) 帶   (45) 患
(46) 效   (47) 鐵
(48) 低   (49) 責
(50) 努   (51) 歲
(52) 準   (53) 眼
(54) 朗   (55) 城
(56) 如   (57) 提

3. 다음 설명에 맞는 漢字語를 漢字로 쓰시오.(58~77)

(58) 소망(기대하는 바)
(59) 주어(문장의 주체가 되는 말)
(60) 소화(건물이나 물건 등에 붙은 불을 끔)
(61) 시구(야구 경기를 시작하는 의식에서 맨 처음에 공을 던지는 일)
(62) 원근(멀고 가까움)
(63) 성명(성과 이름)
(64) 업계(같은 산업이나 사업에 종사하는 사람의 사회)
(65) 귀중(매우 소중함)
(66) 풍습(풍속과 습관)
(67) 결론(말이나 글의 끝마무리 의견)
(68) 영특(영걸스럽고 특이함)
(69) 매주(각주. 또는 주마다)
(70) 지구(사람이 살고 있는 땅덩어리)
(71) 영원(앞으로도 오랫동안 변함없이 계속 됨)
(72) 절친(아주 친근함)
(73) 식자(활판 인쇄에서 문선공이 뽑아 놓은 활자를 원고대로 맞추어 판을 짜는 일)
(74) 은행(예금을 맡고 한편으로는 대출·어음 거래 및 증권 인수 등을 업무로 하는 대표적인 금융 기관)
(75) 순금(다른 잡물이 조금도 섞이지 않은 순수한 금)

(76) 필순(한자를 쓸 때에 붓을 놀리는 순서)

(77) 의복(옷)

4. 다음 漢字와 뜻이 反對 또는 相對되는 漢字를 쓰시오.(78~80)

(78) (　) - 陸　　(79) 眞 - (　)

(80) 官 - (　)

5. 다음 漢字語의 (　)속에 알맞는 漢字를 쓰시오.(81~85)

(81) 眼(　)無人 - 사람을 업신여기고 교만함.

(82) 固(　)觀念 - 자연히 마음이 그리로 가서 항상 의식에 고착되어 있는 관념.

(83) 有(　)無患 - 준비가 있으면 근심할 것이 없음.

(84) 進退(　)難 - 앞으로 나아갈 수도, 뒤로 물러날 수도 없이 꼼짝할 수 없는 궁지에 빠짐.

(85) (　)失致死 - 잘못한 행위로 인하여 사람을 죽게 함.

6. 다음 漢字의 部首로 맞는 것을 골라 그 번호를 쓰시오.(86~88)

(86) 取 (　)

　① 耳　② 又　③ 一　④ 取

(87) 壓 (　)

　① 犬　② 目　③ 厂　④ 土

(88) 監 (　)

　① 皿　② 臣　③ 一　④ 十

7. 다음 漢字와 같은 뜻의 漢字를 (　)속에 넣어 漢字語를 만드시오.(89~91)

(89) 施(　)　　(90) (　)誤

(91) (　)暖

8. 다음 漢字와 소리는 같으나, 뜻이 다른 漢字語를 쓰시오.(92~94)

(92) 地上. (　) - 종이의 위

(93) 陽性. (　) - 가르쳐서 유능한 사람을 길러냄

(94) 電線. (　) - 전시에 적전에 배치한 전투부대의 배치선

9. 다음 漢字語의 뜻을 쓰시오.(95~97)

(95) 絶望 :

(96) 考察 :

(97) 溫床 :

10. 다음 漢字의 略字를 쓰시오.(98~100)

(98) 廣　　　　(99) 鐵

(100) 麗

▶ 정답은 310쪽

제6회 한자능력검정시험 4급Ⅱ 예상문제

(시험시간 : 50분. 시험문항 : 100문제. 합격문항 : 70문제이상) 성명 _____

1. 다음 漢字語의 讀音을 쓰시오.(1~35)

(1) 衛兵　　　　(2) 假名
(3) 書藝　　　　(4) 單獨
(5) 包容　　　　(6) 白銅
(7) 承服　　　　(8) 謝絶
(9) 細密　　　　(10) 除隊
(11) 豆類　　　　(12) 基準
(13) 假想　　　　(14) 協助
(15) 錄畫　　　　(16) 壓力
(17) 保障　　　　(18) 關稅
(19) 製藥　　　　(20) 反復
(21) 連發　　　　(22) 回路
(23) 檢問　　　　(24) 救濟
(25) 復習　　　　(26) 圓心
(27) 誤算　　　　(28) 督戰
(29) 警察　　　　(30) 逆說
(31) 電波　　　　(32) 冷笑
(33) 盛業　　　　(34) 制定
(35) 施賞

2. 다음 漢字의 訓과 音을 쓰시오.(36~57)

(36) 濟　　　　(37) 惠
(38) 單　　　　(39) 經
(40) 寫　　　　(41) 係
(42) 限　　　　(43) 鳥
(44) 舊　　　　(45) 唱
(46) 聲　　　　(47) 房
(48) 衛　　　　(49) 配
(50) 約　　　　(51) 類
(52) 汽　　　　(53) 宮
(54) 錄　　　　(55) 餘
(56) 進　　　　(57) 虛

3. 다음 설명에 맞는 漢字語를 漢字로 쓰시오.(58~77)

(58) 휴교(학교가 수업을 한동안 쉼)
(59) 작업(일터에서 연장이나 기계를 가지고 일을 함)
(60) 수술(의료 기계를 써서 환자의 병을 고치는 일)
(61) 실신(본 정신을 잃음)
(62) 품격(물건의 좋고 나쁨의 정도. 품위)
(63) 동화(어린이를 상대로 동심을 기조로 하여 지은 이야기)
(64) 좌편(왼쪽)
(65) 반감(반대하거나 반항하여 품는 나쁜 감정)
(66) 지구(땅을 여럿으로 나눈 하나의 범위)
(67) 표현(나타난 현상이나 모양)
(68) 급속(급하고 빠름)
(69) 훈시(가르쳐 보임)
(70) 색지(색종이)
(71) 안전(편안하여 탈이나 위험성이 없음)
(72) 감상(마음에 느끼어 생각함)
(73) 변질(질이 달라짐)
(74) 과실(조심을 하지 않거나 부주의로 저지른 잘못이나 실수)
(75) 재학(학교에 다니는 중임)
(76) 명답(썩 잘한 대답)

(77) 교육(가르치어 지능을 가지게 하는 일)

4. 다음 漢字와 뜻이 反對 또는 相對되는 漢字를 쓰시오.(78~80)

(78) 發 - (　　)　　　(79) 京 - (　　)

(80) (　　) - 罰

5. 다음 漢字語의 (　)속에 알맞는 漢字를 쓰시오.(81~85)

(81) 大逆無(　　) - 임금과 나라에 큰 죄가 되는 짓으로 인도(人道)에 몹시 어그러짐.

(82) 以實直(　　) - 사실 그대로 고함.

(83) 擔任敎(　　) - 한 반의 학생을 담당하여 지도하고 모든 일을 처리하는 선생.

(84) 草(　　)同色 - 이름은 다르나 따지고 보면 한 가지 것 이라는 말.

(85) 難(　　)不落 - 공격하기가 어려워 좀처럼 함락되지 않음.

6. 다음 漢字의 部首로 맞는 것을 골라 그 번호를 쓰시오.(86~88)

(86) 警 (　　)

　① 女　② ⺿　③ 言　④ 句

(87) 將 (　　)

　① 寸　② 夕　③ 十　④ 丿

(88) 帶 (　　)

　① 一　② 冖　③ 巾　④ 匕

7. 다음 漢字와 같은 뜻의 漢字를 (　)속에 넣어 漢字語를 만드시오.(89~91)

(89) 監(　　)　　　(90) 舍(　　)

(91) 年(　　)

8. 다음 漢字와 소리는 같으나, 뜻이 다른 漢字語를 쓰시오.(92~94)

(92) 食水. (　　　　) - 나무를 심음

(93) 過擧. (　　　　) - 지나간 때

(94) 入場. (　　　　) - 당면하고 있는 상황. 처지

9. 다음 漢字語의 뜻을 쓰시오.(95~97)

(95) 副業 :

(96) 是認 :

(97) 指向 :

10. 다음 漢字의 略字를 쓰시오.(98~100)

(98) 虛　　　　(99) 發

(100) 團

▶ 정답은 310쪽

제7회 한자능력검정시험 4급Ⅱ 예상문제

(시험시간 : 50분.　시험문항 : 100문제.　합격문항 : 70문제이상)　성명 _____

1. 다음 漢字語의 讀音을 쓰시오.(1~35)

(1) 純潔　　　　(2) 爲主
(3) 背信　　　　(4) 器具
(5) 康健　　　　(6) 農協
(7) 誤認　　　　(8) 隊員
(9) 敵軍　　　　(10) 煙草
(11) 義擧　　　　(12) 經過
(13) 理解　　　　(14) 命脈
(15) 狀態　　　　(16) 應試
(17) 錄取　　　　(18) 團圓
(19) 斷念　　　　(20) 實際
(21) 榮利　　　　(22) 減少
(23) 確信　　　　(24) 師弟
(25) 製作　　　　(26) 置重
(27) 總務　　　　(28) 賞罰
(29) 精誠　　　　(30) 博愛
(31) 難航　　　　(32) 護衛
(33) 考察　　　　(34) 暴惡
(35) 留念

2. 다음 漢字의 訓과 音을 쓰시오.(36~57)

(36) 受　　　　(37) 怒
(38) 研　　　　(39) 壁
(40) 取　　　　(41) 細
(42) 黨　　　　(43) 故
(44) 歷　　　　(45) 葉
(46) 當　　　　(47) 器
(48) 師　　　　(49) 億
(50) 吸　　　　(51) 香
(52) 印　　　　(53) 田
(54) 密　　　　(55) 副
(56) 湖　　　　(57) 停

3. 다음 설명에 맞는 漢字語를 漢字로 쓰시오.(58~77)

(58) 전설(예전부터 전하여 오는 이야기)
(59) 조절(사물의 정도에 맞추어서 잘 고르게 함)
(60) 식장(예식을 거행하는 곳)
(61) 운집(구름처럼 많이 모임)
(62) 불허(허락하지 아니함)
(63) 배수(갑절이 되는 수)
(64) 청산(상호 간에 채무·채권 관계를 셈하여 깨끗이 정리함)
(65) 독창(혼자서 노래 함)
(66) 속도(움직이는 사물의 빠른 정도)
(67) 건전(몸이나 정신이 튼튼하고 온전함)
(68) 구국(나라를 위기에서 구함)
(69) 해초(바다 속에서 나는 식물의 총칭)
(70) 정착(어느 곳에 자리 잡아 오래도록 사는 것)
(71) 자원(일을 스스로 하고자 나섬)
(72) 선명(산뜻하고 뚜렷함. 깨끗하고 밝음)
(73) 직구(변화를 주지 않고 곧게 던지는 공)
(74) 승패(이김과 짐)
(75) 효과(보람으로 나타나는 좋은 결과)
(76) 곡조(음이나 가사의 가락)
(77) 소중(매우 귀중함)

4. 다음 漢字와 뜻이 反對 또는 相對되는 漢字를 쓰시오.(78~80)

(78) (   ) - 續   (79) 曲 - (   )

(80) 山 - (   )

5. 다음 漢字語의 ( )속에 알맞는 漢字를 쓰시오.(81~85)

(81) 金科(   )條 - 금과 옥같이 귀중히 여기어 신봉(信奉)하는 법칙이나 규정.

(82) 虛送(   )月 - 하는 일 없이 세월만 헛되이 보냄.

(83) 事(   )歸正 - 만사(萬事)는 반드시 정리(正理)로 돌아감.

(84) 高低長(   ) - 높고 낮음과 길고 짧음.

(85) 三位一(   ) - 세 가지의 것이 서로 연관·통합하여 목적하는 것이 하나가 되는 일.

6. 다음 漢字의 部首로 맞는 것을 골라 그 번호를 쓰시오.(86~88)

(86) 毒 (   )

　① 土　② 母　③ 工　④ 毋

(87) 武 (   )

　① 戈　② 二　③ 止　④ 正

(88) 務 (   )

　① 矛　② 子　③ 女　④ 力

7. 다음 漢字와 같은 뜻의 漢字를 ( )속에 넣어 漢字語를 만드시오.(89~91)

(89) 練(   )   (90) 佛(   )

(91) 尊(   )

8. 다음 漢字와 소리는 같으나 뜻이 다른 漢字語를 쓰시오.(92~94)

(92) 寒食. (   ) - 우리나라 고유의 양식

(93) 重稅. (   ) - 고대와 근대의 중간 시대

(94) 國家. (   ) - 한 나라의 이상과 정신을 나타내는 것으로 국가에서 제정한 노래

9. 다음 漢字語의 뜻을 쓰시오.(95~97)

(95) 退職 :

(96) 呼出 :

(97) 素朴 :

10. 다음 漢字의 略字를 쓰시오.(98~100)

(98) 擔   (99) 會

(100) 國

▶ 정답은 311쪽

제8회 한자능력검정시험 4급II 예상문제

(시험시간 : 50분. 시험문항 : 100문제. 합격문항 : 70문제이상)   성명 _____

1. 다음 漢字語의 讀音을 쓰시오.(1~35)

(1) 時限   (2) 斷食
(3) 收益   (4) 列擧
(5) 宗親   (6) 誤答
(7) 砲聲   (8) 次官
(9) 悲願   (10) 分布
(11) 測量   (12) 議題
(13) 康寧   (14) 築造
(15) 南侵   (16) 講堂
(17) 論爭   (18) 境界
(19) 除名   (20) 故障
(21) 取消   (22) 黨權
(23) 暗黑   (24) 童詩
(25) 總理   (26) 蟲齒
(27) 難民   (28) 賢人
(29) 濟民   (30) 密林
(31) 請約   (32) 圓卓
(33) 減算   (34) 吸血
(35) 飛行

2. 다음 漢字의 訓과 音을 쓰시오.(36~57)

(36) 羅   (37) 次
(38) 悲   (39) 案
(40) 偉   (41) 練
(42) 守   (43) 暴
(44) 增   (45) 端
(46) 殺   (47) 漁
(48) 圓   (49) 句
(50) 飛   (51) 獨
(52) 準   (53) 板
(54) 奉   (55) 雄
(56) 警   (57) 隊

3. 다음 설명에 맞는 漢字語를 漢字로 쓰시오.(58~77)

(58) 제목(어떤 작품이나 문서 등에서 그 내용을 나타내거나 그것을 대표하기 위하여 보이는 이름.)
(59) 내실(내적인 가치나 충실성)
(60) 청춘(인생의 젊은 나이 또는 그 시절)
(61) 경성(도읍의 성. 서울의 옛 이름)
(62) 체중(몸의 무게. 몸무게)
(63) 구호(번호나 치수 등이 아홉번째임)
(64) 면전(보고 있는 앞)
(65) 세입(국가나 지방 자치 단체의 1년 또는 한 회계 연도 안의 총수입)
(66) 참석(어떤 자리나 모임에 참여함)
(67) 고절(어떤 곤란한 일에도 굽히지 아니하는 굳은 절개)
(68) 교가(학교를 상징하는 노래)
(69) 전과(전 과목에 걸친 학습 참고서)
(70) 효행(어버이를 잘 섬기는 행실)
(71) 육성(길러 자라게 함)
(72) 적중(목표에 꼭 들어맞음)
(73) 전면(어떤 범위의 전체)
(74) 일광(햇빛)
(75) 육아(어린아이를 기름)

(76) 과제(처리하거나 해결해야 할 문제)
(77) 소시(젊었을 때)

(89) 議(　)　　　(90) 衣(　)
(91) (　)藝

4. 다음 漢字와 뜻이 反對 또는 相對되는 漢字를 쓰시오.(78~80)
(78) (　)-夕　　(79) 班-(　)
(80) (　)-冷

8. 다음 漢字와 소리는 같으나, 뜻이 다른 漢字語를 쓰시오.(92~94)
(92) 水上. (　) - 상을 받음
(93) 救護. (　) - 연설의 끝이나 시위행진 때 외치는 간결한 문구
(94) 下校. (　) - 윗사람이 아랫사람에게 가르치어 보임

5. 다음 漢字語의 (　)속에 알맞는 漢字를 쓰시오.(81~85)
(81) 百年河(　) - 중국의 황하가 항상 흐리어 맑을 때가 없다는 말로, 아무리 오래 되어도 사물이 이루어지기 어렵다는 뜻.
(82) (　)和統一 - 무력적인 전쟁에 의하지 않고 평화적인 방법으로 수행하는 통일.
(83) 種豆(　)豆 - 콩 심은데 콩나고 팥 심은데 팥이 남.
(84) 聞一(　)十 - 한 가지를 들으면 열을 미루어 앎.
(85) 門前成(　) - 권세가나 부자가 되어 집 앞이 방문객으로 시장을 이루다시피 함.

9. 다음 漢字語의 뜻을 쓰시오.(95~97)
(95) 配置 :
(96) 兩親 :
(97) 斷念 :

10. 다음 漢字의 略字를 쓰시오.(98~100)
(98) 勞　　　(99) 輕
(100) 邊

▶ 정답은 311쪽

6. 다음 漢字의 部首로 맞는 것을 골라 그 번호를 쓰시오.(86~88)
(86) 留 (　)
　　① 口　② 刀　③ 田　④ 十
(87) 報 (　)
　　① 土　② 幸　③ 又　④ 二
(88) 鄕 (　)
　　① 冂　② 白　③ 邑　④ 匕

7. 다음 漢字와 같은 뜻의 漢字를 (　)속에 넣어 漢字語를 만드시오.(89~91)

제 9회 한자능력검정시험 4급Ⅱ 예상문제

(시험시간 : 50분. 시험문항 : 100문제. 합격문항 : 70문제이상) 성명 _____

1. 다음 漢字語의 讀音을 쓰시오.(1~35)

(1) 祭天 (2) 檢査
(3) 缺航 (4) 讀破
(5) 達觀 (6) 接收
(7) 警句 (8) 要員
(9) 配置 (10) 濟世
(11) 寶貨 (12) 訪問
(13) 宗敎 (14) 未開
(15) 經驗 (16) 工藝
(17) 靑銅 (18) 榮貴
(19) 連勝 (20) 擔當
(21) 圓形 (22) 舍宅
(23) 戶數 (24) 養護
(25) 處罰 (26) 博學
(27) 齒石 (28) 貧弱
(29) 助言 (30) 聖者
(31) 暴落 (32) 錄畫
(33) 功過 (34) 總會
(35) 達筆

2. 다음 漢字의 訓과 音을 쓰시오.(36~57)

(36) 統 (37) 究
(38) 狀 (39) 論
(40) 鐵 (41) 提
(42) 豊 (43) 官
(44) 恩 (45) 罪
(46) 票 (47) 敵
(48) 變 (49) 禁
(50) 壇 (51) 凶
(52) 展 (53) 授
(54) 康 (55) 導
(56) 拜 (57) 督

3. 다음 설명에 맞는 漢字語를 漢字로 쓰시오.(58~77)

(58) 현장(일이 생긴 그 마당)
(59) 실효(실제의 효과)
(60) 낭독(글을 소리 내어 읽음)
(61) 부정(올바르지 아니하거나 옳지 못함)
(62) 매점(물건을 파는 작은 가게)
(63) 행운(행복한 운수)
(64) 태반(반수 이상)
(65) 계산(수량을 헤아림)
(66) 노상(길바닥)
(67) 석양(저녁나절의 해)
(68) 회식(여러 사람이 모여 함께 음식을 먹음)
(69) 독백(혼자서 말함)
(70) 육성(가르쳐서 기르는 것. 동식물을 길러 자라게 하는 것)
(71) 선두(대열이나 활동 따위에서 맨 앞)
(72) 회화(서로 마주 대하고 이야기함. 외국말로 이야기함)
(73) 통로(통행하는 길)
(74) 집결(한군데로 모임)
(75) 단념(짧은 생각)
(76) 훈수(바둑 장기 등에서 End기어 방법을 가르쳐 줌)
(77) 방심(마음을 놓아 버림)

4. 다음 漢字와 뜻이 反對 또는 相對되는 漢字를 쓰시오.(78~80)

(78) 興 - (　)　　(79) 玉 - (　)

(80) (　) - 逆

5. 다음 漢字語의 (　)속에 알맞는 漢字를 쓰시오.(81~85)

(81) 百年大(　) - 먼 뒷날까지에 걸친 큰 계획.

(82) 確(　)不動 - 확고하여 흔들리거나 움직이지 않음.

(83) 今始初(　) - 이제야 비로소 처음으로 들음.

(84) 傳(　)童話 - 전해 내려오는 어린이를 대상으로 하는 이야기.

(85) (　)男北女 - 우리 나라에서, 남쪽 지방은 남자 잘나고, 북쪽 지방은 여자가 아름답다는 말.

6. 다음 漢字의 部首로 맞는 것을 골라 그 번호를 쓰시오.(86~88)

(86) 常 (　)

① 小　② 巾　③ 口　④ 冖

(87) 益 (　)

① 一　② 人　③ 皿　④ 八

(88) 飛 (　)

① 升　② 飛　③ 一　④ 十

7. 다음 漢字와 같은 뜻의 漢字를 (　)속에 넣어 漢字語를 만드시오.(89~91)

(89) 幸(　)　　(90) (　)作

(91) 救(　)

8. 다음 漢字와 소리는 같으나, 뜻이 다른 漢字語를 쓰시오.(92~94)

(92) 政黨. (　) - 바르고 옳음

(93) 引導. (　) - 사람이 다니는 길

(94) 主力. (　) - 힘을 기울임

9. 다음 漢字語의 뜻을 쓰시오.(95~97)

(95) 故人 :

(96) 缺禮 :

(97) 修身 :

10. 다음 漢字의 略字를 쓰시오.(98~100)

(98) 實　　　　(99) 號

(100) 單

▶ 정답은 312쪽

제10회 한자능력검정시험 4급Ⅱ 예상문제

(시험시간 : 50분. 시험문항 : 100문제. 합격문항 : 70문제이상)   성명 _____

1. 다음 漢字語의 讀音을 쓰시오.(1~35)

(1) 解答　　　(2) 律法
(3) 常綠　　　(4) 着眼
(5) 吸煙　　　(6) 慶祝
(7) 砲聲　　　(8) 確實
(9) 早退　　　(10) 高潔
(11) 減員　　　(12) 修行
(13) 接近　　　(14) 經驗
(15) 牧師　　　(16) 求職
(17) 眞實　　　(18) 敬拜
(19) 指名　　　(20) 究明
(21) 貨物　　　(22) 血統
(23) 個人　　　(24) 進步
(25) 經濟　　　(26) 總員
(27) 絶交　　　(28) 開港
(29) 眼目　　　(30) 得票
(31) 眞理　　　(32) 未滿
(33) 導出　　　(34) 香料
(35) 列强

2. 다음 漢字의 訓과 音을 쓰시오.(36~57)

(36) 布　　　(37) 競
(38) 常　　　(39) 應
(40) 演　　　(41) 便
(42) 星　　　(43) 武
(44) 雲　　　(45) 擔
(46) 流　　　(47) 船
(48) 受　　　(49) 防
(50) 情　　　(51) 落
(52) 致　　　(53) 務
(54) 達　　　(55) 個
(56) 列　　　(57) 步

3. 다음 설명에 맞는 漢字語를 漢字로 쓰시오.(58~77)

(58) 책임(꼭 하기로 하고 맡은 일)
(59) 광고(사람들에게 널리 알리는 것)
(60) 형체(물건의 모양과 그 바탕인 몸)
(61) 국산(자기 나라에서 생산함)
(62) 음복(제사에 사용했던 음식을 나누어 먹는 일)
(63) 서당(글방)
(64) 평등(치우침이 없이 모두가 한결 같음)
(65) 강약(강함과 약함)
(66) 정오(낮 열두 시)
(67) 불참(경기에 참가하지 않음)
(68) 공인(국가나 사회를 위하여 일하는 사람)
(69) 기호(무슨 뜻을 나타내는 표)
(70) 고금(옛날과 지금)
(71) 재능(재주와 능력)
(72) 운집(구름처럼 많이 모여듦)
(73) 속도(빠르기의 정도)
(74) 상품(장사하는 물품)
(75) 자생(저절로 생겨남)
(76) 교육(심신의 모든 능력을 발육시키어 가치를 높이는 모든 행위)
(77) 어학(언어에 대해 연구하는 학문)

4. 다음 漢字와 뜻이 反對 또는 相對되는 漢字를 쓰시오.(78~80)

(78) 多 - (　　)　　(79) 東 - (　　)

(80) 增 - (　　)

5. 다음 漢字語의 (　)속에 알맞는 漢字를 쓰시오.(81~85)

(81) 溫故知(　　) - 옛 것을 연구해 새 지식이나 견해를 찾아냄.

(82) 經世濟(　　) - 세상을 다스리고 백성을 구제함.

(83) 不可(　　)議 - 사람의 생각으로는 미루어 헤아릴 수 없이 이상야릇함.

(84) 兵(　　)常事 - 전쟁에서 이기고 지는 것은 보통 있는 일로, 실패는 흔히 있는 일이니 낙심할 것이 없다는 말.

(85) 爲(　　)忠節 - 나라를 위한 충성스러운 절개.

6. 다음 漢字의 部首로 맞는 것을 골라 그 번호를 쓰시오.(86~88)

(86) 舍 (　　)

　① 人　② 口　③ 舌　④ 舍

(87) 慶 (　　)

　① 广　② 心　③ 鹿　④ 又

(88) 豊 (　　)

　① 曲　② 豆　③ 一　④ 十

7. 다음 漢字와 같은 뜻의 漢字를 (　)속에 넣어 漢字語를 만드시오.(89~91)

(89) 法(　　)　　(90) 至(　　)

(91) 報(　　)

8. 다음 漢字와 소리는 같으나, 뜻이 다른 漢字語를 쓰시오.(92~94)

(92) 養家. (　　　　) - 두 집안

(93) 時調. (　　　　) - 한 족속의 맨 우두머리 조상

(94) 地區. (　　　　) - 인류가 살고 있는 천체

9. 다음 漢字語의 뜻을 쓰시오.(95~97)

(95) 承認 :

(96) 宗族 :

(97) 早期 :

10. 다음 漢字의 略字를 쓰시오.(98~100)

(98) 價　　　(99) 寫

(100) 壓

▶ 정답은 312쪽

제11회 한자능력검정시험 4급Ⅱ 예상문제

(시험시간 : 50분.　시험문항 : 100문제.　합격문항 : 70문제이상)　성명 _____

1. 다음 漢字語의 讀音을 쓰시오.(1~35)

(1) 毛筆　　　　(2) 移住

(3) 極東　　　　(4) 邊境

(5) 協議　　　　(6) 起案

(7) 明暗　　　　(8) 黨首

(9) 職務　　　　(10) 密集

(11) 吸煙　　　　(12) 殺氣

(13) 復興　　　　(14) 水準

(15) 努力　　　　(16) 印度

(17) 論壇　　　　(18) 位置

(19) 端正　　　　(20) 續報

(21) 暴惡　　　　(22) 護送

(23) 訪韓　　　　(24) 故障

(25) 天惠　　　　(26) 敗走

(27) 肉類　　　　(28) 業務

(29) 志操　　　　(30) 背反

(31) 純度　　　　(32) 副業

(33) 暴風　　　　(34) 防空

(35) 怒號

2. 다음 漢字의 訓과 音을 쓰시오.(36~57)

(36) 博　　　　(37) 絶

(38) 罰　　　　(39) 週

(40) 商　　　　(41) 浴

(42) 麗　　　　(43) 總

(44) 障　　　　(45) 毛

(46) 買　　　　(47) 期

(48) 宅　　　　(49) 能

(50) 比　　　　(51) 邊

(52) 味　　　　(53) 素

(54) 想　　　　(55) 盆

(56) 制　　　　(57) 鄕

3. 다음 설명에 맞는 漢字語를 漢字로 쓰시오.(58~77)

(58) 동화(다르던 것이 서로 같게 됨)

(59) 합성(두 가지 이상이 합하여 한 가지 상태를 이룸)

(60) 우천(비가 내리는 날씨)

(61) 신봉(옳다고 믿고 받듦)

(62) 국사(나라의 역사)

(63) 기금(어떤 목적을 위하여 적립하거나 준비하여 두는 자금)

(64) 전기(사람의 일대기를 기록한 것)

(65) 친지(친근하게 잘 알고 지내는 사람)

(66) 관객(구경하는 사람)

(67) 공통(여러 곳에 두루 통용되거나 관계가 같음)

(68) 견학(현장에 가서 보고 배우는 것)

(69) 거수(손을 들다)

(70) 대설(24절후의 하나. 눈이 많이 내림)

(71) 행상(이리저리 다니며 물건을 팖)

(72) 주목(주의 깊게 살펴봄)

(73) 도래(닥쳐옴)

(74) 착륙(비행기 따위가 땅 위에 내림)

(75) 효도(부모를 정성껏 잘 섬기는 일)

(76) 순풍(순하게 부는 바람)

(77) 당락(당선과 낙선)

4. 다음 漢字와 뜻이 反對 또는 相對되는 漢字를 쓰시오.(78~80)
   (78) 貧 - (   )   (79) (   ) - 缺
   (80) (   ) - 配

5. 다음 漢字語의 (   )속에 알맞는 漢字를 쓰시오.(81~85)
   (81) 不(   )可知 - 묻지 않아도 알 수 있음.
   (82) 朝變夕(   ) - 아침 저녁으로 뜯어 고침.
   (83) 類萬不(   ) - 많은 것이 모두 서로 같지 않음. 분수에 맞지 않음.
   (84) (   )名無實 - 이름만 있고 그 실상은 없음.
   (85) 君子三(   ) - 심성(心性)이 어질고 덕행(德行)이 높아 남의 스승이 될 만한 사람의 세 가지 즐거움이란 뜻.

6. 다음 漢字의 部首로 맞는 것을 골라 그 번호를 쓰시오.(86~88)
   (86) 玉 (   )
   ① 玉   ② 王   ③ 丶   ④ 十
   (87) 暴 (   )
   ① 日   ② 日   ③ 水   ④ ⺾
   (88) 眞 (   )
   ① 匕   ② 七   ③ 目   ④ 八

7. 다음 漢字와 같은 뜻의 漢字를 (   )속에 넣어 漢字語를 만드시오.(89~91)
   (89) 身(   )   (90) 到(   )
   (91) 健(   )

8. 다음 漢字와 소리는 같으나, 뜻이 다른 漢字語를 쓰시오.(92~94)
   (92) 容器. (   ) - 씩씩하고 용감한 기운
   (93) 意識. (   ) - 의복과 음식
   (94) 立石. (   ) - 서서 타거나 구경하는 자리

9. 다음 漢字語의 뜻을 쓰시오.(95~97)
   (95) 助言 :
   (96) 引用 :
   (97) 難航 :

10. 다음 漢字의 略字를 쓰시오.(98~100)
    (98) 榮   (99) 學
    (100) 醫

▶ 정답은 313쪽

299

제12회 한자능력검정시험 4급Ⅱ 예상문제

(시험시간 : 50분. 시험문항 : 100문제. 합격문항 : 70문제이상) 성명 _____

1. 다음 漢字語의 讀音을 쓰시오.(1~35)

   (1) 虛實   (2) 液體
   (3) 容器   (4) 復活
   (5) 準備   (6) 毒草
   (7) 暗記   (8) 武術
   (9) 利益   (10) 職位
   (11) 解法   (12) 防備
   (13) 器物   (14) 壁紙
   (15) 感謝   (16) 印章
   (17) 牧童   (18) 統合
   (19) 畜舍   (20) 細工
   (21) 身邊   (22) 協定
   (23) 健康   (24) 關稅
   (25) 律法   (26) 密約
   (27) 羅列   (28) 指目
   (29) 提示   (30) 豆油
   (31) 配給   (32) 斷續
   (33) 深思   (34) 滿員
   (35) 試驗

2. 다음 漢字의 訓과 音을 쓰시오.(36~57)

   (36) 氷   (37) 質
   (38) 順   (39) 島
   (40) 監   (41) 解
   (42) 壓   (43) 勢
   (44) 護   (45) 倍
   (46) 則   (47) 調
   (48) 續   (49) 測
   (50) 砲   (51) 統
   (52) 引   (53) 宗
   (54) 希   (55) 將
   (56) 員   (57) 陰

3. 다음 설명에 맞는 漢字語를 漢字로 쓰시오.(58~77)

   (58) 대등(낮고 높음의 차이가 없이 비슷함)
   (59) 한복(우리나라 고유의 옷)
   (60) 추석(우리나라 명절의 하나. 음력 8월 15일)
   (61) 단장(일정한 단체의 우두머리)
   (62) 원일(설날)
   (63) 국운(나라의 운명)
   (64) 친가(결혼을 하거나 다른집에 양자로 들어갔을 때 본 집을 이르는 말)
   (65) 운해(바다처럼 널리 깔린 구름)
   (66) 재래(예전부터 전해 내려오는 것)
   (67) 기사(신문이나 잡지 등에 어떤 사실을 실어 알리는 것)
   (68) 전공(전투에서 세운 공로)
   (69) 독자(신문 따위를 읽는 사람)
   (70) 문책(잘못을 캐묻고 꾸짖음)
   (71) 합격(어떤 조건을 갖추어 시험이나 검사 따위를 통과하는 일)
   (72) 추풍(가을바람)
   (73) 병해(병으로 말미암아 입은 농작물의 피해)
   (74) 온실(난방 장치를 한 방)
   (75) 대국(마주 앉아서 바둑이나 장기를 둠)
   (76) 생산(아이나 새끼를 낳음)
   (77) 개교(학교를 엶)

4. 다음 漢字와 뜻이 反對 또는 相對되는 漢字를 쓰시오.(78~80)

(78) (　) - 弱　　(79) 苦 - (　)

(80) (　) - 非

5. 다음 漢字語의 (　)속에 알맞는 漢字를 쓰시오.(81~85)

(81) (　)天愛人 - 하늘을 공경하고 사람을 사랑함.

(82) 富貴(　)名 - 재산이 많고 지위가 높으며 공을 세워 이름을 떨침.

(83) 因果應(　) - 사람이 짓는 선악의 인업(因業)에 응하여 과보가 있음.

(84) 漁父之(　) - 쌍방이 다투는 틈을 타서 제3자가 애쓰지 않고 가로챈 이득.

(85) (　)動擧止 - 몸을 움직여 하는 모든 짓.

6. 다음 漢字의 部首로 맞는 것을 골라 그 번호를 쓰시오.(86~88)

(86) 尊 (　)

① 寸　② 八　③ 酉　④ 十

(87) 街 (　)

① 彳　② 土　③ 亻　④ 行

(88) 努 (　)

① 女　② 力　③ 又　④ 刀

7. 다음 漢字와 같은 뜻의 漢字를 (　)속에 넣어 漢字語를 만드시오.(89~91)

(89) 連(　)　　(90) (　)潔

(91) 知(　)

8. 다음 漢字와 소리는 같으나, 뜻이 다른 漢字語를 쓰시오.(92~94)

(92) 銅貨. (　) - 같이 화합 함

(93) 力士. (　) - 인류의 변천

(94) 代價. (　) - 학문 등에 조예가 깊은 사람

9. 다음 漢字語의 뜻을 쓰시오.(95~97)

(95) 眼目 :

(96) 誤報 :

(97) 低俗 :

10. 다음 漢字의 略字를 쓰시오.(98~100)

(98) 藝

(99) 萬

(100) 燈

▶ 정답은 313쪽

제13회 한자능력검정시험 4급II 예상문제

(시험시간 : 50분. 시험문항 : 100문제. 합격문항 : 70문제이상) 성명 _____

1. 다음 漢字語의 讀音을 쓰시오.(1~35)

(1) 開港 (2) 田園
(3) 慶事 (4) 提起
(5) 試圖 (6) 悲運
(7) 暖房 (8) 藝術
(9) 吸收 (10) 得勢
(11) 罪狀 (12) 官職
(13) 畜舍 (14) 教師
(15) 精密 (16) 修養
(17) 移民 (18) 俗說
(19) 婦德 (20) 美麗
(21) 惠政 (22) 是認
(23) 如實 (24) 素朴
(25) 受講 (26) 戰勢
(27) 試飲 (28) 配列
(29) 布施 (30) 破産
(31) 國慶日 (32) 呼出
(33) 制動 (34) 純度
(35) 夏至

2. 다음 漢字의 訓과 音을 쓰시오.(36~57)

(36) 卓 (37) 破
(38) 走 (39) 呼
(40) 傳 (41) 屋
(42) 假 (43) 料
(44) 鮮 (45) 指
(46) 濟 (47) 好
(48) 府 (49) 訪
(50) 侵 (51) 肉
(52) 深 (53) 勢
(54) 富 (55) 寺
(56) 常 (57) 聖

3. 다음 설명에 맞는 漢字語를 漢字로 쓰시오.(58~77)

(58) 각색(각 빛깔)
(59) 방도(일에 대한 방법과 도리)
(60) 일가(성과 본이 같은 겨레붙이)
(61) 동등(등급이 같음)
(62) 행실(실지로 드러난 행동)
(63) 복용(약을 먹음)
(64) 금언(생활의 본보기로 할 만한 귀중한 내용을 지닌 짧은 어귀)
(65) 교신(통신을 주고받음)
(66) 세수 (얼굴을 씻음)
(67) 지극(더 없이 극진함)
(68) 의견(마음에 생각하는 점)
(69) 특급(특별한 계급이나 등급)
(70) 동행(길을 같이 감)
(71) 인간(사람)
(72) 졸업(학생이 소정의 교과 과정을 모두 마침)
(73) 상품(팔고 사는 물품)
(74) 소문(들려오는 떠도는 말)
(75) 명화(이름난 그림)
(76) 산수(기초적인 셈법 또는, 이를 가르치는 학과목)

(77) 과실(먹을 수 있는 나무의 열매)

(89) 貯( )   (90) ( )聲
(91) 政( )

4. 다음 漢字와 뜻이 反對 또는 相對되는 漢字를 쓰시오.(78~80)

(78) 黑 - ( )   (79) ( ) - 來
(80) 得 - ( )

8. 다음 漢字와 소리는 같으나, 뜻이 다른 漢字語를 쓰시오.(92~94)

(92) 實數. ( ) - 잘못하여 그르침
(93) 代決. ( ) - 양자가 맞서서 우열 등을 결정함
(94) 家具. ( ) - 집안 식구

5. 다음 漢字語의 ( )속에 알맞는 漢字를 쓰시오.(81~85)

(81) 萬( )通治 - 약효가 여러 가지 병을 모두 고칠 수 있음.
(82) 君( )有義 - 임금과 신하 간의 도리는 의리에 있음.
(83) 不問曲( ) - 옳고 그른 것을 묻지 않음.
(84) 忠言逆( ) - 충직한 말은 귀에 거슬려 불쾌함.
(85) ( )事成語 - 옛적부터 내려오는 유서 깊은 일이나, 그것을 표현한 어구로 완성된 말.

9. 다음 漢字語의 뜻을 쓰시오.(95~97)

(95) 創案 :
(96) 省察 :
(97) 光陰 :

6. 다음 漢字의 部首로 맞는 것을 골라 그 번호를 쓰시오.(86~88)

(86) 素 ( )
① 素 ② 糸 ③ 八 ④ 主
(87) 興 ( )
① 臼 ② 口 ③ 八 ④ 冂
(88) 賢 ( )
① 臣 ② 又 ③ 目 ④ 貝

10. 다음 漢字의 略字를 쓰시오.(98~100)

(98) 處   (99) 獨
(100) 賣

▶ 정답은 314쪽

7. 다음 漢字와 같은 뜻의 漢字를 ( )속에 넣어 漢字語를 만드시오.(89~91)

제14회 한자능력검정시험 4급Ⅱ 예상문제

(시험시간 : 50분. 시험문항 : 100문제. 합격문항 : 70문제이상) 성명 _____

1. 다음 漢字語의 讀音을 쓰시오.(1~35)

(1) 謝絕   (2) 動脈
(3) 寸陰   (4) 波動
(5) 守節   (6) 興味
(7) 曲藝   (8) 是認
(9) 增強   (10) 單科
(11) 留意   (12) 血統
(13) 監視   (14) 毒藥
(15) 尊重   (16) 掃除
(17) 財貨   (18) 佛經
(19) 買票   (20) 續開
(21) 修養   (22) 支店
(23) 滿期   (24) 白鳥
(25) 深海   (26) 印紙
(27) 設備   (28) 希求
(29) 缺如   (30) 休息
(31) 形態   (32) 議論
(33) 防衛   (34) 職位
(35) 歌謠

2. 다음 漢字의 訓과 音을 쓰시오.(36~57)

(36) 虛   (37) 敬
(38) 斷   (39) 血
(40) 助   (41) 兩
(42) 餘   (43) 蟲
(44) 擧   (45) 切
(46) 務   (47) 浴
(48) 波   (49) 境
(50) 訪   (51) 竹
(52) 承   (53) 修
(54) 置   (55) 認
(56) 詩   (57) 非

3. 다음 설명에 맞는 漢字語를 漢字로 쓰시오.(58~77)

(58) 품귀(물건이 귀함)
(59) 종목(종류의 명목)
(60) 효과(보람이 있는 결과)
(61) 낙원(아무런 걱정이나 부족함이 없이 살 수 있는 즐거운 곳)
(62) 신병(새로 입영한 병정)
(63) 촌로(시골에서 사는 노인)
(64) 공기(지구의 표면을 둘러싸고 있는 무색·무취·투명의 기체)
(65) 발신(소식이나 우편·전신 등을 보내는 것)
(66) 자연(우주 사이에 저절로 된 그대로의 상태)
(67) 군세(군대의 형세)
(68) 책임(도맡아해야할 임무)
(69) 집단(모여서 이룬 떼. 개인이 모여서 이룬 단체)
(70) 교류(서로주고 받음)
(71) 형부(언니의 남편)
(72) 전화(전화기를 이용하여 서로 이야기함)
(73) 야학(밤에 글을 배움)
(74) 녹색(풀빛)
(75) 정답(옳은 답. 바른 답)

(76) 약속(언약하여 정함)

(77) 다독(많이 읽음)

(89) 果(　　)　　　　(90) 境(　　)

(91) 副(　　)

4. 다음 漢字와 뜻이 反對 또는 相對되는 漢字를 쓰시오.(78~80)

(78) 得 - (　　)　　(79) (　　) - 低

(80) (　　) - 鄕

8. 다음 漢字와 소리는 같으나, 뜻이 다른 漢字語를 쓰시오.(92~94)

(92) 減算. (　　　　) - 생산이 줌

(93) 視界. (　　　　) - 시간을 재거나 가리키는 기계

(94) 古都. (　　　　) - 높은 정도

5. 다음 漢字語의 (　)속에 알맞는 漢字를 쓰시오.(81~85)

(81) (　)義兄弟 - 남남끼리 형제의 의를 맺음.

(82) (　)春大吉 - 입춘을 맞이하여 길운을 기원하는 글.

(83) 天災(　)變 - 지진·홍수 따위의 자연의 재앙.

(84) 以熱(　)熱 - 열은 열로써 다스림.

(85) 公(　)正大 - 공명하고 떳떳함.

9. 다음 漢字語의 뜻을 쓰시오.(95~97)

(95) 寸陰 :

(96) 共助 :

(97) 收容 :

10. 다음 漢字의 略字를 쓰시오.(98~100)

(98) 權　　　　(99) 兒

(100) 區

6. 다음 漢字의 部首로 맞는 것을 골라 그 번호를 쓰시오.(86~88)

(86) 故 (　　)

① 十　② 口　③ 攴　④ 欠

(87) 究 (　　)

① 九　② 宀　③ 穴　④ 八

(88) 求 (　　)

① 木　② 水　③ 十　④ 丿

▶ 정답은 314쪽

7. 다음 漢字와 같은 뜻의 漢字를 (　)속에 넣어 漢字語를 만드시오.(89~91)

제15회 한자능력검정시험 4급Ⅱ 예상문제

(시험시간 : 50분. 시험문항 : 100문제. 합격문항 : 70문제이상) 성명 _____

1. 다음 漢字語의 讀音을 쓰시오.(1~35)

(1) 效驗   (2) 密度
(3) 過程   (4) 留念
(5) 銃聲   (6) 勝勢
(7) 祭典   (8) 舍監
(9) 鄕士   (10) 導火線
(11) 受容 (12) 牧場
(13) 監督 (14) 豊盛
(15) 衛兵 (16) 罰金
(17) 呼應 (18) 淸貧
(19) 工程 (20) 主演
(21) 次善 (22) 列車
(23) 波高 (24) 增進
(25) 相殺 (26) 圓形
(27) 除去 (28) 法律
(29) 進級 (30) 防蟲
(31) 羅漢 (32) 申請
(33) 農協 (34) 命脈
(35) 授業

2. 다음 漢字의 訓과 音을 쓰시오.(36~57)

(36) 密   (37) 陰
(38) 格   (39) 往
(40) 想   (41) 義
(42) 察   (43) 難
(44) 效   (45) 狀
(46) 舍   (47) 忠
(48) 豊   (49) 助
(50) 曜   (51) 操
(52) 房   (53) 禁
(54) 支   (55) 益
(56) 費   (57) 參

3. 다음 설명에 맞는 漢字語를 漢字로 쓰시오.(58~77)

(58) 읍촌(읍내와 촌락)
(59) 자모(한개의 음절을 자음과 모음으로 갈라서 적을 수 있는 낱낱의 글자)
(60) 경계(일이나 물건이 어떤 표준아래 맞닿은 자리)
(61) 언약(말로 약속함)
(62) 음식(먹는 것과 마시는 것)
(63) 정리(이미 진리라고 증명된 일반적인 명제)
(64) 온실(난방 장치를 한 방)
(65) 도장(검도나 유도·태권도 등을 가르치는 곳)
(66) 활용(이리저리 잘 응용함)
(67) 풍물(경치)
(68) 용기(씩씩하고 용감한 기운)
(69) 화제(사람들이 이야기를 나눌 때 그 대상이 되는 소재. 이야깃거리)
(70) 효능(효험을 나타내는 능력)
(71) 친필(손수 쓴 글씨)
(72) 여비(여행하는데 드는 비용)
(73) 충당(모자라는 것을 채워 메움)
(74) 편지(소식을 서로 알리거나 용건을 적어 보내는 글)

(75) 예식(결혼의 예를 올리는 식)

(76) 조사(사물의 내용을 자세히 살펴 봄)

(77) 사회(세상. 세간)

4. 다음 漢字와 뜻이 反對 또는 相對되는 漢字를 쓰시오.(78~80)

(78) 輕 - (   )　　(79) 好 - (   )

(80) (   ) - 圓

5. 다음 漢字語의 (   )속에 알맞는 漢字를 쓰시오.(81~85)

(81) 燈下(   )明 - 등잔 밑이 어둡다는 뜻으로, 가까이 있는 것이 도리어 알아내기 어려움을 이르는 말.

(82) 有口無(   ) - 입은 있으나 할 말이 없다는 뜻으로, 변명이나 항변할 말이 없음.

(83) 大量生(   ) - 한 공장에서 동질·동형의 상품을 기계력에 의하여 많은 분량으로 만들어 냄.

(84) 自初至(   ) - 처음부터 끝까지 이르는 동안.

(85) 人命(   )天 - 사람의 살고 죽음은 하늘에 매여 있음.

6. 다음 漢字의 部首로 맞는 것을 골라 그 번호를 쓰시오.(86~88)

(86) 密 (   )

① 宀　② 心　③ 丿　④ 山

(87) 承 (   )

① 子　② 水　③ 手　④ 亅

(88) 應 (   )

① 隹　② 广　③ 心　④ 亻

7. 다음 漢字와 같은 뜻의 漢字를 (   )속에 넣어 漢字語를 만드시오.(89~91)

(89) (   )驗　　(90) (   )願

(91) 土(   )

8. 다음 漢字와 소리는 같으나, 뜻이 다른 漢字語를 쓰시오.(92~94)

(92) 電力. (   ) - 전쟁에 참가한 경력

(93) 經路. (   ) - 노인을 공경함

(94) 古典. (   ) - 몹시 힘들고 괴롭게 싸움

9. 다음 漢字語의 뜻을 쓰시오.(95~97)

(95) 續開 :

(96) 命脈 :

(97) 留任 :

10. 다음 漢字의 略字를 쓰시오.(98~100)

(98) 賢　　(99) 參

(100) 鐵

▶ 정답은 315쪽

【4급Ⅱ 예상문제 정답】

〈제1회〉

(1)당쟁 (2)성현 (3)비품
(4)시험 (5)강사 (6)재화
(7)감상 (8)가정 (9)수난
(10)수위 (11)해설 (12)암향
(13)밀약 (14)사표 (15)천벌
(16)감독 (17)비보 (18)일정
(19)존귀 (20)실무 (21)확보
(22)향약 (23)차표 (24)성대
(25)방비 (26)온상 (27)호국
(28)배경 (29)파격 (30)심야
(31)금물 (32)임용 (33)담보
(34)흡입 (35)염원

(36) 일 흥 (37) 덜 제
(38) 벌릴 라 (39) 깨우칠 경
(40) 뭍 륙 (41) 가난할 빈
(42) 쉴 식 (43) 집 호/지게 호
(44) 지을 조 (45) 줄 급
(46) 널 판 (47) 항구 항
(48) 근심 환 (49) 표 표
(50) 맛 미 (51) 노래 요
(52) 콩 두 (53) 곳 처
(54) 풍속 속 (55) 며느리 부
(56) 낮을 저 (57) 양 양

(58)問答 (59)參加 (60)出世
(61)凶計 (62)餘罪 (63)良書
(64)敎室 (65)元首 (66)各自
(67)空席 (68)別名 (69)財産
(70)到着 (71)卒業 (72)使用
(73)責望 (74)發育 (75)登場
(76)單科 (77)短命

(78)減 (79)他 (80)夜

(81)結 (82)重 (83)獨
(84)信 (85)角

(86)② (87)④ (88)③

(89)思 (90)望 (91)財

(92)觀戰 (93)傳記 (94)死後

(95)뒤의 경치
(96)성품이 깨끗하여 가난함
(97)헤어지거나 멀리 떠나는 사람을 보냄

(98) 仮 (99) 来 (100) 礼

〈제2회〉

(1)수호 (2)폭행 (3)이주
(4)현명 (5)소재 (6)동지
(7)액체 (8)난방 (9)지급
(10)축성 (11)의제 (12)의리
(13)난해 (14)출항 (15)원탁
(16)허무 (17)인가 (18)연구
(19)송전 (20)검사 (21)저축
(22)경고 (23)통금 (24)폭식
(25)제단 (26)열국 (27)흡인
(28)저공 (29)공조 (30)기준
(31)위병 (32)시험 (33)순금
(34)확고 (35)공포

(36)머무를 류 (37)물러날 퇴
(38)한할 한 (39)권세 권
(40)어질 현 (41)이를 조
(42)걸음 보 (43)더울 열
(44)넓을 광 (45)비롯할 창
(46)높을 존 (47)마디 절
(48)빛날 요 (49)줄기 맥
(50)옮길 이 (51)베풀 시
(52)쾌할 쾌 (53)깨끗할 결
(54)향기 향 (55)끊을 절
(56)응할 응 (57)욀 강

(58)訓話 (59)歌手 (60)流行
(61)由來 (62)本部 (63)要約
(64)大國 (65)信任 (66)村家
(67)寸數 (68)國軍 (69)集合
(70)部分 (71)先生 (72)畫家
(73)相對 (74)天幸 (75)和氣
(76)洞內 (77)發說

(78)退 (79)豊 (80)使

(81)物 (82)遠 (83)怒
(84)可 (85)論

(86)② (87)④ (88)①

(89)歌 (90)變 (91)眼

(92)學力 (93)道場 (94)眞價

(95)빠져서 없음
(96)순수한 정도
(97)잃거나 정지되었던 권리나 자격을 다시 찾음

(98) 経 (99) 応 (100) 対

〈제3회〉

(1)인정 (2)결백 (3)양호
(4)존중 (5)죽창 (6)축재
(7)제출 (8)실제 (9)조류
(10)도입 (11)풍파 (12)나열
(13)고향 (14)진로 (15)권력
(16)은덕 (17)검산 (18)실측
(19)입대 (20)전등 (21)보호
(22)노기 (23)감산 (24)지향
(25)담임 (26)처리 (27)의거
(28)온대 (29)단위 (30)제한
(31)회수 (32)근시 (33)거처
(34)각방 (35)인수

(36)영화 영 (37)모을 축
(38)정사 정 (39)그릇 기
(40)갚을 보/알릴 보 (41)거스를 역
(42)세금 세 (43)알 식/기록할 지
(44)찰 한 (45)붉을 적
(46)빌 허 (47)닦을 수
(48)마실 흡 (49)웃음 소
(50)두 량 (51)참 진
(52)지을 제 (53)보배 보
(54)힘쓸 무 (55)볼 감
(56)달릴 주 (57)모습 태

(58)知識 (59)先例 (60)友情
(61)反旗 (62)根本 (63)展開
(64)難局 (65)庭園 (66)美術
(67)場面 (68)農場 (69)對等
(70)開學 (71)自足 (72)農藥
(73)白晝 (74)朝會 (75)開店
(76)親族 (77)百姓

(78)始, 初 (79)兵, 卒 (80)果

(81)利 (82)強 (83)固
(84)相 (85)實

(86)② (87)① (88)④

(89)園 (90)止. 留 (91)恩

(92)人情 (93)地面 (94)過失

(95)모든 것을 널리 평등하게 사랑함
(96)이끌어 가르침
(97)노여운 기색

(98) 伝 (99) 数 (100) 当

〈제4회〉

(1)협회 (2)대열 (3)구조
(4)증강 (5)지정 (6)보은
(7)시합 (8)총장 (9)노호
(10)가도 (11)단속 (12)태도
(13)호오 (14)조연 (15)직무
(16)성찰 (17)총살 (18)개별
(19)제한 (20)부흥 (21)해결
(22)운항 (23)확실 (24)승복
(25)가정 (26)위민 (27)경구
(28)결격 (29)논문 (30)체험
(31)호흡 (32)배달 (33)유임
(34)담당 (35)세배

(36)재물 화 (37)이를 지
(38)건널 제 (39)은혜 혜
(40)얼굴 용 (41)이 치
(42)보낼 송 (43)이지러질 결
(44)열매 실 (45)가장 최
(46)붙을 착 (47)피 혈
(48)한도 정/길 정 (49)쓸 소
(50)무리 중 (51)끌 인
(52)뜻 지 (53)일 흥
(54)순수할 순 (55)둘 치
(56)막을 방 (57)재앙 재

(58)惡德 (59)家訓 (60)獨唱
(61)形便 (62)海外 (63)漢江
(64)動向 (65)合計 (66)案件
(67)野球 (68)作別 (69)活氣
(70)敎養 (71)神童 (72)以北
(73)害惡 (74)直面 (75)功臣
(76)同窓 (77)表情

(78)敗 (79)攻 (80)近

(81)賞 (82)鳥 (83)深
(84)告 (85)利

(86)② (87)① (88)②

(89)虛 (90)情 (91)純. 淸

(92)洗手 (93)戰後 (94)市長

(95)맡아서 보증함
(96)뜻을 이루어 자랑스러워함
(97)지나간 해

(98) 兴 (99) 悪 (100) 声

〈제5회〉

(1)논단 (2)공항 (3)난국
(4)대동 (5)상쇄 (6)방미
(7)지극 (8)가로 (9)조총
(10)녹두 (11)의결 (12)군부
(13)회복 (14)옥체 (15)비보
(16)독전 (17)동상 (18)지시
(19)상비 (20)미감 (21)희망
(22)밀집 (23)권세 (24)폭리
(25)우호 (26)청빈 (27)위생
(28)지장 (29)율동 (30)속설
(31)혈맥 (32)벌칙 (33)답장
(34)공무 (35)엽록소

(36)그르칠 오 (37)갖출 비
(38)어두울 암 (39)이을 련
(40)숯 탄 (41)연기 연
(42)쌀 포 (43)잡을 조
(44)띠 대 (45)근심 환
(46)본받을 효 (47)쇠 철
(48)낮을 저 (49)꾸짖을 책
(50)힘쓸 노 (51)해 세
(52)준할 준 (53)눈 안
(54)밝을 랑 (55)재 성
(56)같을 여 (57)끌 제

(58)所望 (59)主語 (60)消火
(61)始球 (62)遠近 (63)姓名
(64)業界 (65)貴重 (66)風習
(67)結論 (68)英特 (69)每週
(70)地球 (71)永遠 (72)切親
(73)植字 (74)銀行 (75)純金
(76)筆順 (77)衣服

(78)海 (79)假, 僞 (80)民

(81)下 (82)定 (83)備
(84)兩 (85)過

(86)② (87)④ (88)①

(89)設 (90)過 (91)溫

(92)紙上 (93)養成 (94)戰線

(95)희망이 없음
(96)잘 생각해서 살핌
(97)인공적으로 다습하게 해서 식물을 기르는 설비

(98) 広 (99) 鉄 (100) 麗

〈제6회〉

(1)위병 (2)가명 (3)서예
(4)단독 (5)포용 (6)백동
(7)승복 (8)사절 (9)세밀
(10)제대 (11)두류 (12)기준
(13)가상 (14)협조 (15)녹화
(16)압력 (17)보장 (18)관세
(19)제약 (20)반복 (21)연발
(22)회로 (23)검문 (24)구제
(25)복습 (26)원심 (27)오산
(28)독전 (29)경찰 (30)역설
(31)전파 (32)냉소 (33)성업
(34)제정 (35)시상

(36)건널 제 (37)은혜 혜
(38)홑 단 (39)지날 경/글 경
(40)베낄 사 (41)맬 계
(42)한계 한/한할 한 (43)새 조
(44)예 구 (45)부를 창
(46)소리 성 (47)방 방
(48)지킬 위 (49)나눌 배/짝 배
(50)맺을 약 (51)무리 류
(52)물끓는김 기 (53)집 궁
(54)기록할 록 (55)남을 여
(56)나아갈 진 (57)빌 허

(58)休校 (59)作業 (60)手術
(61)失神 (62)品格 (63)童話
(64)左便 (65)反感 (66)地區
(67)表現 (68)急速 (69)訓示
(70)色紙 (71)安全 (72)感想
(73)變質 (74)過失 (75)在學
(76)名答 (77)敎育

(78)着 (79)鄕 (80)賞

(81)道 (82)告 (83)師
(84)綠 (85)攻

(86)③ (87)① (88)③

(89)視 (90)屋, 宅 (91)歲

(92)植樹 (93)過去 (94)立場

(95)본업 이외에 겸해서 하는 직업
(96)옳다고 인정함
(97)지정해 그 쪽으로 향하게 함

(98) 虚 (99) 発 (100) 団

〈제7회〉

(1) 순결 (2) 위주 (3) 배신
(4) 기구 (5) 강건 (6) 농협
(7) 오인 (8) 대원 (9) 적군
(10) 연초 (11) 의거 (12) 경과
(13) 이해 (14) 명맥 (15) 상태
(16) 응시 (17) 녹취 (18) 단원
(19) 단념 (20) 실제 (21) 영리
(22) 감소 (23) 확신 (24) 사제
(25) 제작 (26) 치중 (27) 총무
(28) 상벌 (29) 정성 (30) 박애
(31) 난항 (32) 호위 (33) 고찰
(34) 포악 (35) 유념

(36) 받을 수 (37) 성낼 노
(38) 갈 연 (39) 벽 벽
(40) 가질 취 (41) 가늘 세
(42) 무리 당 (43) 연고 고
(44) 지날 력 (45) 잎 엽
(46) 마땅 당 (47) 그릇 기
(48) 스승 사 (49) 억 억
(50) 마실 흡 (51) 향기 향
(52) 도장 인 (53) 밭 전
(54) 빽빽할 밀 (55) 버금 부
(56) 호수 호 (57) 머무를 정

(58) 傳說 (59) 調節 (60) 式場
(61) 雲集 (62) 不許 (63) 倍數
(64) 淸算 (65) 獨唱 (66) 速度
(67) 健全 (68) 救國 (69) 海草
(70) 定着 (71) 自願 (72) 鮮明
(73) 直球 (74) 勝敗 (75) 效果
(76) 曲調 (77) 所重

(78) 斷 (79) 直 (80) 河, 川

(81) 玉 (82) 歲 (83) 必
(84) 短 (85) 體

(86) ④ (87) ③ (88) ④

(89) 習 (90) 寺 (91) 重

(92) 韓式 (93) 中世 (94) 國歌

(95) 현직에서 물러남
(96) 불러냄
(97) 거짓이나 꾸밈이 없이 순수하고 자연스러움

(98) 担 (99) 会 (100) 国

〈제8회〉

(1) 시한 (2) 단식 (3) 수익
(4) 열거 (5) 종친 (6) 오답
(7) 포성 (8) 차관 (9) 비원
(10) 분포 (11) 측량 (12) 의제
(13) 강녕 (14) 축조 (15) 남침
(16) 강당 (17) 논쟁 (18) 경계
(19) 제명 (20) 고장 (21) 취소
(22) 당권 (23) 암흑 (24) 동시
(25) 총리 (26) 충치 (27) 난민
(28) 현인 (29) 제민 (30) 밀림
(31) 청약 (32) 원탁 (33) 감산
(34) 흡혈 (35) 비행

(36) 벌릴 라/벌 라 (37) 버금 차
(38) 슬플 비 (39) 책상 안
(40) 클 위 (41) 익힐 련
(42) 지킬 수 (43) 사나울 폭/모질 포
(44) 더할 증 (45) 끝 단
(46) 죽일 살/감할 쇄 (47) 고기잡을 어
(48) 둥글 원 (49) 글귀 구
(50) 날 비 (51) 홀로 독
(52) 준할 준 (53) 널 판
(54) 받들 봉 (55) 수컷 웅
(56) 깨우칠 경 (57) 무리 대

(58) 題目 (59) 內實 (60) 靑春
(61) 京城 (62) 體重 (63) 九號
(64) 面前 (65) 歲入 (66) 參席
(67) 苦節 (68) 校歌 (69) 全科
(70) 孝行 (71) 育成 (72) 的中
(73) 全面 (74) 日光 (75) 育兒
(76) 課題 (77) 少時

(78) 朝 (79) 常 (80) 溫

(81) 淸 (82) 平 (83) 得
(84) 知 (85) 市

(86) ③ (87) ① (88) ③

(89) 論 (90) 服 (91) 技

(92) 受賞 (93) 口號 (94) 下敎

(95) 할당하여 각자 자리 잡게 됨
(96) 아버지와 어머니
(97) 생각을 아주 끊어 버림

(98) 労 (99) 軽 (100) 辺

〈제9회〉

(1)제천   (2)검사   (3)결항
(4)독파   (5)달관   (6)접수
(7)경구   (8)요원   (9)배치
(10)제세   (11)보화   (12)방문
(13)종교   (14)미개   (15)경험
(16)공예   (17)청동   (18)영귀
(19)연승   (20)담당   (21)원형
(22)사택   (23)호수   (24)양호
(25)처벌   (26)박학   (27)치석
(28)빈약   (29)조언   (30)성자
(31)폭락   (32)녹화   (33)공과
(34)총회   (35)달필

(36)거느릴 통   (37)연구할 구/궁구할 구
(38)형상 상/문서 장   (39)논할 론
(40)쇠 철   (41)끌 제
(42)풍년 풍   (43)벼슬 관
(44)은혜 은   (45)허물 죄
(46)표 표   (47)대적할 적
(48)변할 변   (49)금할 금
(50)단 단   (51)흉할 흉
(52)펼 전   (53)줄 수
(54)편안 강   (55)인도할 도
(56)절 배   (57)감독할 독

(58)現場   (59)實效   (60)朗讀
(61)不正   (62)賣店   (63)幸運
(64)太半   (65)計算   (66)路上
(67)夕陽   (68)會食   (69)獨白
(70)育成   (71)先頭   (72)會話
(73)通路   (74)集結   (75)短念
(76)訓手   (77)放心

(78)亡   (79)石   (80)順

(81)計   (82)固   (83)聞
(84)來   (85)南

(86)②   (87)③   (88)②

(89)福   (90)製   (91)濟

(92)正當   (93)人道   (94)注力

(95)사귄지 오래된 친구. 죽은 사람
(96)예의에서 벗어나는 행동을 함
(97)마음과 행실을 바르게 닦아 수양함

(98) 実   (99) 号   (100) 単

〈제10회〉

(1)해답   (2)율법   (3)상록
(4)착안   (5)흡연   (6)경축
(7)포성   (8)확실   (9)조퇴
(10)고결   (11)감원   (12)수행
(13)접근   (14)경험   (15)목사
(16)구직   (17)진실   (18)경배
(19)지명   (20)구명   (21)화물
(22)혈통   (23)개인   (24)진보
(25)경제   (26)총원   (27)절교
(28)개항   (29)안목   (30)득표
(31)진리   (32)미만   (33)도출
(34)향료   (35)열강

(36)베 포/보시 보   (37)다툴 경
(38)떳떳할 상   (39)응할 응
(40)펼 연   (41)편할 편/똥오줌 변
(42)별 성   (43)호반 무
(44)구름 운   (45)멜 담
(46)흐를 류   (47)배 선
(48)받을 수   (49)막을 방
(50)뜻 정   (51)떨어질 락
(52)이를 치   (53)힘쓸 무
(54)통달할 달   (55)낱 개
(56)벌 렬/벌일 렬   (57)걸음 보

(58)責任   (59)廣告   (60)形體
(61)國産   (62)飮福   (63)書堂
(64)平等   (65)强弱   (66)正午
(67)不參   (68)公人   (69)記號
(70)古今   (71)才能   (72)雲集
(73)速度   (74)商品   (75)自生
(76)敎育   (77)語學

(78)少   (79)西   (80)減

(81)新   (82)民   (83)思
(84)家   (85)國

(86)③   (87)②   (88)②

(89)式, 則   (90)極   (91)告

(92)兩家   (93)始祖   (94)地球

(95)일정한 사실을 인정하는 행위
(96)동성 동본의 일가
(97)이른 시기

(98) 価   (99) 写   (100) 圧

〈제11회〉

(1)모필 (2)이주 (3)극동
(4)변경 (5)협의 (6)기안
(7)명암 (8)당수 (9)직무
(10)밀집 (11)흡연 (12)살기
(13)부흥 (14)수준 (15)노력
(16)인도 (17)논단 (18)위치
(19)단정 (20)속보 (21)포악
(22)호송 (23)방한 (24)고장
(25)천혜 (26)패주 (27)육류
(28)업무 (29)지조 (30)배반
(31)순도 (32)부업 (33)폭풍
(34)방공 (35)노호

(36)넓을 박 (37)끊을 절
(38)벌할 벌 (39)주일 주
(40)장사 상 (41)목욕할 욕
(42)고울 려 (43)다 총
(44)막을 장 (45)터럭 모
(46)살 매 (47)기약할 기
(48)집 택/댁 (49)능할 능
(50)견줄 비 (51)가 변
(52)맛 미 (53)본디 소/흴 소
(54)생각 상 (55)더할 익
(56)절제할 제 (57)시골 향

(58)同化 (59)合成 (60)雨天
(61)信奉 (62)國史 (63)基金
(64)傳記 (65)親知 (66)觀客
(67)共通 (68)見學 (69)擧手
(70)大雪 (71)行商 (72)注目
(73)到來 (74)着陸 (75)孝道
(76)順風 (77)當落

(78)富 (79)出 (80)集

(81)問 (82)改 (83)同
(84)有 (85)樂

(86)① (87)② (88)③

(89)體 (90)達 (91)康

(92)勇氣 (93)衣食 (94)立席

(95)말로 일깨우거나 거들어 주어서 도움
(96)사례 등을 끌어다 씀
(97)배나 항공기가 몹시 어렵게 항행함

(98) 栄 (99) 学 (100) 医

〈제12회〉

(1)허실 (2)액체 (3)용기
(4)부활 (5)준비 (6)독초
(7)암기 (8)무술 (9)이익
(10)직위 (11)해법 (12)방비
(13)기물 (14)벽지 (15)감사
(16)인장 (17)목동 (18)통합
(19)축사 (20)세공 (21)신변
(22)협정 (23)건강 (24)관세
(25)율법 (26)밀약 (27)나열
(28)지목 (29)제시 (30)두유
(31)배급 (32)단속 (33)심사
(34)만원 (35)시험

(36)얼음 빙 (37)바탕 질
(38)순할 순 (39)섬 도
(40)볼 감 (41)풀 해
(42)누를 압 (43)형세 세
(44)도울 호 (45)곱 배
(46)법칙 칙/곧 즉 (47)고를 조
(48)이를 속 (49)헤아릴 측
(50)대포 포 (51)거느릴 통
(52)끌 인 (53)마루 종
(54)바랄 희 (55)장수 장
(56)인원 원 (57)그늘 음

(58)對等 (59)韓服 (60)秋夕
(61)團長 (62)元日 (63)國運
(64)親家 (65)雲海 (66)在來
(67)記事 (68)戰功 (69)讀者
(70)問責 (71)合格 (72)秋風
(73)病害 (74)溫室 (75)對局
(76)生産 (77)開校

(78)強 (79)樂 (80)是

(81)敬 (82)功 (83)報
(84)利 (85)行

(86)① (87)④ (88)②

(89)續 (90)淸, 純 (91)識

(92)同和 (93)歷史 (94)大家

(95)사물을 분별하는 견식
(96)그릇된 보도
(97)품격이 낮고 속됨

(98) 芸 (99) 万 (100) 灯

〈제13회〉

(1)개항 (2)전원 (3)경사
(4)제기 (5)시도 (6)비운
(7)난방 (8)예술 (9)흡수
(10)득세 (11)죄상 (12)관직
(13)축사 (14)교사 (15)정밀
(16)수양 (17)이민 (18)속설
(19)부덕 (20)미려 (21)혜정
(22)시인 (23)여실 (24)소박
(25)수강 (26)전세 (27)시음
(28)배열 (29)보시 (30)파산
(31)국경일 (32)호출 (33)제동
(34)순도 (35)하지

(36)높을 탁 (37)깨뜨릴 파
(38)달릴 주 (39)부를 호
(40)전할 전 (41)집 옥
(42)거짓 가 (43)헤아릴 료
(44)고울 선 (45)가리킬 지
(46)건널 제 (47)좋을 호
(48)마을 부/관청 부 (49)찾을 방
(50)침노할 침 (51)고기 육
(52)깊을 심 (53)형세 세
(54)부자 부 (55)절 사
(56)떳떳할 상 (57)성인 성

(58)各色 (59)方道 (60)一家
(61)同等 (62)行實 (63)服用
(64)金言 (65)交信 (66)洗手
(67)至極 (68)意見 (69)特級
(70)同行 (71)人間 (72)卒業
(73)商品 (74)所聞 (75)名畫
(76)算數 (77)果實

(78)白 (79)去 (80)失

(81)病 (82)臣 (83)直
(84)耳 (85)故

(86)② (87)① (88)④

(89)蓄 (90)音 (91)治

(92)失手 (93)對決 (94)家口

(95)처음으로 생각하여 냄
(96)허물이나 저지른 일들을 반성하여 살핌
(97)세월. 때

(98) 処 (99) 独 (100) 売

〈제14회〉

(1)사절 (2)동맥 (3)촌음
(4)파동 (5)수절 (6)흥미
(7)곡예 (8)시인 (9)증강
(10)단과 (11)유의 (12)혈통
(13)감시 (14)독약 (15)존중
(16)소제 (17)재화 (18)불경
(19)매표 (20)속개 (21)수양
(22)지점 (23)만기 (24)백조
(25)심해 (26)인지 (27)설비
(28)희구 (29)결여 (30)휴식
(31)형태 (32)의논 (33)방위
(34)직위 (35)가요

(36)빌 허 (37)공경 경
(38)끊을 단 (39)피 혈
(40)도울 조 (41)두 량
(42)남을 여 (43)벌레 충
(44)들 거 (45)끊을 절/온통 체
(46)힘쓸 무 (47)목욕할 욕
(48)물결 파 (49)지경 경
(50)찾을 방 (51)대 죽
(52)이을 승 (53)닦을 수
(54)둘 치 (55)알 인
(56)시 시 (57)아닐 비

(58)品貴 (59)種目 (60)效果
(61)樂園 (62)新兵 (63)村老
(64)空氣 (65)發信 (66)自然
(67)軍勢 (68)責任 (69)集團
(70)交流 (71)兄夫 (72)電話
(73)夜學 (74)綠色 (75)正答
(76)約束 (77)多讀

(78)失 (79)高 (80)京

(81)結 (82)立 (83)地
(84)治 (85)明

(86)③ (87)③ (88)②

(89)實 (90)界 (91)次

(92)減産 (93)時計 (94)高度

(95)얼마 안 되는 시간
(96)어떤 일을 이루기 위해 서로 함께 돕는 것
(97)인정하거나 용납하여 받아들이는 것

(98) 权, 権 (99) 児 (100) 区

<제15회>

(1) 효험 (2) 밀도 (3) 과정
(4) 유념 (5) 총성 (6) 승세
(7) 제전 (8) 사감 (9) 향사
(10) 도화선 (11) 수용 (12) 목장
(13) 감독 (14) 풍성 (15) 위병
(16) 벌금 (17) 호응 (18) 청빈
(19) 공정 (20) 주연 (21) 차선
(22) 열차 (23) 파고 (24) 증진
(25) 상쇄 (26) 원형 (27) 제거
(28) 법률 (29) 진급 (30) 방충
(31) 나한 (32) 신청 (33) 농협
(34) 명맥 (35) 수업

(36) 빽빽할 밀 (37) 그늘 음
(38) 격식 격 (39) 갈 왕
(40) 생각 상 (41) 옳을 의
(42) 살필 찰 (43) 어려울 난
(44) 본받을 효 (45) 형상 상/문서 장
(46) 집 사 (47) 충성 충
(48) 풍년 풍 (49) 도울 조
(50) 빛날 요 (51) 잡을 조
(52) 방 방 (53) 금할 금
(54) 지탱할 지 (55) 더할 익
(56) 쓸 비 (57) 참여할 참/석 삼

(58) 邑村 (59) 字母 (60) 境界
(61) 言約 (62) 飮食 (63) 定理
(64) 溫室 (65) 道場 (66) 活用
(67) 風物 (68) 勇氣 (69) 話題
(70) 效能 (71) 親筆 (72) 旅費
(73) 充當 (74) 便紙 (75) 禮式
(76) 調査 (77) 社會

(78) 重 (79) 惡 (80) 方

(81) 不 (82) 言 (83) 産
(84) 終 (85) 在

(86) ① (87) ③ (88) ③

(89) 試 (90) 希 (91) 地, 壤

(92) 戰歷 (93) 敬老 (94) 苦戰

(95) 일단 멈추었던 회의를 다시 엶
(96) 목숨
(97) 있던 직무에 계속 머무름

(98) 賢 (99) 参 (100) 鉄

<정답>

1.양가 2.양국 3.양면 4.양반 5.양친 6.예배 7.연결 8.연발 9.연승 10.연휴 11.연타 12.열거 13.열강 14.열차 15.녹음 16.녹취 17.녹화방송 18.논설 19.논리 20.논문 21.논단 22.유보 23.유념 24.유성 25.유의 26.유임 27.유학 28.율법 29.율동 30.신라 31.고려 32.미려 33.고구려 34.기록 35.강론 36.결례 37.결론 38.권력 39.권리 40.극락왕생 41.기립 42.난류 43.노력 44.단념 45.만리장성 46.무력 47.미래 48.밀림 49.상념 50.상록 51.설립 52.설령 53.압력 54.음률 55.조미료 56.차례 57.쾌락 58.현량과 59.대열 60.나열 61.배열 62.이율배반 63.무실역행 64.오백나한 65.진퇴양난 66.툇간 67.횟수 68.의논

부록(附錄) 학습

- 한자의 한글맞춤법
- 읽기장
- 부수자 일람표

4급Ⅱ에 나오는 한자(漢字)의 한글 맞춤법

< 소리에 관한 것 >

- **두음법칙(頭音法則)**은 우리말의 첫음절 소리가 'ㄹ'이나 'ㄴ'이 옴을 꺼리는 현상을 말한다.

① 한자음 '라, 량, 려, 련, 렬, 록, 론, 류, 률'이 단어 첫머리에 올 적에는 '나, 양, 여, 연, 열, 녹, 논, 유, 율'로 적는다.
양가(兩:家) 양국(兩:國) 양면(兩:面) 양반(兩:班) 양친(兩:親) 예배(禮:拜) 연결(連結)
연발(連發) 연승(連勝) 연휴(連休) 연타(連打) 열거(列擧) 열강(列強) 열차(列車) 녹음(錄音)
녹취(錄取) 녹화방송(錄畫放送) 논설(論說) 논리(論理) 논문(論文) 논단(論壇) 유보(留保)
유념(留念) 유성(流星) 유의(留意) 유임(留任) 유학(留學) 율법(律法) 율동(律動) 등.

② 단어의 첫머리 이외의 경우에는 본래의 음을 적는다.
신라(新羅) 고려(高麗) 미려(美:麗) 고구려(高句麗) 기록(記錄) 강론(講論) 결례(缺禮)
결론(結論) 권력(權力) 권리(權利) 극락왕생(極樂往生) 기립(起立) 난류(暖:流) 노력(努力)
단념(斷:念) 만리장성(萬:里長城) 무력(武:力) 미래(未:來) 밀림(密林) 상념(想:念) 상록(常綠)
설립(設立) 설령(設令) 압력(壓力) 음률(音律) 조미료(調味料) 차례(次例) 쾌락(快樂)
현량과(賢良科) 등.

③ 모음이나 'ㄴ'받침 뒤에 이어지는 '렬, 률'은 '열, 율'로 적는다.
대열(隊列) 나열(羅列) 배열(配:列) 이율배반(二:律背反) 등

④ 접두사처럼 쓰이는 한자가 붙어서 된 말이나 합성어에서 뒷말의 첫소리가 'ㄴ' 또는 'ㄹ'소리로 나더라도 두음 법칙에 따라 적는다.
무실역행(務:實力行) 오백나한(五:百羅漢) 진퇴양난(進:退兩難)

< 형태에 관한 것 >

- **사이시옷**은 몇 개의 두 음절로 된 한자어에서, 뒷마디의 첫소리를 된소리로 나게 하거나 'ㄴ'소리를 첨가하기 위해 앞말에 받치어 적는 'ㅅ'받침을 말한다.
툇간(退間) 횟수(回數) 등.

< 그 밖의 것 >

- **속음(俗音)**은 한자의 원래 음이 변하여 널리 통용되는 음으로 각각 그 소리에 따라 적는다.
의논(議論) 등.

♣ 다음 한자어(漢字語)의 독음(讀音)을 쓰시오. ▶정답은 316쪽

1. 兩:家 (　　)　2. 兩:國 (　　)　3. 兩:面 (　　)　4. 兩:班 (　　)

5. 兩:親 (　　)　6. 禮:拜 (　　)　7. 連結 (　　)　8. 連發 (　　)

9. 連勝 (　　)　10. 連休 (　　)　11. 連打 (　　)　12. 列擧 (　　)

13. 列強 (　　)　14. 列車 (　　)　15. 錄音 (　　)　16. 錄取 (　　)

17. 錄畵放連 (　　)　18. 論說 (　　)　19. 論理 (　　)　20. 論文 (　　)

21. 論壇 (　　)　22. 留保 (　　)　23. 留念 (　　)　24. 流星 (　　)

25. 留意 (　　)　26. 留任 (　　)　27. 留學 (　　)　28. 律法 (　　)

29. 律動 (　　)　30. 新羅 (　　)　31. 高麗 (　　)　32. 美:麗 (　　)

33. 高句麗 (　　)　34. 記錄 (　　)　35. 講論 (　　)　36. 缺禮 (　　)

♣ 다음 한자어(漢字語)의 독음(讀音)을 쓰시오.   ▶정답은 316쪽

37. 結論   38. 權力   39. 權利   40. 極樂往生
(   )   (   )   (   )   (   )

41. 起立   42. 暖:流   43. 努力   44. 斷:念
(   )   (   )   (   )   (   )

45. 萬:里長城   46. 武:力   47. 未:來   48. 密林
(   )   (   )   (   )   (   )

49. 想:念   50. 常綠   51. 設立   52. 設令
(   )   (   )   (   )   (   )

53. 壓力   54. 音律   55. 調味料   56. 次例
(   )   (   )   (   )   (   )

57. 快樂   58. 賢良科   59. 隊列   60. 羅列
(   )   (   )   (   )   (   )

61. 配:列   62. 二:律背反   63. 務:實力行   64. 五:百羅漢
(   )   (   )   (   )   (   )

65. 進:退兩難   66. 退間   67. 回數   68. 議論
(   )   (   )   (   )   (   )

♣ 한자(漢字)의 훈음(訓音)을 가리고, 소리내어 읽어보시오.

4급 Ⅱ-1

假	街	減	監	康	講	個	檢	缺
거짓 가	거리 가	덜 감	볼 감	편안 강	욀 강	낱 개	검사할 검	이지러질 결
潔	經	警	境	慶	係	故	官	究
깨끗할 결	지날 경	깨우칠 경	지경 경	경사 경	맬 계	연고 고	벼슬 관	연구할 구
句	求	宮	權	極	禁	起	器	暖
글귀 구	구할 구	집 궁	권세 권	극진할 극	금할 금	일어날 기	그릇 기	따뜻할 난
難	努	怒	單	端	檀	斷	達	擔
어려울 난	힘쓸 노	성낼 노	홑 단	끝 단	박달나무 단	끊을 단	통달할 달	멜 담
黨	帶	隊	導	毒	督	銅	斗	豆
무리 당	띠 대	무리 대	인도할 도	독 독	감독할 독	구리 동	말 두	콩 두
得	燈	羅	兩	麗	連	列	錄	論
얻을 득	등 등	벌릴 라	두 량	고울 려	이을 련	벌릴 렬	기록할 록	논할 론
留	律	滿	脈	毛	牧	武	務	未
머무를 류	법칙 률	찰 만	줄기 맥	터럭 모	칠 목	호반 무	힘쓸 무	아닐 미
味	密	博	防	房	訪	背	拜	配
맛 미	빽빽할 밀	넓을 박	막을 방	방 방	찾을 방	등 배	절 배	나눌 배
伐	罰	壁	邊	步	保	報	寶	復
칠 벌	벌할 벌	벽 벽	가 변	걸음 보	지킬 보	갚을 보	보배 보	회복할 복

♣ 한자(漢字)의 훈음(訓音)을 가리고, 소리내어 읽어보시오.

4급 Ⅱ-2

府	婦	副	富	佛	非	悲	飛	備
마을 부	며느리 부	버금 부	부자 부	부처 불	아닐 비	슬플 비	날 비	갖출 비
貧	寺	舍	師	謝	殺	床	狀	想
가난할 빈	절 사	집 사	스승 사	사례할 사	죽일 살	상 상	형상 상	생각 상
常	設	城	盛	誠	星	聖	聲	細
떳떳할 상	베풀 설	재 성	성할 성	정성 성	별 성	성인 성	소리 성	가늘 세
稅	勢	素	笑	掃	俗	續	送	守
세금 세	형세 세	본디 소	웃음 소	쓸 소	풍속 속	이을 속	보낼 송	지킬 수
收	受	授	修	純	承	視	是	施
거둘 수	받을 수	줄 수	닦을 수	순수할 순	이을 승	볼 시	이 시	베풀 시
詩	試	息	申	深	眼	暗	壓	液
시 시	시험할 시	쉴 식	납 신	깊을 심	눈 안	어두울 암	누를 압	액체 액
羊	如	餘	逆	硏	煙	演	榮	藝
양 양	같을 여	남을 여	거스를 역	갈 연	연기 연	펼 연	영화 영	재주 예
誤	玉	往	謠	容	員	圓	衛	爲
그르칠 오	구슬 옥	갈 왕	노래 요	얼굴 용	인원 원	둥글 원	지킬 위	할 위
肉	恩	陰	應	義	議	移	益	引
고기 육	은혜 은	그늘 음	응할 응	옳을 의	의논할 의	옮길 이	더할 익	끌 인

♣ 한자(漢字)의 훈음(訓音)을 가리고, 소리내어 읽어보시오.

4급 II-3

印	認	障	將	低	敵	田	絶	接
도장 인	알 인	막을 장	장수 장	낮을 저	대적할 적	밭 전	끊을 절	이을 접
政	程	精	制	製	除	祭	際	提
정사 정	한도 정	정할 정	절제할 제	지을 제	덜 제	제사 제	즈음 제	끌 제
濟	早	助	造	鳥	尊	宗	走	竹
건널 제	이를 조	도울 조	지을 조	새 조	높을 존	마루 종	달릴 주	대 죽
準	衆	增	支	至	志	指	職	眞
준할 준	무리 중	더할 증	지탱할 지	이를 지	뜻 지	가리킬 지	직분 직	참 진
進	次	察	創	處	請	銃	總	蓄
나아갈 진	버금 차	살필 찰	비롯할 창	곳 처	청할 청	총 총	다 총	모을 축
築	忠	蟲	取	測	治	置	齒	侵
쌓을 축	충성 충	벌레 충	가질 취	헤아릴 측	다스릴 치	둘 치	이 치	침노할 침
快	態	統	退	波	破	布	包	砲
쾌할 쾌	모습 태	거느릴 통	물러날 퇴	물결 파	깨뜨릴 파	베 포	쌀 포	대포 포
暴	票	豊	限	航	港	解	香	鄕
사나울 폭	표 표	풍년 풍	한할 한	배 항	항구 항	풀 해	향기 향	시골 향
虛	驗	賢	血	協	惠	戶	呼	護
빌 허	시험할 험	어질 현	피 혈	화할 협	은혜 혜	집 호	부를 호	도울 호

♣ 한자(漢字)의 훈음(訓音)을 가리고, 소리내어 읽어보시오.

4급Ⅱ-4

好	貨	確	回	吸	興	希
좋을 호	재물 화	굳을 확	돌아올 회	마실 흡	일 흥	바랄 희

부수자(部首字: 214자) 일람표(一覽表)

1 획
- 一 한 일
- 丨 뚫을 곤
- 丶 점 주
- 丿 삐칠 별
- 乙 새 을
- 亅 갈고리 궐

2 획
- 二 두 이
- 亠 머리부분 두
- 人亻 사람 인
- 儿 어진사람 인
- 入 들 입
- 八 나눌 팔
- 冂 멀 경
- 冖 덮을 멱
- 冫 얼음 빙
- 几 걸상 궤
- 凵 입벌릴 감
- 刀 칼 도
- 力 힘 력
- 勹 감쌀 포
- 匕 숟가락 비
- 匚 상자 방
- 匸 감출 혜
- 十 열 십
- 卜 점 복
- 卩㔾 병부 절
- 厂 언덕 한
- 厶 사사 사
- 又 손 우

3 획
- 口 입 구
- 囗 에워쌀 위
- 土 흙 토
- 士 선비 사
- 夂 뒤져올 치
- 夊 천천히 걸을 쇠
- 夕 저녁 석
- 大 큰 대
- 女 계집 녀
- 子 아들 자
- 宀 집 면
- 寸 마디 촌
- 小 작을 소
- 尢 절름발이 왕
- 尸 누울 시
- 屮 싹날 철
- 山 메 산
- 巛 내 천
- 工 장인 공
- 己 몸 기
- 巾 수건 건
- 干 방패 간
- 幺 작을 요
- 广 집 엄
- 廴 연이어 걸을 인
- 廾 두손 공
- 弋 주살 익
- 弓 활 궁
- 彐彑 돼지머리 계
- 彡 무늬 삼
- 彳 걸을 척

4 획
- 心 마음 심
- 戈 창 과
- 戶 지게문 호
- 手 손 수
- 支 나눌 지
- 攴攵 칠 복
- 文 글월 문
- 斗 말 두
- 斤 도끼 근
- 方 모 방
- 无 없을 무
- 日 해 일
- 曰 말할 왈
- 月 달 월
- 木 나무 목
- 欠 하품 흠
- 止 그칠 지
- 歹 남은뼈 알
- 殳 창 수
- 毋 말 무
- 比 견줄 비
- 毛 터럭 모
- 氏 뿌리 씨
- 气 기운 기
- 水氵 물 수
- 火 불 화
- 爪 손톱 조
- 父 아비 부
- 爻 점괘 효
- 爿 조각 장

- 片 조각 편
- 牙 어금니 아
- 牛牜 소 우
- 犬犭 개 견

5 획
- 玄 검을 현
- 玉王 구슬 옥
- 瓜 외 과
- 瓦 기와 와
- 甘 달 감
- 生 날 생
- 用 쓸 용
- 田 밭 전
- 疋 발 소
- 疒 병들 녁
- 癶 걸을 발
- 白 흰 백
- 皮 가죽 피
- 皿 그릇 명
- 目 눈 목
- 矛 창 모
- 矢 화살 시
- 石 돌 석
- 示 보일 시
- 禸 짐승발자국 유
- 禾 벼 화
- 穴 구멍 혈
- 立 설 립

6 획
- 竹 대 죽
- 米 쌀 미
- 糸 실 사
- 缶 장군 부
- 网 그물 망
- 羊 양 양
- 羽 날개 우
- 老 늙을 로
- 而 말이을 이
- 耒 쟁기 뢰
- 耳 귀 이
- 聿 붓 률
- 肉 고기 육
- 臣 신하 신
- 自 코 자
- 至 이를 지
- 臼 절구 구
- 舌 혀 설

- 舛 어그러질 천
- 舟 배 주
- 艮 괘이름 간
- 色 빛 색
- 艸艹 풀 초
- 虍 범무늬 호
- 虫 벌레 충
- 血 피 혈
- 行 다닐 행
- 衣衤 옷 의
- 襾 덮을 아

7 획
- 見 볼 견
- 角 뿔 각
- 言 말씀 언
- 谷 골 곡
- 豆 콩 두
- 豕 돼지 시
- 豸 사나운짐승 치
- 貝 조개 패
- 赤 붉을 적
- 走 달릴 주
- 足 발 족
- 身 몸 신
- 車 수레 거(차)
- 辛 매울 신
- 辰 별 진
- 辵辶 갈 착
- 邑阝 고을 읍
- 酉 술 유
- 釆 분별할 변
- 里 마을 리

8 획
- 金 쇠 금
- 長 긴 장
- 門 문 문
- 阜阝 언덕 부
- 隶 미칠 체
- 隹 새 추
- 雨 비 우
- 青 푸를 청
- 非 아닐 비

9 획
- 面 낯 면
- 革 가죽 혁
- 韋 다룸가죽 위
- 韭 부추 구

- 音 소리 음
- 頁 머리 혈
- 風 바람 풍
- 飛 날 비
- 食 밥 식
- 首 머리 수
- 香 향기 향

10 획
- 馬 말 마
- 骨 뼈 골
- 高 높을 고
- 髟 털늘어질 표
- 鬥 싸울 투
- 鬯 기장술 창
- 鬲 오지병 격
- 鬼 귀신 귀

11 획
- 魚 물고기 어
- 鳥 새 조
- 鹵 소금밭 로
- 鹿 사슴 록
- 麥 보리 맥
- 麻 삼 마

12 획
- 黃 누를 황
- 黍 기장 서
- 黑 검을 흑
- 黹 바느질할 치

13 획
- 黽 맹꽁이 맹
- 鼎 솥 정
- 鼓 북 고
- 鼠 쥐 서

14 획
- 鼻 코 비
- 齊 가지런할 제

15 획
- 齒 이 치

16 획
- 龍 용 룡
- 龜 거북 귀

17 획
- 龠 피리 약